THE GASLIGHT EFFECT

THE GASLIGHT EFFECT

그것은
사랑이 아니다

로빈 스턴 지음 | 신준영 옮김

알에이치코리아

나의 환자들, 제자들, 내가 이끌어 온 젊은이들
그리고 나와 함께 가스라이팅에서 벗어나는
여행을 떠난 사람들에게 깊은 감사를 보냅니다.
당신은 나의 스승입니다.

그리고 나의 아이들, 스캇과 멜리사.
너희들은 나의 가장 특별하고 영원한 선물이란다.

때때로 삶은 흥미롭게도 우연의 일치를 보여준다. 놀이터에 앉아 내 아이가 노는 모습을 지켜보면서, 로빈 스턴은 내게 처음으로 정서적 학대를 주제로 책을 쓰겠다고 이야기했다.

놀이터 밖으로 구불구불한 언덕길이 하나 있었다. 그 길을 따라 네댓 살 정도 되는 남자아이와 아버지로 보이는 남자가 걸어오고 있었다. 놀이터를 발견한 아이가 신이 나서 뛰어 내려오다가 돌멩이에 걸려 넘어지고 말았다. 남자의 얼굴이 험악해졌다.

"지금 무슨 일을 한 거니? 어쩌면 이렇게 멍청할 수가 있지? 내가 항상 조심하라고 말했잖아!"

남자가 아이를 거칠게 잡아당기며 고함을 쳤다. 아이는 분명히 다쳤을 텐데도 울지 않으려고 애쓰는 것 같았다.

그 모습을 지켜보던 우리는 불쾌한 기분이 들었다. 그리고 다친 아이를 안쓰러워하지 않는 남자의 행동에 무척 놀랐다. 우리를 더 괴롭게 한 것은 울음을 그치고 아버지의 말을 이해하려고 노력하는 아이의 모습이었다. 아이는 아버지를 이해하려 애쓰고 있었다. 그 아이의 생각이 내 귀에도 들리는 것 같았다.

'난 왜 이렇게 바보 같을까? 아빠가 내 기분을 상하게 했기 때문이 아니라 내가 아빠 말씀을 안 들었기 때문에 내 마음이 아픈 거야. 그건 내 잘못이야.'

나는 곧바로 "망설이지 말고 정서적 학대에 관한 책을 써보라"고 스턴 박사에게 말했다.

정서적 학대는 학계에서 진지하게 주목을 받고 있는 주제고, 최근에는 관련 서적들도 많이 출간됐다. 요즘 사람들은 이를 학대로 받아들이는 듯하지만 한 세대 전만 해도 이런 일들, 특히 아이들을 양육하면서 자행되는 정서적 학대를 '엄격한 사랑' 혹은 '인격 함양'의 한 방식으로 이해하고 사회적으로 용납하곤 했다.

스턴 박사가 명명한 '가스라이트 효과The Gaslight Effect'는 암암리에 행해지면서 상대방을 조종하는 특정한 형태의 정서적 학대를 뜻한다. 평소 젊은 여성들의 정서적인 행복에 관심을 가지고 있던 스턴 박사는 다년간의 임상 경험을 통해 여성들에 대한 정서적 학대를 구체화했다.

스턴 박사가 상담한 총명하고 재능 있는 수많은 젊은 여성들은 대부분 사랑이 넘치는 가정에서 자랐지만 모두들 어느 정도의 정서적 학대를 경험했다. 스턴 박사는 그들이 의식하지 못하는 것을 떠올리게 도와주면서 잃어버린 힘을 다시 얻고 자신을 존중하게 돼 스스로의 삶 자체를 되찾게 하는 놀라운 일을 하고 있다.

가스라이트 효과는 그동안 깊이 있게 검토되지 못했다. 하지만 이제 이 책을 통해 독자들은 암암리에 일어나는 정서적 통제와 학대를 어떻게 파악하고 방지할지 알게 될 것이다. 특히 정서적인 건강을 지키고 자신을 통제하거나 조종하려는 타인의 시도를 막아내며 자신의 발전에 도움이 되는 관계를 택하고자 하는 젊은 여성들은 스턴 박사의 지혜를 유용하게 사용할 수 있을 것이다.

스턴 박사가 젊은 여성들에게 조언하는 것을 직접 보면서 이 책에 매우 실질적인 치료의 힘이 담겨 있다는 것을 알았다. 이 책의 가치가 여성들에게만 국한된다고 생각하지는 않는다. 이 책에 나오는 상당수의 사례들이 여성에 대한 학대를 주로 다루고 있지만, 남성이나 여성 모두 어린 시절 어른들에 의한 정서적 학대와 통제를 경험한다. 특히 부모들이 이 책을 반드시 읽어야 한다. 우리는 전혀 의식하지 못한 상태에서 아이들의 자아에 상처를 주거나 정서적으로 그들을 조종하려 한다. 비록 아이를 이롭게 하려는 의도였다고 할지라도, 그런 행동이 아이들의 정서에 상처를 줄 수 있다는 사실을 이해한다면 자녀뿐만 아니라 그 다음 세대를 위해서도 유익한 일일 것이다.

독자들이 스턴 박사처럼 정서적인 성장과 개인적인 발달을 진지하게 다루는 심리치료사를 만난 것은 행운이다. 중요한 것은 그녀가 성심성의껏 책을 써내려가는 동안 우리도 공원에서 넘어졌던 어린 소년에게 어떤 일이 일어났는지, 그 아이의 아버지는 무슨 생각을 하고 있었는지 조금씩 알 수 있게 됐다는 점이다. 이 책을 통해 많은 사람들이 자신을 존중하고 스스로의 힘을 발견할 수 있을 것이다.

나오미 울프
우드헐리더십연구소 설립자

가스라이팅 시대

요즘 하루가 멀다 하고 상대를 정서적으로 조종하는 가해자를 의미하는 '가스라이터gaslighter'를 접한다. 구글에 가스라이터를 검색하면 수십 건의 관련 기사나 글이 쏟아진다. 심지어 도널드 트럼프 미국 대통령도 가스라이터라고 불리고 있다. 이 용어의 정의는 어반 딕셔너리Urban Dictionary에도 실려 있다.

하지만 내가 10년 전 이 책의 초판을 집필할 당시만 해도, 이 용어를 아는 사람은 사실상 전무했다. 가스라이팅gaslighting은 쉽게 말해 정서적으로 누군가를 조종하려는 행위다. 그리고 가스라이팅에는 항상 두 사람이 존재한다. 혼란과 의심의 씨앗을 뿌리는 가해자와 관계를 지속하기 위해서 자신의 지각력을 기꺼이 의심하는 피해자다. 가해자들은 상대방의 심리나 상황을 교묘히 조작하여 그 사람이 자신의 현실감과 판단력을 의심하게 만든다. 가해자는 남성 또는 여성, 배우자 또는 연인, 상사 또는 동료, 부모 또는 형제자매일 수 있다. 한편 피해자는 자신의 행

동과 외부의 자극을 사실과 다르게 기억하거나 자신이 오해 또
는 오인하고 있다고 믿는다. 이로 인해 피해자는 스스로를 믿지
못해 취약하고 혼란스러운 상태가 된다.

가해자와 피해자는 가스라이팅에 공동 책임을 진다. 이것이
가스라이팅의 본질이다. 가스라이팅은 단순한 정서 학대가 아니
라 가해자와 피해자가 함께 만들어낸 비정상적인 관계다. 나는
이것을 가스등 탱고gaslight tango라 부르는데, 가해자와 피해자의
적극적인 참여가 있어야만 가스라이팅이 가능하기 때문이다. 물
론 가해자가 상황이나 심리를 교묘하게 조작해 피해자가 자신
의 현실감과 판단력을 의심하게 만드는 것이 가스라이팅의 일
차적인 원인이지만, 피해자 역시 자신이 보여주고 싶은 모습만
가해자가 봐주기를 바라고 그의 인정을 얻으려고 애쓴다. 또 가
해자를 이상화하거나 그로부터 인정을 받거나 어떤 대가를 치
르더라도 그와의 관계를 유지하려고 한다.

피해자는 가해자가 자신을 어떻게 생각하는지에 지대한 관심
이 있다. "당신은 정말 조심성이 없어"라고 가해자가 말하면 피
해자는 "당신이 그런 식으로 생각하니까 그렇죠"라고 가볍게 웃
어넘기는 대신 "절대 아니에요!"라고 우기고 싶어 한다. 피해자
는 가해자가 자신이 조심성이 없는 사람이 아니라고 생각할 때
까지 불안하고 초조해한다. 가해자가 "돈을 어쩜 그렇게 물 쓰듯
쓸 수 있어!"라고 말하면 정상적인 사람들은 "모든 사람이 같을

순 없잖아요. 내 돈을 내가 쓰겠다는데 신경 *끄시죠*"라고 대수롭지 않게 대답할 것이다. 그러나 가스라이팅 피해자는 몇 시간동안 비참하게 자신을 되돌아보면서 혹여 가해자가 옳은 것은 아닌지 절망적으로 고민할지도 모른다.

나는 일찍이 이 책에 다음과 같이 썼다. "가스라이팅은 자신이 항상 옳다고 여기며 자존심을 세우고 힘을 과시하는 가해자 '가스라이터'와 상대방이 자신의 현실감을 좌우하도록 허용하는 피해자 '가스라이티gaslightee' 사이의 관계에서 일어난다. 피해자는 가해자를 이상화하고, 그들의 인정이나 사랑, 관심, 보호 등을 받기 위해 가해자가 자신의 생각이나 행동에 영향력을 행사하도록 허용한다. 자신을 부정적으로 생각하거나 상대방에게 사랑과 인정을 받고 싶어 하는 사람은 가스라이팅에 노출되기 쉽다. 그리고 가해자는 피해자가 자신에게 의존하도록 만들기 위해 그러한 취약점을 십분 활용할 것이다."

가스라이팅의 문제는 단순히 가해자가 피해자에게 못마땅한 언행을 늘어놓는다는 것이 아니다. 피해자와 가해자가 함께 아이를 키우고 있다면, 피해자는 배우자 없이 홀로 아이를 키우는 것에 경제적 불안감이나 정서적 불안감에 시달릴 수 있다. 가해자가 피해자를 위협하거나 신체적 학대를 가한다면, 피해자는 그와의 관계를 끝내는 것보다 자신과 아이들을 그로부터 보호하는 것을 최우선 과제로 여기게 된다. 만약 가해자가 고용주라면,

피해자는 상사에게 대들었다가 직장에서 보복을 당하거나 해고될지도 모른다는 두려움에 떨 수도 있다. 가해자가 친척이나 오랜 친구라면, 피해자는 가족관계나 인간관계에 부정적인 여파가 미칠까봐 걱정하게 된다. 가해자는 모욕적인 언행, 자살 위협 또는 끔찍한 다툼 등 소위 '정서적 파멸'로 피해자를 위협할 수 있다. 이런 정서적 파멸은 생각만 해도 너무 속상하고 끔찍해서, 피해자는 무슨 수를 써서라도 이것을 피하려고 할 것이다.

가해자와 피해자 양측의 적극적인 참여가 가스라이팅을 가능하게 한다는 것은 좋은 징조다. 피해자가 그 감옥의 열쇠를 쥐고 있다는 뜻이기 때문이다. 일단 피해자가 무슨 일이 벌어지고 있는지를 이해하면, 자신을 궁지에 몰아넣기 위한 가해자의 왜곡된 언행을 용기 있고 명확하게 부정하고 자신의 현실감과 판단력을 고수하게 된다. 피해자가 자신의 현실감과 판단력을 믿으면, 가해자 혹은 그 누구의 허락과 확인도 더 이상 필요하지 않다.

가스라이팅의 발견

내가 그동안 상담했던 많은 환자들과 나의 친구들은 가스라이팅 피해자였다. 심지어 가스라이팅은 나의 첫 번째 결혼의 실패 이유이기도 했다. 나는 가스라이팅이 항상 자신감이 넘치던 한 여성의 자존감을 서서히 갉아먹는 것을 목격했다. 환자든 친구든 간에 내가 봐온 가스라이팅의 피해 여성들은 유능하고 매력적인 사람들이었다. 그럼에도 불구하고 그들은 집, 직장, 가정에서 자신들의 자존감을 갉아먹는 관계에서 벗어나지 못했다.

경미한 수준의 가스라이팅 피해자는 불안감을 느끼고 '왜 항상 나쁜 남자를 만나는지' 또는 '왜 겉으로 보기에 '착한 남자'와 진정 행복한 관계를 맺지 못하는지'를 고민했다. 심각한 수준의 가스라이팅 피해자는 깊은 우울감에 빠졌다. 예전에는 강하고 활기찼던 여성들이 극도의 비참함과 자기혐오로 고통을 받았다. 가스라이팅은 사회 전반에 만연해 있었고, 가스라이팅이 어느 수준까지 자기에 대한 회의감을 유발하는지를 보고 깜짝 놀랐다.

나는 이런 정서적 학대를 정의할 방법을 찾고 있었다. 그러던 중 잉그리드 버그만Ingrid Bergman, 찰스 보이어Charles Boyer, 조셉 거튼Joseph Cotton이 출연한 영화 〈가스등Gaslight〉에서 영감을 얻었다. 이 영화에서 찰스 보이어가 연기하는 로맨틱한 남자 주인공, 그레고리는 잉그리드 버그만이 연기하는 여자 주인공, 폴라의 유산을 빼앗기 위해 폴라가 스스로 미쳐가고 있다고 믿도록 만든다. 가령 그레고리는 자신이 선물로 준 브로치를 몰래 가져가 놓고 폴라에게 브로치를 달라고 한다. 아무것도 모르는 폴라는 자신이 브로치를 가방에 넣어두었다고 확신하고 가방을 마구 뒤진다. 그레고리는 브로치를 찾지 못해 괴로워하는 폴라를 지켜보다가 "오, 당신은 너무 잘 잊어버려요"라고 말한다. 폴라는

"잊어버리지 않았어요"라고 대답하지만, 곧 자신의 기억보다 그 레고리의 이야기를 믿기 시작하고 자신을 의심하게 된다. 결국 폴라는 미쳐버린다.

현실에서 가스라이팅 가해자들은 대부분 자신이 어떤 행동을 하고 있는지 모르며 피해자에 대한 왜곡된 시각을 가진다. 피해자들은 가해자가 옳을지도 모른다는 믿음에 기반을 둔 치명적인 가스등 탱고에 갇힌다. 나는 이런 특정한 패턴의 정서적 학대를 다룬 책을 찾을 수 없었다. 그리고 피해자가 이 저주를 끊고 자존감을 회복하는 방법을 분명하게 제시하는 책도 없었다. 그래서 나는 영화에서 영감을 얻어 이 현상을 '가스라이트 효과'라고 명명하고 책을 썼다. 책에 쏟아지는 반응과 관심은 실로 놀라웠다.

이 책이 출판되자마자, 나는 예일 정서지능센터의 센터장인 마크 브래킷Marc Brackett과 함께 페이스북에서 심리상담을 시작했다. 마크와 나는 수십 명의 청소년과 성인을 인터뷰했고 허위사실 유포, 비열하고 무례한 언행, 스토킹, 노골적인 위협 등 많은 유형의 괴롭힘을 신고하고 해결하는 프로토콜을 개발했다. 이와 함께 전국의 학교를 대상으로 정서지능 함양교육을 하면서, 가해자들이 피해자를 괴롭히는 방법으로 가스라이팅을 자주 선택한다는 사실을 깨달았다. 또한 가스라이팅이 피해자들에게 치명적인 영향을 준다는 사실을 뒷받침하는 증거를 더 많이 모을 수 있었다. 예를 들어 한 젊은 여성은 친구가 어떤 모욕을 언짢아했다는 이유로 그 친구가 '너무 민감하다'는 글을 올렸고, 페이스북 친구 20~30명이 그 글에 '좋아요'를 누르거나 비난이 섞인 댓글을 달았다. 피해자는 가해자에게 정서적으로 조종당했을 뿐만 아니라 낯선 사람들 수십 명이 자신을 지나치게 민감하다고 생각한다는 것 때문에 괴로워했다.

자신이 가스라이팅의 피해자임을 알아차리는 것은 굉장히 어렵다. 점점 스스로를 의심하게 됐다는 것을 알아차리지만 그 이유는 모른다. 도대체 왜 나를 아껴주고 사랑해줘야 하는 사람이 나에게 끔찍한 기분이 들도록 만드는지 알 수가 없다. 가스라이팅은 아무도 모르게 자행되는 괴롭힘이다. 이런 정서적 학대를 가스라이팅이라 명명하면, 남자친구, 가족, 가장 친한 친구가 나에게 어떤 일을 하고 있는지 분명히 알 수 있다.

뉴스 속 가스라이팅

책이 출간된 뒤 몇 년간 나는 이따금 이 용어가 인용된 기사를 접했다. 예컨대 영화 〈제로 다크 서티Zero Dark Thirty〉에서는 숙련된 심문자가 일어나지도 않은 일을 마치 사실인 양 주장해서 포로가 자신의 기억에 의심을 품도록 만드는데, 영국의 주간지 「더 위크The Week」는 영화 리뷰에서 이것을 가스라이팅의 한 형태라고 설명했다. 영화에서 심문자는 자신의 현실감과 판단력을 스스로 의심하게 만드는 것보다 더 사람을 불안하게 만드는 것은 없다는 사실을 알고 있다. 이처럼 가스라이팅은 누군가의 의지를 꺾어버리는 데 신체적 학대보다 더 강력한 무기가 될 수 있다.

온라인에도 가스라이팅을 사적인 인간관계와 직장에서의 집단 괴롭힘과 연결하는 글이 늘어났다. 많은 연애 블로그와 자기개발 블로그에 자신이 가스라이팅의 피해자임을 인식하고 가해자에게 맞서는 것이 중요하다는 내용의 글이 올라왔다. 심지어 위키피디아Wikipedia에도 가스라이팅의 정의가 실렸다.

그러나 가스라이팅이 대중의 의식에 확 꽂힌 시기는 2016년이다. 그해 3월, 코미디언이자 HBO 호스트인 존 올리버John Oliver는 자신은 가스라이팅 피해자이고 가해자가 도널드 트럼프라고 주장했다. 그의 이야기는 단순했다. 도널드 트럼프가 존 올리버의 프로그램에 출연하지 않겠다고 선언한 것이다. 도널드 트럼프는 "존 올리버는 주변 사람들을 통해 전화로 나를 아주 지루하고 시청률도 낮은 그의 쇼에 초청했다. 나는 '고맙지만 사양하겠소'라고 말했다. 시간 낭비에 에너지 낭비!"라고 트위터 메시지를 남겼다.

하지만 존 올리버는 그런 초청을 한 적이 없었다. 그는 도널드 트럼프를 자신의 쇼에 초청하는 것에 전혀 관심이 없었다. 존 올리버가 상황을 바로잡으려고 하자, 도널드 트럼프는 판을 더 크게 키웠다. 라디오 인터뷰에서 도널드 트럼프는 존 올리버가 자신을 쇼에 게스트로 초청한 것이 한 번이 아니라 네다섯 번은 된다고 주장했다.

이 시점에서 존 올리버가 어깨를 으쓱하며 도널드 트럼프의 트위터 메시지를 오프닝 멘트에 삽입하고 제작진과 배를 잡고 웃었을 것이라고 생각할지도 모른다. 그러나 존 올리버는 자신이 혹시 잘못 기억하고 있는 것은 아닌지 자신의 기억을 의심하기 시작했다. 도널드 트럼프는 자신의 주장에 너무나 확신에 차 있는 듯했다. 존 올리버는 자신의 쇼에서 이렇게 말했다. "그렇게 확신에 차서 하는 거짓말을 듣고 있으니 정말 불안해졌습니다. 심지어 저는 제작진 중 누군가가 돌발적으로 그를 쇼에 초청했던 적이 있는지 확인까지 했습니다. 물론, 그를 쇼에 초청한 사람은 아무도 없었습니다."

존 올리버는 좌파 성향의 평론가다. 그런 그에게 도널드 트럼프의 인정은 중요하지 않다. 그는 도널드 트럼프가 자신을 어떻게 생각하는지 또는 앞으로 그와의 관계가 어떻게 될지에 전혀 관심이 없다. 도널드 트럼프는 존 올리버에게 정서적, 가족적 또는 경제적 통제력이 없고 존 올리버는 확고한 주관을 지닌 남자다. 그러나 어떤 식으로든 도널드 트럼프는 존 올리버가 자신의 기억을 의심하도록 만들었다.

존 올리버의 사례에서 도널드 트럼프는 가스라이팅 가해자의 전형적인 행동을 보여준다. 자신의 행동을 책임지지 않거나 자신의 행동에 대해 질문하는 사람의 신용을 훼손하려고 하는 것이 바로 가스라이팅이다.

개정판을 출간하면서

10년 전에 완성한 이 책을 다시 출간하면서, 원고를 다시 읽어봤지만 수정할 필요를 전혀 느끼지 못했다. 하지만 10년 전과 다르게 느껴지는 것이 하나 있었다. 바로 가해자가 자신을 확신할수록 혹은 나르시시즘이 강할수록, 스스로 믿고 있는 현실이 진실이라는 신념을 절대 놓지 않는다는 점이다. 또한 이 때문에 가스라이팅 가해자는 타인의 의견에 관심을 가지지 않고 진지하게 받아들이지 않는다. 보통 사람들은 자신이 보거나 들은 것이 확실한지 스스로 의심한다.

반면 나르시시즘이 덜한 사람들은 가스라이팅에 더 취약하다. 보통 사람들은 자신이 보거나 들은 것이 확실한지 스스로 의심한다. 우리는 다른 사람들이 나보다 무언가를 더 정확하게 알고 있을 수 있다고 배우면서 자랐다. 따라서 '검은색은 희다'라거나 '위는 아래다' 같은 말을 계속 듣는다면, 그런 말을 하는 사람들이 내가 모르는 무언가를 알고 있는 것은 아닌지 스스로에게 묻지 않을 수 없게 된다.

한편 나르시시스트는 다른 사람들이 자신의 생각에 동의하지 않으면 분노한다. 가스라이팅 가해자들의 반응도 이와 유사하다. 그러나 가해자들이 자신에게 의구심이 생겼기 때문에 화를 내는 것은 아니다. 자신이 완벽한 통제권을 가지고 있지 않다는 사실을 참을 수 없어서 분노하는 것이다. 따라서 가스라이팅 가해자를 역으로 피해자로 만들 수는 없다. 가스라이팅 피해자가 가해자를 가스라이팅하는 것은 더욱 어렵다.

나는 가스라이팅 피해자에게 '승무원을 주시하라'고 제안했다. 비행기가 갑자기 흔들릴 때 승무원들의 행동을 보면 사소한 난기류인지 뭔가 큰 문제가 생긴 것인지를 대략 알 수 있다. 삶에서도 마찬가지다. 이 방법은 새로 사귄 남자친구의 행동이 오늘 기분이 나빠서 그런 것인지 아니면 지속될 학대의 징후인지를 볼 수 있도록 도와준다. 자신이 현실을 제대로 인식하고 있는지 의심이 생길 때, 친구, 가족, 심리 상담사 등 삶의 승무원들이 당신이 처한 상황을 정확하게 인식할 수 있도록 도움을 줄 것이다.

자신 혹은 주변의 누군가가 가스라이팅으로 고통받고 있다면, 이 책이 자유로워질 수 있도록 도울 것이다. 이 일을 하는 동안 나의 목표는 사람들이 더 열정적이고 생산적이고 충만한 삶을 살 수 있도록 돕는 것이었다. 그러나 계속해서 자신의 언행을 비난받고 잘못을 사과해야 하는 정서적 학대를 당한다면 이런 삶을 사는 것은 불가능하다. 10년 전에 나는 다음과 같은 글을 썼다.

"우리는 가스라이팅에서 벗어나는 원천적인 힘을 가져야 한다. 그러기 위한 첫 단계는 상대방과의 관계에서 나의 역할이 무엇인지 깨닫는 것이다. 상대방을 이상화하고 그에게 인정받고자 하는 우리의 욕구와 환상을 먼저 이해해야 한다."

이제 당신의 여정이 시작됐다. 앞으로 한 걸음씩 나아갈 때마다 이 책이 항상 곁에서 도움을 줄 것이다. 이 여정을 시작하려면 용기가 필요하다.

로빈 스턴

목
차

1장

가스라이팅이란
무엇인가

THE GASLIGHT EFFECT

케이티는 거리에서 마주치는 사람들 모두에게 미소를 지으며 인사할 만큼 붙임성이 좋고 명랑한 사람이다. 그녀는 20대 후반의 매력적인 여성이며 여러 사람들과 교제했고, 지금은 브라이언이라는 남자를 만나 깊은 관계를 맺고 있다.

브라이언은 상냥할 뿐 아니라 여성을 보호하고 다른 사람을 배려할 줄 아는 사람이지만, 다른 한편으로는 처음 만나는 사람들을 믿지 못하는 불안정한 성격에 소심한 사람이기도 하다. 두 사람이 함께 길을 다닐 때면, 사교적이고 이야기하는 것을 좋아하는 케이티는 길을 묻는 남자나 개를 데리고 산책을 나온 여자들과 자주 대화를 나누고는 한다.

브라이언은 케이티의 이러한 태도가 불만스럽다. 케이티는 사람들이 얼마나 그녀를 비웃는지 정말 모르는 것일까? 그녀는 사람들이 자신과 나누는 일상적인 대화를 좋아한다고 생각하지만, 실제로는 그녀를 수다스럽다고 생각한다는 사실을 모르고 있는 것일까? 그리고 길을 묻던 남자는 어떠한가? 그는 그녀에게 추파를 던지려고 길을 물었던 것이다. 케이티는 그녀가 몸을 돌린 뒤에 그가 던진 야릇한 미소를 보았어야 했다. 더욱이 케이티의 그러한 태도는 남자친구인 자신을 무시하는 것이다. 지나가는 모든 남자들에게 눈길을 주는 행동을 자신이 어떻게 느낄 거라고 생각한 것인가?

케이티는 처음에는 남자친구의 불평에 웃음을 터뜨렸다. 그녀는 브라이언에게 자신은 지금까지 이러한 방식으로 살아왔고 다른 사람들을 친절하게 대하는 것이 좋다고 말했다. 하지만 그의 불만이 계속되자 그녀도 의문이 생기기 시작했다. 사람들이 정말 나에게 조소를 보내거나 추파를 던진 것인지도 몰라. 내가 경박하게 행동해서 남자친구를 곤란하게 만든 것인지도 몰라. 날 사랑하는 브라이언에게 얼마나 큰 상처를 주었을까?

케이티는 이제 길을 걸을 때 어떻게 행동해야 할지 종잡을 수가 없다. 그녀는 따뜻하고 친절한 태도를 포기하고 싶지 않지만, 모르는 사람에게 미소를 보낼 때마다 브라이언이 어떻게 생각할까 하는 상상을 떨쳐버릴 수도 없다.

• • •

리즈는 유명한 광고 회사의 중역이다. 40대 후반의 멋쟁이인 그녀는 현재의 지위에 오르기까지 열심히 노력하며 모든 정력을 일에 쏟아왔다. 이제 그녀는 뉴욕 지사의 책임자가 되겠다는 목표를 달성할 시점에 와 있는 듯이 보였다.

인사 결정 마지막 순간, 그녀가 원했던 자리는 결국 다른 사람이 차지하게 됐다. 하지만 그녀는 자존심을 죽이고 새로운 상사에게 협조를 아끼지 않았다. 처음에 상사는 괜찮은 사람으로 보였다. 그러나 그녀는 얼마 지나지 않아 자신이 중요한 결정이나 회의에서 배제되고 있음을 깨달았다. 새로운 상사가 리즈의 고객들을 가로채려고 리즈가 곧 퇴사한다는 소문을 퍼뜨린다는 이야기도 듣게 됐다.

어느 날 리즈가 동료들에게 상사에 대한 불만을 털어놓자, 그들은 어리둥절한 표정으로 그녀를 바라보며 이렇게 말했다.

"무슨 소리예요. 그는 당신을 매우 높게 평가하던데요. 당신을 내몰려는 사람이라면 왜 그런 칭찬을 하겠어요?"

그녀는 결국 상사에게 면담을 요청했다. 그는 모든 일들에 대해 리즈가 생각했던 것과는 전혀 다른 설명을 해주었고, 마지막 순간에 온화한 어조로 이렇게 말했다.

"요즘 예민한 것 같군. 어쩌면 좀 편집증적인 생각에 빠져 있는 것 같기도 하고…. 며칠간 휴가를 가지면서 스트레스를 해소하는 게 어떨까?"

리즈는 완전히 무기력해졌다. 상사가 자신을 견제하고 있음을 분명히 느낀다. 그런데 왜 남들은 아니라고 하는 것일까?

1_가스라이팅이란 무엇인가

．．．

　20대 중반의 대학원생 미첼은 호리호리한 체격에 수줍음을 많이 타는 성격이다. 얼마 전부터 정말 마음에 드는 여자친구를 만나 사귀고 있다. 어느 날 여자친구가 지나가는 말로 그가 애같이 옷을 입고 다닌다고 이야기했다. 그는 백화점으로 가서 판매원에게 조언을 구해 옷을 새로 샀다. 새로 산 옷은 스스로를 완전히 다른 세련되고 멋진 사람으로 느끼게 해주었다. 그러나 그가 새 옷을 입고 일요일 저녁 가족과의 식사에 참석했을 때, 어머니는 웃음을 터뜨렸다.

　"미첼, 그 옷은 네게 전혀 안 어울려. 우스워 보여. 애야, 나중에 옷 사러 가면 내가 골라줄게."

　미첼은 기분이 상해 어머니에게 사과할 것을 요구했으나 어머니는 머리를 가로저었다.

　"너 말투가 그게 뭐니. 그냥 도와주려고 한 건데. 그런 투로 이야기하는 네가 오히려 나에게 사과해야 해."

　미첼은 혼란스러웠다. 그는 새 옷이 마음에 들었지만, 다른 사람에게는 우스꽝스럽게 보일지도 모른다고 생각했다. 또한 자신이 정말로 어머니에게 버릇없이 굴었던 것은 아닐까 생각했다.

나에게 무슨 일이 일어난 걸까

앞에서 말한 케이티, 리즈, 미첼에게는 한 가지 공통점이 있다. 모두 '상대방의 영향력 행사(가스라이팅gaslighting)'에 고통을 겪고 있다는 점이다. 가스라이팅은 자신이 항상 옳다고 여기며 자존심을 세우고 힘을 과시하는 '가해자(가스라이터gaslighter)'와 상대방이 자신의 현실감을 좌우하도록 허용하는 '피해자(가스라이티gaslightee)' 사이에서 일어난다. 피해자들은 가해자를 이상화하고, 그들의 인정이나 사랑, 관심이나 보호 등을 받기 위해 가해자가 자신의 생각이나 행동에 영향력을 행사하도록 허용한다. 가스라이팅은 성별에 구분 없이 모든 관계에서 발생할 수 있다. 하지만 많은 상담 사례를 통해 가해자는 남성인 경우가 많고 피해자는 여성인 경우가 흔하다는 것을 알 수 있었다.

케이티와 그녀의 남자친구 브라이언을 예로 들어보자. 브라이언은 세상이 위험하기 때문에 케이티의 행동이 적절치 못하고 무신경한 것이라 주장했다. 케이티가 반발하자 권위에 위협을 느낀 브라이언은 자신의 말이 옳다는 것을 증명하려 하며 케이티도 거기에 동의하게 만들었다. 두 사람의 관계를 소중하게 여기는 케이티는 브라이언을 잃고 싶지 않다는 마음에 점차 상황을 그의 관점에서 보기 시작했다. 이제 그녀는 어쩌면 사람들이 자신을 비웃는지도 모른다고, 혹은 자신이 경박하게 행동한지도 모른다고 생각한다. 이러한 생각은 가스라이팅이 발휘되기 시작했음을 보여주는 것이다.

케이티의 경우와 마찬가지로, 리즈의 상사 또한 자신은 리즈에게 잘 대해주며 그녀의 불안은 오직 스스로의 강박관념 때문이라고 주장했다. 직장 생활에 위기가 온 리즈는 상사가 자신을 좋게 평가하기 바라므로 자신의 생각에 의문을 품기 시작했고 상사의 관점에서 문제를 보려고 노력했다. 하지만 리즈는 상사의 생각을 진심으로 이해할 수는 없었다. 방해할 목적이 아니었다면 왜 중요한 회의에서 자신을 배제했던 것인가? 왜 예전의 고객들이 떨어져 나간 것일까? 왜 자신은 이렇게 혼란스럽고 걱정으로 가득 차 있는 것일까? 리즈는 사람을 잘 믿는 편이어서 그녀의 상사처럼 누군가가 뻔뻔스럽게 다른 사람을 조종할 수 있다고 생각할 수 없었다. 그녀는 상사의 행동을 정당화해야 했다. 상사가 올바르게 행동해주기를 간절히 바라지만 그를 변화시킬 수 없다는 것을 알고 있는 리즈는 완전히 방향감각을 상실했고, 이제는 자신이 보거나 알고 있는 것조차 더 이상 확신할 수 없다. 그녀는 이제 가해자에게 완전히 사로잡혔다.

미첼의 어머니는 자신이 아들에게 어떠한 말이라도 할 수 있는 권리가 있고 아들이 거기에 반발하는 것은 무례한 행동이라고 주장했다. 미첼은 어머니가 자신을 사랑하고 있으며 아들에게 언짢은 이야기를 할 사람이 아니라고 생각하고 싶어 했다. 그래서 어머니가 그의 기분을 나쁘게 했을 때, 그는 어머니를 비난하기보다는 스스로를 비난했다. 어머니와 미첼은 은연중에 어머니는 옳고 미첼은 잘못했다는 데 동의하고 있었다. 두 사람은 가해자와 피해자의 관계를 만들어내고 있었던 것이다.

물론 케이티, 리즈, 미첼 모두 다른 선택의 여지가 있다. 케이티는 남자친구의 부정적인 말을 무시하고 이제 그만하라고 요구할 수 있다. 아니면 최후의 수단으로 그와 헤어질 수 있다. 리즈는 자신에게 이렇게 말할 수도 있을 것이다. '이 사람과 함께 일하기 힘들겠어. 그가 훌륭한 태도를 가장해 회사의 다른 모든 사람들을 속일 수는 있어도 나는 못 속일걸.'

미첼의 경우는 침착하게 이렇게 말할 수 있을 것이다.

"죄송하지만 사과할 사람은 어머니예요."

그들은 모두 상대방의 인정을 받지 않아도 괜찮다는 마음의 결정을 할 수 있었다. 그들은 자신들이 좋은 사람이고, 유능하고, 사랑을 할 줄 아는 사람이라는 것을 알고 있다. 그리고 이것이 바로 문제의 핵심이다.

이들 세 사람이 단호한 태도를 보일 수 있었다면, 가해자는 가스라이팅을 할 수 없었을 것이다. 비록 가해자들이 계속 형편없이 행동할 수도 있겠지만, 그들의 행동은 더 이상 치명적인 영향을 끼치지는 못했을 것이다. 우리가 상대방의 말을 믿고 그에게 잘 보이려고 노력할 때 가스라이팅은 시작된다.

문제는 가스라이팅이 자신이 의식하지 못하는 사이에 시작된다는 것이다. 가해자의 이해와 인정, 사랑을 받고자 하는 소망, 이 모든 것들을 잃을 수 있다는 두려움과 걱정에서 가스라이팅이 시작된다. 우리가 신뢰하고 존경하고 사랑하는 사람이 확신을 가지고 이야기할 때, 특히 그 말 속에 어느 정도 진실이 담겨 있다면 그것을 불신하기는 힘들다. 그리고 우리에게 영향력을 미치는 사람을 이상적인 존재로 생각한다면, 즉 그들을 인생의 동반자나 존경할 만한 상사 혹은 훌륭한 부모로 생각한다면 그 앞에서 우리의 생각을 고집하기는 쉽지 않다. 가해자는 자신이 옳다는 것을 증명하려 하고, 피해자는 그 사람의 마음에 들고 싶어 할 때, 가스라이팅이 시작된다.

물론 피해자나 가해자 모두 어떠한 일이 일어나고 있는지 모를 수 있다. 가해자는 자신이 하는 모든 이야기들을 진정으로 믿을 수 있다. 혹은 자신이 실제로 상대방을 도와주고 있다고 생각할 수도 있다. 하지만 명심할 것은 가해자는 자신의 필요에 따라 행동한다는 것이다. 가해자가 강하고 힘 있는 사람일 수도 있고, 불안정하고 화를 잘 내는 어린애 같은 사람일 수도 있다. 어떠한 유형의 사람이건 그는 자신이 약하고 무기력하다고 느낀다. 그는 스스로 힘이 있다고 느끼기 위해 자신이 옳다는 것을 증명하고 상대방도 거기에 동의하게 만들려고 한다.

가스라이팅 피해자는 스스로 의식하지 못하지만 가해자를 이상적인 존재로 여기며 그에게 인정받기 위해 필사적이다. 자신을 부정적으로 생각하거나, 상대방에게 사랑과 인정을 받고 싶어 하는 사람은 가스라이팅에 노출되기 쉽다. 그리고 상대방은 피해자가 자신에게 의존하도록 만들기 위해 그러한 취약점을 십분 활용할 것이다.

<u>**Checklist**</u> 나는 가스라이팅을 당하고 있을까?

아래 20개의 항목에 나타난 경험이나 기분이 모두 누군가에게 조종당할 때만 나타나는 것은 아니다. 하지만 만일 해당하는 항목이 하나라도 있다면 주의하자.

1 지속적으로 자신이 어떤 사람인지 곰곰이 생각하게 된다.
2 하루에 열두 번도 더 자신에게 묻는다. "내가 너무 예민한가?"
3 직장에서 자주 혼란스럽고 얼빠진 느낌이 든다.
4 항상 어머니, 아버지, 애인 혹은 직장 상사에게 사과를 한다.
5 자신이 애인, 배우자, 직원, 친구 혹은 딸로서 충분한 자격이 있는지 자주 의문을 갖는다.
6 여러 면에서 잘 살고 있는데도 왜 행복하다는 생각이 들지 않는지 이해할 수 없다.
7 옷을 사거나, 아파트에 가구를 들여놓거나 혹은 개인적인 물품을

살 때 스스로 어떻게 느끼는가보다는 배우자가 좋아할 것인가를 먼저 생각한다.

8 배우자의 행동에 대해 친구나 가족에게 자주 변명을 하게 된다.

9 설명하거나 변명하기 싫어, 배우자에게 친구들과 가족에게 들은 정보나 이야기를 하지 않는 자신을 발견하게 된다.

10 무언가 굉장히 잘못됐다는 것을 안다. 하지만 그것이 무엇인지 자신에게조차 설명할 수가 없다.

11 상대방이 윽박지르는 것을 피하고 상황이 꼬이는 것을 피하기 위해 거짓말을 하기도 한다.

12 간단한 결정을 내리는 것도 어렵다.

13 사심 없는 화제를 꺼내는 데도 두 번 생각하게 된다.

14 배우자가 집에 오기 전에 그날 잘못한 일은 없는지 머릿속으로 점검한다.

15 예전에는 스스로가 훨씬 자신 있고, 삶을 즐기고, 여유 있는 사람이었다는 느낌이 든다.

16 배우자를 화나게 만들 것 같은 이야기는 다른 사람을 통해 전달한다.

17 어떤 일도 제대로 할 수 없을 것 같다는 느낌이 든다.

18 아이들이 배우자로부터 당신을 보호하기 시작한다.

19 전에는 좋은 관계였던 사람들에게 화를 내는 자신을 발견한다.

20 인생에 낙도, 희망도 없다는 느낌이 든다.

가스라이팅을 연구하게 된 계기

나는 지난 30년 동안 상담치료사로서, 또한 교사, 리더십 과정 강사 및 컨설턴트, 우드헐리더십연구소의 연구원으로서, 모든 연령대의 여성들에게 교육을 해왔다. 지금까지 일을 통해 만난 여성들은 모두 강하고 똑똑하고 성공한 사람들이었다. 하지만 이처럼 자신감에 차 있고 성공한 많은 여성들이 실은 혼란스럽고 벼랑 끝에 몰려 있으며 어떻게 해야 할지 모르는 난감한 관계에 놓여 있다는 이야기를 반복해서 들어왔다. 친구나 동료들은 이들이 힘 있고 능력 있는 사람이라고 생각하고 있었겠지만, 정작 당사자들은 스스로를 능력도 없고 현실감각도 부족한 무능한 사람이라 여기고 있었다.

그들의 이야기에는 공통점이 있었다. 그리고 나는 점차 그들의 이야기가 상담치료사라는 직업상 알게 되는 특수한 차원의 문제가 아니라 나나 친구들이 개인적으로 겪는 경험과 같은 것이라는 사실을 깨달았다. 이야기에는 활력에 차 보이는 여성과, 이들의 현실감각을 흐리고 불안하게 하고 혼란스럽게 하며 스트레스를 주는 연인, 배우자, 친구, 동료, 직장 상사, 가족이 등장한다. 이들의 이야기에는 공통적으로 자신을 항상 형편없이 취급하지만 떨쳐버리지 못하는 특별한 인물이 포함돼 있었다. 나는 이러한 고통스러운 상황을 오래된 영화 〈가스등Gaslight〉의 이름을 따 '가스라이트 효과Gaslight Effect'라고 명명했다.

1944년에 제작된 영화 〈가스등〉에서 잉그리드 버그만Ingrid Bergman은 상처받기 쉬운 성격의 젊은 가수, 폴라로 열연한다. 그녀는 찰스 보이어Charles Boyer가 연기한 그레고리와 결혼하는데, 그는 속을 헤아릴 수 없는 권위적인 사람이다. 그레고리는 폴라가 이모에게 상속받은 유산을 빼앗기 위해 그녀를 미치게 하려고 한다. 그레고리는 끊임없이 그녀가 자기 스스로 병들고 약한 존재로 여기도록 세뇌하는 한편, 집 안의 물건들을 몰래 옮겨놓고는 그 책임을 폴라에게 전가하며 비난한다. 어느 날 폴라는 가스등이 희미해졌다가 밝아지는 현상을 목격한다. 그레고리가 폴라의 이모가 남긴 보석을 찾아내려고 밤마다 다락방을 뒤질 때마다 폴라의 방에 있는 가스등이 희미해진 것이다. 그러나 주위의 아무도 그녀를 믿어주지 않는다.

남편의 사악한 계획대로 폴라는 자신이 미쳐가고 있다고 믿기 시작한다. 겁에 질려 혼란에 빠진 폴라는 점차 히스테릭하게 행동하고, 남편이 끊임없이 이야기한 대로 병약하고 방향감각이 없는 사람으로 변해간다. 폴라는 필사적으로 남편에게 매달리며 사랑한다는 말을 듣고 싶어 하지만, 남편은 애정 표현을 거부하고 그녀가 미쳤다고 단언한다. 그때 폴라의 이모의 죽음에 대해 의문을 품고 수사하던 형사가 자신도 가스등이 희미해지는 것을 보았다고 폴라에게 이야기한다. 그제야 비로소 그녀는 정상으로 돌아와 스스로에 대한 확신을 갖게 된다.

영화에서 볼 수 있듯이, 가스라이팅에는 항상 두 역할이 존재한다. 그레고리는 폴라를 조종하기 위해 그녀를 유혹할 필요를 느낀다. 폴라 역시 그레고리의 유혹을 원한다. 그녀는 정력적이고 잘생긴 그레고리를 이상적인 존재로 생각하고, 그가 자신을 소중히 여기고 보호해줄 것이라 믿는다. 남편이 자신을 형편없이 취급하기 시작했을 때도 폴라는 남편을 비난하거나 다른 관점에서 보려 하지 않았다. 그녀는 계속해서 남편을 완벽하고 낭만적인 사람이라고 생각했다. 그레고리는 폴라의 불안감과 자신에 대한 이상화를 이용해 그녀를 완벽하게 조종할 수 있었다.

〈가스등〉에서 남편에게는 재산이라는 확실한 목적이 있었다. 하지만 실제 인간관계에서는 가해자가 처음부터 사악한 의도를 갖고 있는 경우는 드물다. 그들은 주로 자신의 관점에서 자신만을 생각한다. 그들은 이기적이기 때문에 자신의 생각에 어긋나는 것을 용납하지 않는다. 그들은 나름대로 세상에 대한 논리를 세우고 있으며, 피해자 역시 자신과 동일한 논리로 세상을 보아야 한다고 여긴다. 그렇지 않으면 그들은 참을 수 없는 불안에 사로잡히게 된다.

예를 들어 파티에 참석한 당신이 어떤 남자에게 미소를 지었고, 그것을 본 남편이나 연인의 기분이 상했다고 가정해보자. 그가 가해자가 아니라면 아마도 "그래, 난 질투가 많은 사람이야"

라거나 "당신이 잘못한 것은 없지만, 당신이 다른 사람에게 잘해 주는 것을 보면 미칠 것 같아" 정도로 이야기할 것이다. 적어도 그는 자신이 불편하게 느끼는 이유가 상황 때문이거나 자신의 불안정 때문이라고 생각할 것이다.

하지만 가스라이팅 가해자는 자신이 질투심이 많고 불안정하고 강박관념에 사로잡혀 있다는 것을 전혀 고려하지 않는다. 그는 "내가 기분 나쁜 이유는 당신이 남자들 앞에서 헤프게 행동했기 때문이야"라는 자신의 생각에 집착한다. 그리고 단순히 그렇게 생각하는 것에 그치지 않고 피해자가 그것을 인정해야 비로소 만족한다. 그러지 않으면 계속해서 화를 내거나 냉담하게 대하거나 "내가 얼마나 마음이 아팠는지 모르겠어? 당신에게 내 감정은 아무것도 아닌 거야?"와 같은 그럴싸한 비난을 늘어놓는다.

하지만 가스라이팅은 가해자를 이상적인 존재로 생각하고 그에게 인정받기 위해 애쓰는 피해자가 있을 때만 발생한다. 가스라이팅에 좌우되지 않는 사람이라면, 남자친구가 자신을 근거 없이 비난할 때 간단하게 웃어넘길 수 있을 것이다. 그러나 만약 남자친구가 자신을 부정적인 시선으로 바라보는 것을 견디지 못하는 사람이라면 어떻게 할까? 아마도 "난 경박하게 행동한 적 없어. 그저 별 뜻 없이 미소 지었을 뿐이야"라고 말하며, 그의 생각을 바꾸려 노력할 것이다. 남자친구가 그녀의 잘못을 인정하게 하려고 애쓰는 것과 마찬가지로 그녀는 남자친구의 인정을 받으려고 애쓸 것이다. 결국 그녀는 남자친구와의 관계가 악화되지 않게 하려고 무엇이든 하게 될지도 모른다. 심지어 자신을 부정적으로 바라보는 시각조차 받아들일 수도 있다.

가스라이팅의 세 단계

가스라이팅은 단계적으로 강화된다. 처음에는 별로 심각하지 않아 의식하지 못할 수 있다. 남자친구가 자신에게 망신을 주려고 일부러 파티에 늦은 것은 아니냐고 비난할 때, 당신은 그의 말을 신경과민으로 돌리거나 별 생각 없이 한 이야기라고 생각하거나 아니면 내가 정말 그에게 망신을 주려고 늦었나 하고 생각할 수도 있다. 하지만 곧 이 일을 잊어버릴 것이다. 그러나 점차 가스라이팅은 피해자의 사고를 조종하고 감정을 지배해 인생에서 큰 부분을 차지하게 된다. 마침내 피해자는 우울증에 빠져 희망을 잃고 즐거움도 느끼지 못하며, 예전에 갖고 있던 세상과 자신에 대한 관점조차 기억할 수 없게 된다.

모든 사람이 이러한 단계를 밟는 것은 아니다. 하지만 많은 여성들이 이미 나쁜 상황에서 최악의 상황으로 악화되는 것을 경험했다.

불신

1단계의 특징은 '불신'이다. 남자친구가 화를 내며 "길을 묻던 그 남자는 단지 너한테 성적으로 관심이 있었던 거야!"라고 말했다고 가정해보자. 이러한 말을 들으면 여자친구는 자신의 귀를 의심하게 된다. 그녀는 자신이 잘못 이해했든지, 그가 잘못 이해했든지 아니면 그가 그저 농담을 하고 있다고 생각한다. 너무나 엉뚱한 말이어서 신경을 쓰지 않고 지나갈 수도 있다. 혹은 그 말을 취소하게 할 수도 있지만, 거기에 커다란 의미를 부여하지는 않을 것이다.

케이티는 몇 주 동안이나 1단계에 있었다. 남자친구의 잘못된 생각을 고치려고 노력했다. 간혹 케이티는 브라이언이 자신의 말을 이해했다고 생각했지만 그는 절대로 자기 생각이 틀렸음을 인정하지 않았다. 케이티는 걱정이 되기 시작했다. 그가 옳은 것일까? 아니면 내가 옳은 것일까? 평소에는 사랑스러운 남자인데, 왜 가끔 그는 이해할 수 없는 사람이 되는 것일까? 이렇듯 비교적 가벼운 정도의 영향력을 미치는 1단계에서 피해자는 혼란과 좌절감을 느끼고 불안해진다.

자기 방어

2단계에 들어서면, 자신을 방어할 필요를 느낀다. 상대방이 틀렸다는 것을 증명하기 위해 증거를 찾고, 그가 잘못을 인정하도록 지나칠 정도로 말다툼을 하게 된다. 비록 그 다툼이 주로 머릿속에서만 일어나는 것이기는 하지만 말이다.

리즈의 경우는 2단계의 상태다. 그녀의 머릿속은 직장 상사가 문제를 자신과 같은 방식으로 보기를 바라는 생각으로 가득 차 있다. 상사와 이야기를 나눈 뒤 그녀는 집으로 가는 길에, 친구와 점심을 먹으면서 그리고 잠자리에서 상사가 한 말을 되풀이해 생각했다. 리즈는 자신이 옳다는 것을 상사에게 보여줄 방법을 찾고 있다. 그렇게 된다면 상사가 자신을 인정할 것이고, 모든 것이 다시 정상으로 돌아올 거라 믿었다.

미첼 역시 2단계에 있다. 그는 어머니를 매우 좋은 사람이라 생각했기 때문에, 그의 마음속에는 어머니의 행동이 옳았으면 하고 바라는 측면도 있다. 어머니와의 다툼이 있은 후, 미첼은 자신이 버릇없는 행동을 했다고 생각했다. 그리고 비록 자신이 나쁜 아들이라는 심한 자책감이 들었지만, 적어도 어머니가 나쁜 사람이 아니라는 점에 안도했다. 미첼은 어머니가 잘못했다고 생각하지 않고, 어머니와 계속 좋은 관계를 유지하도록 노력할 수 있었다.

2단계에서는 자주 괴로움을 느끼거나 절망을 느낀다. 상대방과 계속 좋은 관계를 가질 수 있다는 확신은 없지만 아직 희망을 포기하지 않은 상태다.

억압

3단계는 가장 어려운 상태다. 이 지점에 이른 사람은 적극적으로 가해자가 옳다는 것을 증명하려 한다. 그래야만 가해자가 원하는 방식으로 행동할 수 있고, 궁극적으로 그와 좋은 관계를 유지할 수 있기 때문이다. 이 단계에 이르면 심신이 완전히 지쳐 가해자와 더 이상 다툴 여력도 없다.

내가 상담했던 멜라니는 3단계의 상태에 있었다. 멜라니는 뉴욕의 한 대기업에서 시장 분석을 담당하는 여성이었다. 그녀를 처음 보았을 때는 그녀가 회사에서 중역이라는 것을 상상할 수 없었다. 그녀는 구겨진 스웨터를 걸치고 기진맥진한 모습으로 몸을 떨면서 소파 끝에 걸터앉아 하염없이 눈물을 흘렸다.

어느 날 그녀는 남편 친구들을 저녁 식사에 초대했다. 그녀는 퇴근 후 혼자 슈퍼마켓에서 바쁘게 움직이며 필요한 식료품을 골랐다. 남편은 그녀에게 친구들이 건강에 관심이 많으니 최고급 자연산 연어 스테이크를 준비해달라고 부탁했다. 그러나 슈퍼마켓 수산물 코너에는 양식 연어만 있었다. 멜라니는 둘 중 하나를 선택해야 했다. 양식 연어를 사거나 다른 요리를 준비하는 것이었다. 그녀는 울음이 진정되자 이렇게 말했다.

"그때 제 몸이 떨리기 시작했어요. 제 머릿속에 떠오른 것은 조던이 얼마나 실망할까 하는 것이었어요. 제가 자연산 연어를 찾을 수 없었다는 말을 할 때 조던이 어떤 표정을 지을지 떠올랐지요. 그리고 쏟아질 질책도 예상됐고요. '왜 더 일찍 갈 생각을 못했던 거야? 전에도 연어 요리를 준비해봤으니 무엇을 어떻게 해야 할지 알고 있었잖아. 오늘 저녁 식사를 전혀 신경 쓰지 않은 거야? 오늘 저녁이 나에게 얼마나 중요한지 말했잖아. 오늘 저녁을 제대로 준비하는 것보다 더 중요한 일이 있어? 있다면 이야기해봐. 한번 들어보고 싶군.'"

그의 질책은 끝나지 않았다. 멜라니는 웃고 넘어가려 했지만 여의치 않아 상황을 설명했고, 심지어는 사과까지 하려 했다. 남편에게 사정을 설명하려 했지만 믿지 않았다. 멜라니는 아무것도 할 수 없었다.

멜라니의 사례는 가스라이팅으로 인해 괴로움을 겪는 극단적인 경우다. 자신에 대한 상대방의 부정적인 견해를 그대로 수용해 더 이상 자신의 정체성을 인식하지 못하는 사람인 것이다. 그녀는 남편을 이상적인 배우자로 생각했고 그와 좋은 관계를 계속 유지하기 위해 남편의 비난을 그대로 수용했다. 남편의 애정이 필요했기 때문에 자신을 포기하고 남편에게 동의했던 것이다.

• • •

가스라이팅이 반드시 세 단계를 모두 거치는 것은 아니다. 어떤 경우에는 일생 동안 동일한 대상과 1단계를 경험하지만, 다른 경우에는 친구 관계나 연인 관계 혹은 직업상의 관계에서 계속 사람을 바꾸어가며 1단계를 경험한다. 이들은 동일한 종류의 다툼이 계속해 반복된다는 것을 깨닫고, 상대방과의 관계가 너무 고통스러워지면 헤어지게 된다. 그러고 나서 그들은 영향력을 행사하는 다른 사람을 만나 똑같은 과정을 되풀이한다.

어떤 사람들은 계속해서 2단계에 머물면서 가해자와 씨름한다. 이들은 아직 자신의 생각과 감정을 가지고 있지만 상대방과의 관계 때문에 기진맥진한 상태다. 문제가 많은 직장 상사나 잔소리 심한 어머니, 무신경한 연인에 대해 불평을 늘어놓는 사람이 주변에 적어도 한 사람 정도는 있을 것이다. 2단계에서 헤어나지 못하는 사람은 똑같은 불평을 계속 늘어놓는다. 다른 모든 관계에서는 성공적이라고 하더라도, 문제가 있는 그 관계가 그 사람의 삶 전반에 나쁜 영향을 미치는 것이다.

2단계에서 때로는 가해자와 피해자의 역할이 교체되기도 한다. 이들은 번갈아가며 상대방을 가스라이팅한다. 예를 들어 남편이 아내가 싫어하는 말이나 행동을 했을 때, 아내는 그가 무슨 의도를 가지고 그러한 말을 했는지 물어봄으로써 감정적인 문제에 대해 당당하게 영향력을 행사한다. 남편은 파티에서 아내가 너무 수다스럽다거나 아내의 정치적 견해 때문에 손님들이 불편했다고 비난하는 등 사교적인 상황에서 피해야 할 규칙을 설정함으로써 영향력을 행사한다. 두 사람 모두 다른 주제에서 서로가 옳다는 것을 상대방이 인정하도록 애쓰는 것이다.

때로는 두 사람의 관계가 수개월 혹은 수년간 아무런 문제없이 지나간다. 그러다 남편이 직장을 잃거나, 친구가 이혼을 하거나 아니면 연로한 부모님과 관련해 문제가 발생하면 가스라이팅이 시작된다. 남편이 자신의 권위에 위협을 느끼고, 자신의 힘을 확인하기 위해 상대방을 가스라이팅하기 때문이다. 아내 역시 마찬가지다. 피해자의 행위가 자신의 권위를 약화시킨다고 생각하게 된 가해자는 모든 일에서 자신이 항상 옳다는 것을 인정하게 만들려고 할 것이다.

남편이나 아이들 혹은 다른 친구들에게는 오랫동안 영향력을 행사해왔지만, 당신에게는 그러한 행동을 하지 않았던 친구가 있을 수 있다. 당신은 그 친구가 다른 사람과의 관계에서는 어떻게 했는지 자세히 모르더라도 친구가 하는 말에 동조했을 것이다. 그러다가 친구의 남편이 그녀의 곁을 떠나고, 친구의 아이들도 성장하고, 그녀의 다른 친구들마저 등을 돌리게 되면, 갑자기 당신이 그녀가 영향을 미칠 수 있는 유일한 사람이 된다. 예전에 그녀의 불평에 동조했던 당신은 몇 주 혹은 몇 달이 지나기도 전에 그녀의 행동에 문제가 있음을 깨닫게 될 것이다.

오랫동안 신뢰해왔던 사람이 어느 날 갑자기 가스라이팅을 시작하는 경우는 초기부터 가스라이팅한 경우보다 더 받아들이기 힘들다. 그동안 가해자를 굳게 믿어왔기 때문에, 그가 갑자기 자신을 형편없이 대하는 것에 피해자는 매우 당황한다. 이러한 경우 피해자는 "그에게 문제가 있을 리 없어. 내게 문제가 있는 것이 틀림없어"라며 자신에게 비난의 화살을 돌린다.

앞서 거론한 사례들의 경우, 고통스러운 상황이긴 하지만 가스라이팅은 1단계, 2단계에 머무르거나 이 두 단계 사이를 왔다 갔다 하는 데 그칠 것이다. 그러나 세 번째 단계로 발전하면 정말 파국으로 치달을 수 있다. 이 시점에 이르면 피해자는 절망적이 되고, 무기력하고, 우울하고, 사소한 일조차 결정할 수 없게 되며, 이정표가 없는 광대한 사막에서 지도도 없이 헤매는 것 같은 상황에 빠지게 된다. 이러한 상황에서는 예전에 자신이 어떠했는지도 기억하기 힘들다. 오직 알 수 있는 것은 뭔가 대단히 잘못됐다는 것이며, 특히 그 책임이 자신에게 있다고 생각하게 된다. 자신이 정말 좋은 사람이고 능력 있는 사람이라면 분명 상대방이 자신을 인정해줄 것이다. 그렇지 않은가?

가스라이팅은 영혼을 파괴한다. 아마 최악의 순간은 피해자 스스로 과거의 모습과 얼마나 달라졌는지 깨닫는 순간일 것이다. 피해자는 자신감, 스스로에 대한 존경심, 자신의 관점 그리고 용기를 잃어버리게 된다. 더 나쁜 것은 즐거움을 잃어버린다는 점이다. 피해자가 관심을 갖는 것은 오직 가해자의 인정을 받는 일뿐이다. 그리고 3단계에서 피해자는 결코 자신이 상대방에게 인정받을 수 없다는 것을 이해하기 시작한다.

가해자의 세 가지 유형

가스라이팅 가해자에는 여러 유형이 있다. 어떤 경우에는 학대하는 것처럼 보이기도 하지만, 어떤 경우에는 조종하는 사람이 아주 좋은 사람이거나 매력적인 연인인 경우도 있다. 이제 다른 사람을 조종하는 사람의 유형에 관해 알아보기로 하자.

매력적인 유형

메시지를 여러 번 남겼는데도, 남자친구가 2주일 동안 연락이 없었다고 가정해보자. 그러던 어느 날, 그가 당신이 좋아하는 커다란 꽃다발과 비싼 샴페인, 주말여행을 위한 비행기 표를 들고 나타났다. 당신은 화가 나 있고 그에게 매우 실망해 있다. 하지만 그는 연락하지 않은 것에 대한 어떠한 설명도 없이, 자신은 잘못한 것이 없다며 사과하기를 거부한다. 오히려 그는 당신에게 꽃과 샴페인과 주말여행에 행복해할 것을 강요한다. 모든 가해자들처럼 그는 현실을 왜곡하고 당신에게 왜곡된 현실을 받아들일 것을 요구한다. 즉, 자신이 아무것도 잘못한 것이 없고 오히려 화를 내는 당신이 비정상적이라는 태도를 보이는 것이다. 그의 매력과 낭만적인 태도는 이런 식으로 그의 잘못과 그로 인한 당신의 괴로움을 은폐한다.

나는 이러한 경우를 '매력적인 가해자'라고 이름 붙였다. 어떤 남성들은 끊임없이 이러한 유형으로 상대방을 조종한다. 케이티의 남자친구와 같은 남성들은 특히 심하게 싸운 후 가스라이팅을 시도한다. 매력적인 가해자의 가스라이팅은 상대방을 매우 혼란스럽게 한다. 피해자는 뭔가 잘못됐다는 것을 알지만 가해자가 연출하는 낭만적인 분위기를 잃고 싶지는 않다. 따라서 그가 잘못을 인정하지 않는다면 그가 옳다고 인정하는 것이 편하다고 여긴다.

Checklist 그는 매력적인 가해자일까?

다음 항목 중 일부는 부정적이지만, 많은 항목이 중립적이거나 긍정적인 내용으로 구성돼 있다. 상대방이 당신의 느낌을 조종하기 위해 매력을 이용하고 있는가를 알아보기 위한 것으로, 긍정적인 항목으로 보이는 문항조차도 가스라이팅을 암시할 수 있다.

- 두 사람만의 특별한 세계에 살고 있다는 느낌이 자주 드는가?
- 애인을 '내가 여태껏 만난 사람 중 가장 낭만적인 사람'이라고 설명

할 수 있는가?

- 싸움이나 불화 후에 특별한 선물을 준다든지, 정성스럽게 애무해준 다든지 만족스러운 성관계를 갖는 등 친밀하거나 낭만적인 순간을 연출하는가?
- 당신의 친구들이 그의 낭만적인 면에 감동을 받는가?
- 당신의 친구들이 그의 낭만적인 면을 불안해하는가?
- 상대방에 대한 당신의 감동과 당신 친구들의 감동이 일치하지 않는가?
- 여럿이 있을 때와 단둘이 있을 때 그의 행동이 현저하게 다른가?
- 상대방은 같은 장소에 있는 모든 사람들에게 매력적으로 보이고 싶어 하는 유형의 사람인가?
- 가끔 그가 가진 모든 낭만적인 면이 당신의 기분이나 취향 혹은 삶의 배경과 맞지 않는다고 느끼는가?
- 당신은 그럴 기분이 아니라고 말했는데도, 성적인 면이나 그 밖의 면에서 낭만적일 것을 강요하는가?
- 그에 대한 생각이 예전과 많이 달라졌다고 느끼는가?

선량한 유형

30대 중반의 여성 손드라는 완벽한 결혼 생활과 삶을 영위하는 것처럼 보였다. 손드라와 그녀의 완벽한 남편 사이에는 예쁜 세 자녀가 있었고, 손드라는 사회복지사인 자신의 직업에 대단

히 만족했으며, 친구들과 아주 좋은 관계를 유지하고 있었다. 손
드라와 마찬가지로 사회복지사인 그녀의 남편은 전문직에 종사
하는 젊은 부부들이 다 그렇듯 아주 바쁘게 살아가고 있었다. 손
드라는 가사와 양육 등 모든 집안일을 부부가 함께 분담하는 것
에 항상 자부심을 느끼고 있었다.

그렇지만 손드라는 특별한 이유 없이 불만이 쌓여가는 느낌
이었다. 그녀는 자신의 정서가 마비된 상태라고 설명했는데 지
난 3년 동안 특별한 문제가 없는데도 점차 감정이 무뎌짐을 느
낀다고 말했다. 그녀에게 마지막으로 즐거움을 느꼈던 때가 언
제냐고 질문하자, 잠시 괴로운 표정을 짓다가 곧 평정심을 찾고
는 "솔직히 기억나지 않아요. 이거 나쁜 징조인가요?"라고 되물
었다.

손드라의 남편은 훌륭한 반려자이자 아버지였고, 손드라도
남편의 협조가 있었기 때문에 자신이 일을 할 수 있다는 것을
알고 있었다. 그러나 그는 다혈질이고 성질이 급해 쉽게 화를 내
기 때문에 남편이 화를 내지 않도록 가족들이 오랜 세월 전전긍
긍했다. 남편이 화를 낼 때 손드라도 가만히 당하지는 않았지만,
그가 언제 화를 내고 언제 화를 내지 않을지 갈피를 잡을 수 없
었고, 실제로 남편이 화를 내지 않더라도 언제 화를 낼지 몰라
노심초사하느라 심신이 지쳐 있었다. 손드라는 자신과 남편이
원만한 결혼 생활을 하고 있다고 주장했지만, 그녀는 남편 때문

에 기진맥진해 보였고 스트레스가 많이 쌓인 듯했다.

"직장에서 회의가 있어서 밤에 나가야 할 때가 있다고 해봐요. 남편도 마침 그날 밤 회의가 있죠. 그런데 아이들을 돌봐줄 사람을 구하지 못했어요. 우리는 여러 시간에 걸쳐 두 사람의 회의 중 누구의 회의가 더 중요한가를 토론할 거예요. 저는 그러한 과정에서 지치게 돼요. 남편은 "회의에 꼭 가야 하는 것이 확실해? 당신은 중요하지 않은 일을 크게 생각하는 경향이 있잖아. 또 당신이 가야 한다고 생각했던 회의라도 가지 않은 적이 있었잖아? 이번에도 그러한 경우가 아니라고 확신해?"라는 말을 계속할 거예요. 결국 마지막에 가서는 제가 이겨서 회의에 가게 될 테고요. 그러면 남편은 '이겨서 이제 행복해?'라는 식으로 저를 쳐다보겠지요. 하지만 저는 만족스러운 기분을 전혀 느끼지 못할 거예요. 오히려 지치고 맥이 빠진 기분을 느낄 겁니다."

손드라의 남편은 합리적이고 좋은 사람으로 보이고 싶어 하지만 그 내면에는 자신의 방식대로 상황을 조종하려는 '선량한 유형의 가해자'였다. 내 오랜 친구이자 동료인 심리치료사 레스터 레노프는 이런 상황에 '내키지 않는 승낙'이라는 적절한 명칭을 붙였다. 겉으로는 동의한 것으로 보이지만 실제로는 그 내용을 무시하는 것이다. 피터는 손드라를 존중하는 것처럼 보였지만, 늘 그녀가 스스로 무엇을 말하고 있는지 모른다거나 혹은 지나치게 걱정이 많은 것일 수 있다고 말했다. 결과적으로 손드라

　　　　　1_가스라이팅이란 무엇인가

는 그와 이야기할 때 자신이 무시당하고 경시된다고 느꼈다. 그리고 이기거나 지는 것에 상관없이 손드라가 실망하는 이유가 바로 그것이었다.

우리는 누구나 그 이유를 정확하게 이야기할 수는 없지만, 무엇인가 잘못됐다고 느끼게 하는 사람과 상대한 경험이 있다. 매우 긍정적으로 근무 평가를 해주었던 상사가 우리를 흔들어놓고 불안정하게 만들었다거나 혹은 많은 것을 해주었던 친구가 만날 시간조차 내지 못할 때가 있다. 또한 겉으로 보기에는 흠잡을 데 없는 남자친구와 선뜻 가까이하기가 망설여지고, 성자와 같은 친척을 만나고 돌아오면서 기분이 나쁘고 우울해진 자신을 발견하는 경험도 있을 수 있다.

이처럼 혼란스러운 경험은 항상 자신이 옳다고 주장하면서 우리의 현실감각을 훼손하는 다른 사람의 영향력이 존재한다는 것을 의미한다. 그들과의 대화에서 우리가 얻는 것은 실제로 일어난 일이 아니라 "너는 틀리고 내가 옳다!"라는 상대방의 숨겨진 메시지다. 그래서 우리는 이유도 모른 채 굴복하거나, 원하는 것을 얻어도 만족하지 못하는 자신을 발견하게 된다. 무엇을 불평해야 할지 확신이 서지 않지만, 뭔가 잘못됐다는 것은 알 수 있다. 손드라가 느꼈던 것과 같이 우리는 무감각해지고, 무력감을 느끼며, 즐거움을 잃게 된다. 그리고 더 나쁜 것은 왜 그런지도 모르는 채 우울해진다는 것이다.

문제는 가해자가 자신이 원하는 것을 추구하며 자신이 옳다는 것을 증명하려 한다는 것이다. 그는 우리를 위해서가 아니라, 자신이 좋은 사람이라는 것을 보여주려고 좋은 일을 한다. 그래서 우리는 영문도 모른 채 외로움을 느끼게 된다. 그럼에도 우리는 그를 좋게 생각하려 할 것이고, 상대방이 자신에 대해 좋은 생각을 갖게 하려고 자신의 좌절감을 묵살할 것이다. 손드라의 경우처럼, 결국 감각을 잃게 될 수도 있다.

Checklist 그는 선량한 가해자일까?

당신은 선량한 유형의 가해자와 살고 있는가? 다음의 상황이 익숙하게 느껴지는지 살펴보자.

· 그는 지속적으로 당신과 타인을 기쁘게 하려고 노력하는가?
· 그는 당신에게 도움을 주거나 양보하지만, 결과적으로 당신은 실망이나 막연한 불만을 느끼지는 않는가?
· 기꺼이 가사나 사회 활동, 직장 일에 대해 당신에게 협조하는데도, 그가 당신의 주장을 받아들였다는 느낌이 전혀 들지 않는가?
· 어찌된 영문인지는 모르겠지만, 마지막에 가서는 항상 그의 방식대로 일이 진행된다고 느끼는가?
· 당신이 원하는 것을 결코 얻지 못하지만, 불만을 지적할 수도 없는

상황이 느껴지는가?

- 왠지 무감각하고, 매사에 관심이 없고, 의욕도 없지만, 두 사람의
  관계에 아무 문제도 없다고 말할 수밖에 없는가?
- 그가 당신의 하루가 어땠는지 물어보고, 주의를 집중해 들어주고,
  공감하는 것처럼 보이지만, 당신은 대화를 하기 전보다 더 기분이
  나빠지는가?

난폭한 유형

매력적인 가해자나 선량한 가해자는 흔히 알아채기 힘들다.
왜냐하면 많은 상황에서 그들이 하는 대부분의 행동들이 매우
바람직하게 보일 수도 있기 때문이다. 하지만 사람을 조종하는
행동 중 어떠한 유형은 소리를 지르고, 윽박지르고, 냉대하고,
죄책감에 사로잡히게 할 뿐 아니라 처벌과 협박을 일삼는 등 눈
에 보이는 문제로 가득 차 있다. 물론 피해자가 이러한 불쾌한
행동을 참는 데에는 여러 이유가 있다. 그를 영적인 동반자로 생
각하거나, 그가 자녀들에게는 좋은 아버지라고 여기거나 혹은
그의 비난이 옳다고 생각하여 참는 편을 택한다.

때때로 이러한 문제 많은 행동이 매력적인 가해자의 행동 혹
은 선량한 가해자의 행동과 번갈아 나타나기도 한다. 하지만 이
렇게 폭력적인 행동이 관계의 대부분을 차지하는 또 다른 유형
이 있기 때문에 이러한 경우를 '난폭한 유형의 가해자'라고 부르

는 것이 옳다.

예를 들어 멜라니의 남편은 전형적인 난폭한 유형의 가해자다. 멜라니가 저녁 식사에서 쓸 자연산 연어를 구하지 못했을 때, 남편은 그녀를 윽박지르고 그녀가 대답할 수 없는 수많은 질문을 퍼부었다. 그러고는 오랫동안 그녀에게 말을 하지 않았다. 그것이 그가 아내의 행동으로 인해 기분이 나쁠 때 보여주는 방식이었다. 이제 멜라니는 그의 비난에 심신이 다 지쳐버렸음을 느낀다. 그녀는 그의 사랑을 얻으려는 노력을 포기하지 않았지만, 자신을 변명하는 것은 오래전에 포기했다. 멜라니는 자신이 강하고 똑똑하고 유능한 여성으로서 즐겁고 행복한 삶을 누릴 자격이 있다고 생각하고 있지만 남편의 비난은 자신이 쓸모없는 사람이라는 증거라고 여긴다.

난폭한 유형의 가해자들과 살아가는 것은 정말 어려운 문제다. 가스라이팅이 수반되지 않더라도 위협은 불쾌한 현상이다. 난폭한 유형의 가해자는 자신의 행동을 변화시켜야 할 것이다. 하지만 피해자도 위협적인 행동에 맞설 수 있는 능력을 갖추어야 한다. 이를 위해서는, 불쾌한 일을 피하려고 상대방에게 미리 양보하는 일을 하지 말아야 한다.

당신은 난폭한 유형의 가해자와 살고 있는가? 다음과 같은 상황이 익숙한지 확인하자.

- 다른 사람 앞에서나 둘만 있을 때, 당신에게 윽박지르거나 모욕감을 느끼게 하는가?
- 자신이 원하는 방식대로 하기를 원하거나 당신이 자신의 마음에 들지 않을 때, 당신을 벌주려고 침묵을 사용하는가?
- 자주 혹은 주기적으로 분노를 폭발하는가?
- 그와 함께 있으면, 또는 그를 생각하면 두려움을 느끼는가?
- 그가 공개적으로 혹은 농담을 빙자해 당신을 조롱한다고 느끼는가?
- 당신이 그를 만족시키지 못하면 당신을 떠나겠다고 위협하는 경우가 종종 있는가? 혹은 그럴 수도 있음을 암시하는가?
- 당신이 가장 싫어하거나 두려워하는 것을 종종 거론하는가? 예를 들어 "또 시작이군. 당신은 요구하는 것이 너무 많아!"라든가 혹은 "그렇다니까. 당신은 당신 어머니하고 똑같아!" 같은 말을 하는가?

가스라이팅이라는 병

왜 가스라이팅이 만연해 있을까? 왜 그토록 똑똑하고 강한 수많은 여성들이 1950년대 코미디를 보는 것과 같은 병적인 관계에 사로잡혀 있는 걸까? 왜 많은 남성과 여성들이 교활하거나 잔인하기까지 한 그들의 고용주, 가족, 배우자, 친구들에게서 빠져나오려고 발버둥 칠까? 왜 이러한 현상의 진실을 제대로 파악하고 인정하기가 어려운 것일까?

이러한 현상을 만연하게 하는 세 가지 중요한 이유가 있다. 그 세 가지 이유는 문화적인 요인들로서, 표면적으로 드러나는 개인적인 이유들보다 훨씬 더 근본적이다.

먼저 성 역할의 근본적인 변화와 그에 대한 반발이라는 측면이다. 제2차 세계대전, 여성들의 역할은 극적으로 변화됐다. 모든 남성들이 군대에 징집돼 일터를 떠났기 때문에, 많은 여성들이 갑자기 남자들이 떠난 일자리를 채워야 했다.

1940년대 이후 현재에 이르기까지, 여성들은 직장과 개인적인 삶에서 새로운 힘을 얻었다. 그리고 많은 남성들은 공적인 영역과 사적인 영역에서 평등을 주장하는 여성들의 새로운 요구에 위협을 느꼈다. 그리고 많은 여성들은 직장에서의 새로운 자유, 공직 출마를 비롯한 공적인 사회 활동의 참여가 증가했음에도 여전히 남성의 지시와 부양을 받는 전통적인 남녀 관계를 원했다. 그 결과, 남성들은 강하고 똑똑한 여성들을 통제하려는 반응을 보였다. 그리고 여성들은 정서적인 면뿐만 아니라 자신의 정체성까지도 남성들에게 의지하려고 자발적으로 스스로를 다시 프로그래밍해서 남성들에게 동조했다. 이로써 영향력을 행사하는 사람과 영향을 받는 사람이라는 새로운 세대가 출현했다.

여성들에게 더 많은 선택의 여지를 주었던 여성 해방 운동은 역설적으로 여성 스스로에게 남성들의 학대에서 자유로울 수 있도록 강하고 독립적인 여성이 돼야 한다는 압박을 가했다. 그 결과, 가스라이팅이나 학대를 받는 여성들은 이중으로 수치심을 느끼게 됐다. 우선 가해자와의 나쁜 관계 때문에 상처받고, 다른 한편으로는 강하고 독립적인 삶이라는 기준에 미달되는 삶을 산다는 것에 수치심을 느끼게 됐다. 아이러니하게도, 강하고 독립적이어야 한다는 바로 그 생각이 그들로 하여금 다른 사람의 도움을 청하지 못하게 만들었다.

두 번째 이유는 개인주의의 만연과 개인의 고립이다. 전통 사회는 안정된 인간관계를 제공했다. 물론 여성들이 결혼을 하면 절대 고립되지 않는다는 말은 아니다. 하지만 사회의 관습은 개인을 전체의 한 부분으로 받아들였고, 폭넓은 친족 관계를 가질 수 있었다.

그러나 개개인의 유동성이 높아지고 사회의 초점이 소비주의에 쏠리게 되면서, 사람들은 더욱 사회적으로 고립돼갔다. 우리는 일반적으로 특별한 한 사람 혹은 몇 명의 친구들과 인간관계를 맺는다. 이렇게 다른 정보나 반응을 얻기 힘든 환경에서는 한 사람의 영향력이 매우 커질 수 있다. 배우자가 유일한 정서적인 지주가 되거나, 고용주가 고용인들의 자존심에 무한한 영향력을 끼칠 수 있다. 하나뿐인 친구는 바쁘고 고립된 삶에서 얼마 되지 않는 인간적인 유대 중 하나가 될 것이다. 우리는 대인 관계 속에서 자신의 정체성을 규정하고 확인하기를 기대한다. 자신이 좋은 사람이고, 유능하고, 사랑할 줄 아는 사람이라는 확인을 받고 싶은 마음과 다른 한편으로는 사회로부터 점차 고립돼가는 현상이 우리를 다른 사람의 영향력에 쉽게 노출되게 만든다.

마지막 요인은 사회의 압력과 세뇌다. 우리는 직장이나 가정에서, 각 분야의 전문가, 정치가, 대중 매체들이 진짜처럼 포장한 정보 속에 살고 있다. 광고에서는 모든 남성들이 날씬하고 아름답게 화장한 여성만을 사랑한다고 단언한다. 하지만 그것은 사실이 아니다. 교사들은 아이들에게 학습은 그 자체로 가치 있는 것이라고 말하면서도 내신 성적이나 수능 점수가 나쁘면 원하는 대학에 갈 수 없다고 강조한다. 정치가들은 자신들의 행동에 한 가지 이유를 제시한 후, 아무런 설명도 제공하지 않은 채 중간에 그것을 바꾸어버린다. 우리는 우리의 생각을 무시하고 우리의 요구나 견해가 쓸모없다는 것을 받아들이라는 수많은 요구들에 휩싸여 있다.

어떻게 원래 모습을 되찾을 수 있을까

다행히도 가스라이팅에서 벗어나는 방법이 있다. 쉽지는 않지만 의외로 간단하다. 바로 자신이 이미 좋은 사람이고 유능하고 사랑할 줄 아는 사람이므로 상대방의 인정을 받을 필요가 없다는 것을 스스로 이해하는 일이다. 물론 이것이 말처럼 쉽지는 않다. 하지만 상대방이 어떻게 생각하더라도 사랑을 받을 자격이 있는 훌륭한 사람이라는 자아 정체감을 가질 때, 우리는 자유를 향한 첫발을 내딛게 된다.

일단 자아 정체감이 타인의 인정에 달려 있지 않다는 것을 이해하면, 가스라이팅을 끝낼 의지를 가지게 된다. 그리고 우리 스스로 사랑을 받고 행복한 삶을 누릴 자격이 있다는 것을 알기 때문에, 자신의 입장을 고수할 수 있다. 그러한 자세는 한발 물러서서 현실을 분명하게 직시할 수 있는 수단일 뿐만 아니라, 가해자의 혹독한 비난과 완벽에 대한 요구 그리고 교묘한 술책에 굴복하는 것을 거부하는 데도 필요한 수단이다.

멜라니는 이러한 과정을 통해 문제를 해결했다. 그녀는 조금씩 자신이 정말로 똑똑하고 친절하고 유능한 여성이라는 사실을 깨닫기 시작했다. 그녀는 자신이 결코 승리할 수 없는 치명적인 말다툼에서 벗어날 수 있는 방법뿐 아니라 그녀를 괴롭히고, 비난에 차 있으며, 지나친 요구를 하는 남편의 목소리가 머릿속에서 떠오르지 않게 차단할 수 있는 방법도 배웠다.

멜라니는 점차 강해지면서, 자신에 대한 남편의 가스라이팅이 이미 고치기 어려울 정도라는 것을 깨달았다. 멜라니가 어떻게 되든 그는 자신이 항상 옳다는 것을 인정받아야 했다. 얼마후 멜라니는 남편에 대한 환상을 버렸다. 그리고 그의 인정을 받는 일에 신경을 쓰지 않게 됐다. 그러자 멜라니는 남편이 결혼생활에 중요한 요소가 되는 충분한 사랑이나 친밀감을 더 이상 보여주지 않음을 깨달았다. 결국 멜라니는 남편과 헤어졌고, 더 좋은 사람을 만났다.

물론 이것은 멜라니의 선택이다. 모두가 그렇게 해야 한다는 이야기는 아니다. 하지만 일단 상대방의 인정이 필요하지 않다는 것을 깨닫는다면, 그를 전과는 다르게 대할 수 있다는 것도 발견하게 된다. 그리고 멜라니의 경우와는 달리 가해자가 변할 수도 있다. 가해자가 어머니이거나 고용주라면 어머니를 방문할 때 친구와 함께 간다든지 혹은 직장 상사와 가까이서 일하는 것을 피하든지 하는 식으로 관계는 유지하되 거리를 둘 수 있다.

무엇이 옳은 결정이든, 우리는 가스라이팅에서 벗어나는 원천적인 힘을 가져야 한다. 그러기 위한 첫 단계는 우리 자신의 역할이 무엇인지 깨닫는 것이다. 가해자를 이상화하고 그에게 인정받고자 하는 우리의 욕구와 환상을 먼저 이해해야 한다.

2장

가스라이팅을
만드는 것들

THE GASLIGHT EFFECT

트리시는 키가 크고 긴 금발머리에 운동을 잘하는 20대 후반의 여성이다. 의욕에 넘치고 정력적인 트리시는 토론을 위해 태어났다고 해도 과언이 아니었다. 고등학교에서는 토론반에서 활동했고, 대학에서는 학생회 간부로 활동했던 경험이 있으며, 그 후에는 법정에서 옳고 그름을 가리는 변호사가 됐다. 그러나 그녀는 결혼 생활 내내 계속되는 언쟁으로 부부 관계에 문제가 있음을 깨닫고 나를 찾아왔다. 나중에 알게 됐지만, 그녀는 남편에 대해 불평을 늘어놓기 시작할 때면 으레 머리를 쳐들면서 "그는 자신이 항상 옳다고 생각해요. 그는 내가 항상 옳다는 것을 알지 못해요"라고 말하고는 했다.

트리시는 자신의 말이 농담이라는 것을 내가 이해하고 있는지 확인하기 위해 웃었다. 그러나 나는 농담 속에 진실이 숨어 있음을 감지했다. 트리시는 흑백을 정확하게 가려왔고, 상대방에게도 그것을 알게 했다. 그녀에게 중간은 용납되지 않았다.

트리시와 상담을 하면서 그녀가 남편에게 가스라이팅을 당하고 있음을 알게 됐다. 트리시처럼 변호사인 남편은 매우 유능한 사람으로, 언쟁에도 능숙해 서로 의견 충돌을 일으킬 때면 항상 많은 사실을 열거하면서 자신이 원하는 방향으로 그녀를 굴복시켰다. 사실 결혼 초기만 해도 두 사람 모두 언쟁을 즐겼고, 언쟁을 즐긴 후에는 섹스를 했다. 하지만 그녀는 이제 지쳤다고 고백했다. 한 번은 작은 목소리로 이렇게 말했다.

"제가 항상 틀릴 수는 없어요. 저는 그렇게 멍청하지 않으니까요."

그러나 점차 남편이 강하게 압박하면서 언쟁하는 것이 문제의 전부는 아니라는 점이 밝혀졌다. 그녀 자신은 의식하지 못했지만, 트리시는 가스라이팅의 적극적인 동조자였다. 남편이 사실과 숫자를 바탕으로 그녀를 꼼짝 못하게 만들면 그녀는 반론과 감정적인 호소로 남편의 주장을 반박했다. 나는 그녀에게 "당신이 말하는 요점이 무엇인지 이해하지 못하겠어요. 하지만 그것에 대해 생각해보죠"라고 말하고 간단하게 말싸움을 중지하면 어떻겠냐고 물었다. 그러자 그녀는 갑자기 화가 치밀어 오르는 듯 온 힘을 다해 소리를 질렀다.

"당신은 이해하지 못해요. 남편이 저를 금발의 멍청한 여자로 생각하는 것은 참을 수 없어요. 그가 자신의 주장을 늘어놓는데 말싸움을 그만둘 수는 없어요. 그가 저를 멍청하다고 생각한다면 왜 저하고 결혼했겠어요? 그게 사실이라면 그가 과연 저와 결혼했을까요?"

트리시의 경우는 가스라이팅 가해자에게 장단을 맞추는 많은 사례들 중 하나다. 가스라이팅에 힘들어하는 사람들은 흔히 오해받는 것을 괴로워한다. 그들은 힘과 자신감이 있음에도 사랑하는 사람이나 동료들의 의견에 극히 취약하다. 특히 친밀한 관계에서 그들은 사랑하는 사람에게 많은 힘을 부여하는 경향이 있다. 자신을 평가하거나 이해할 수 있는 권한을 배우자에게 부여하는 것이다.

이러한 관계에서, 피해자는 가해자의 이해를 얻지 못한다는 것을 사형 선고나 다름없게 여긴다. 남편이 그녀가 틀렸다고 생각했을 때, 트리시는 단순히 의견의 일치를 보지 못했거나 의견이 조금 다르다는 것 이상의 극단적인 느낌을 받았고 트리시의 자아에 심한 상처가 됐다. 그리고 남편이 적극적으로 그녀를 부정했을 때, 그녀는 자신의 삶에서 기초가 무너졌다는 기분이 들었다. 트리시는 남편을 이상화했다. 그리고 자신이 지적이고 유능한 사람이라는 것을 그에게 인정받기 위해 필사적으로 노력했다. 따라서 그녀는 가스라이팅에 취약했던 것이다.

그들이 말다툼한 원인 중 하나는 트리시가 신용카드를 사용하는 것 때문이었다. 그녀는 신용카드 대금을 전적으로 자신의 수입에서 지불했다. 그녀는 직장에서 돌아오는 길에 충동적으로 옷을 사는 일을 좋아했다. 그녀는 항상 기일 내에 신용카드 대금을 지불했지만, 매달 얼마 정도의 금액이 빚으로 늘어났다. 트리시는 자신이 합리적으로 돈을 사용한다고 생각했지만, 가난한

2_가스라이팅을 만드는 것들

가정에서 성장해 검소함이 몸에 배어 있는 남편은 트리시의 소비를 위험한 사치라고 주장했다. 내가 트리시에게 그녀가 쓰는 신용카드 대금을 스스로 책임지고 있으니 남편의 의견은 대수로운 것이 아니라고 지적했을 때, 그녀는 믿지 못하겠다는 듯이 나를 쳐다보았다.

"하지만 저를 나쁘게 생각하는 사람과 어떻게 살 수 있어요?"

그녀는 반박했다. 트리시에게는 남편과의 말다툼에서 이겨 그가 자신의 자아 개념에 동의하도록 하는 것이 돈을 쓰는 것을 통제하려는 현실의 문제보다 더욱 중요했다.

앞서 보았듯이, 가해자는 자신의 자아를 강화하고 영향력을 유지하기 위해 반드시 옳아야 하는 사람이다. 피해자는 가해자를 이상화하고 그에게 인정받기를 갈망하는 경향이 있다. 트리시는 남편에게 인정받으려는 자신의 욕구 때문에 그와 끝없이 언쟁했다. 트리시는 남편이 자신과 같은 생각을 하도록, 특히 스스로 생각하는 자신의 모습을 남편이 인정하도록 노력했다. 그는 아마 변하지 않을 것이고, 그녀 역시 변하지 않을 것이다. 남편이 주로 언쟁에서 이겼지만, 두 사람 모두 똑같이 말다툼에서 이기려고 전력을 다했다. 그들은 점차 언쟁의 수위를 높였고, 트리시는 처절한 패배감을 느끼게 됐다.

가해자의 장단에 맞추어 춤추기

가스라이팅을 외부에서 보면 가해자가 일방적으로 가혹 행위를 하는 것처럼 보이지만, 사실 이러한 관계는 항상 두 사람의 합작품이다. 그리고 여기서 해결의 실마리를 찾을 수 있다. 가스라이팅 상황에서 그의 행동을 변화시킬 수는 없겠지만, 당신의 행동은 충분히 변화될 수 있다. 쉽지는 않겠지만 의외로 간단하다. 당신이 옳다는 주장을 그만두거나 상대방이 옳다는 것을 인정함으로써 가스라이팅을 끝내는 것이다. 가해자에게 장단 맞추는 복잡한 과정들을 자세히 살펴보자. 그 과정은 흔히 피해자가 사실이 아니라는 것을 잘 알고 있는 문제를 가해자가 옳다고 우기는 것으로 시작된다. 1장에 소개한 케이티의 사례를 기억할 것이다. 케이티가 전혀 그렇게 생각하지 않는데도, 남자친구 브라이언은 그녀가 자신을 유혹하려는 혹은 비웃으려는 사람들에 둘러싸여 있다고 주장한다. 또한 리즈의 상사는 그가 리즈를 방해하고 있다는 정황이 확실한데도 자신은 그녀의 편이라고 주장한다. 그리고 미첼이 어머니의 말에 심한 모욕을 느꼈음에도, 그녀는 아들을 모욕한 적이 없다고 말한다.

사람들의 주장이 엇갈리고, 진실이 왜곡되고, 서로 비난하는 경험 그 자체는 가스라이팅이 아니다. 이론적으로 말하자면, 케이티는 어깨를 으쓱하며 이렇게 말할 수 있다.

"당신은 이 사람들을 괴물로 볼지 모르지만, 나는 그들이 단지 친절하게 행동한 것이라 생각해. 그리고 내 생각을 바꿀 마음이 없어."

리즈 역시 상사에게 기분 나쁜 표정을 지으며 "뭔가 꺼림칙한 일이 일어나고 있는 것은 분명한데, 그것이 무엇인지 궁금하네요"라고 말할 수 있다. 마찬가지로 미첼은 "어머니가 제 모습을 보고 웃어서 제 마음이 얼마나 상했는지 아세요? 계속 그런 식으로 행동하신다면 다시는 어머니와 이야기를 하지 않겠어요"라고 말할 수도 있다. 세 사람 중 누구라도 이렇게 대답했더라면 가해자가 영향력을 행사할 수 없었을 것이다.

가해자가 다르게 행동했을 거라는 이야기는 아니다. 그들은 자신의 입장을 고수하고 오히려 더 완강하게 행동할 수도 있다. 그렇지만 최소한 가스라이팅에서 벗어날 수는 있었을 것이다. 의식하든 그렇지 못하든 간에, 피해자가 가해자를 수용하거나 혹은 그를 자신이 원하는 방향으로 유도하려 할 때, 그리고 그에게 인정받기를 간절하게 원할 때 가스라이팅이 나타난다.

케이티는 자신이 남자들에게 경박하게 행동한 적이 없다고 주장하며 남자친구와 말다툼한다. 그러고는 상황을 그의 관점에서 보려고 노력한다. 결과적으로 케이티는 자신이 남자친구의 성실하고 순종적인 여자친구라는 느낌을 갖게 될 것이다. 리즈는 상사에게 자신에게 일어났던 모든 부정적인 일들을 설명하려고 애쓴다. 그리고 그녀는 상사가 옳고, 자신이 강박관념에 사로잡혔다고 스스로를 납득시킨다. 리즈는 그러한 방식으로 자신이 성실하고 유능한 직원이라는 느낌을 가질 수 있다. 미첼은 어머니에게 더 상냥하게 말해달라고 요구했다. 그리고 어머니가 자신에게 버릇없다고 말하자, 어머니가 옳았을지도 모른다고 걱정하기 시작했다.

이들 세 사람 모두 마음속으로는 상대방이 진실이 아닌 것을 말하고 있음을 안다. 그러나 자신의 생각에 확신을 가지기보다는 서로 동의할 수 있는 방법을 찾음으로써 상대방의 환심을 사려고 했다. 흔히 피해자들은 가해자들과의 대결을 포기하고 자신을 바꾸려 한다.

왜 가해자에게 맞추려 할까

왜 사람들은 자신을 변화시켜 가해자들의 견해에 맞추려 하는가? 두 가지 이유가 있다. 감정 폭발에 대한 두려움과 하나가 되고자 하는 충동이다.

2_가스라이팅을 만드는 것들

감정 폭발에 대한 두려움

대부분의 가해자들은 주변의 모든 것을 초토화한다. 가스라이팅을 받는 피해자는 가해자를 너무 몰아세우면 그가 감정을 폭발시킬까 두려워한다. 감정 폭발은 성가신 질문과 비꼬는 말이 계속되는 소모전보다 더 참기 어렵다. 이러한 경험은 매우 고통스럽기 때문에, 결국 피해자는 그것을 피하려고 어떠한 일이라도 할 것이다.

문제는 감정 폭발 자체보다 두려움이다. 피해자는 상대방이 소리를 지르거나, 자신을 비난하거나, 자기 곁을 떠나지는 않을까 하는 두려움에 떤다. 그리고 그 두려움이 현실화될 것이라 확신하고 완전히 압도된다. 언젠가 나에게 상담을 받은 한 피해자는 "죽을 것 같다는 느낌을 받았어요"라고 말한 적이 있다. 그때 내가 "죽지 않아요"라고 말했지만 전혀 위안을 줄 수 없었다.

케이티는 남자친구가 불같이 화를 내는 것을 두려워했다. 케이티는 그가 언제 분노를 폭발시키는지 전혀 알 수 없었다. 그는 소리를 지르며 화를 냈는데, 케이티는 그의 고함에 공포를 느꼈다. 그가 케이티에게 물리적 폭력을 행사하지는 않았지만, 그녀는 그가 소리를 지르는 것만으로도 불안을 느꼈다. 얼마 후 케이티는 남자친구가 화내며 소리 지르지 않도록 그가 말하는 모든 것을 수긍하게 됐다.

케이티가 비록 겉으로는 그에게 수긍하는 척하더라도 마음속으로는 자신이 잘못하지 않았다고 계속 생각했더라면, 자신감과 방향감각을 상실하고 긴장과 불안이 쌓이는 최악의 상황은 피했을지 모른다. 하지만 케이티는 남자친구의 말에 전적으로 동의하는 것이 그에게 끊임없이 아양을 떠는 겁쟁이와 다를 바 없다고 생각했다. 또한 케이티는 한때 이상적으로 생각했던 남자친구가 사실은 성질이 고약한 사람이라는 것을 인정하기 싫었다. 따라서 케이티는 그가 옳다는 타당한 이유를 생각해야 했다. 그렇게 되면 자신은 겁쟁이가 아닐 뿐더러 그도 나쁜 남자가 아닌 것이다. 남자친구가 화를 내지 않도록 그의 말에 수긍할 때마다, 케이티의 마음 한구석에서는 과연 그가 옳은가 하는 의문이 떠올랐다.

리즈의 직장 상사는 커리어의 좌절이라는 다른 종류의 파멸로 그녀를 위협했다. 리즈는 일에 모든 것을 바쳐왔기 때문에 그것을 잃을 거라는 생각은 추호도 할 수 없었다. 그녀는 자신의 직업적 평판이 위태로워졌다는 것이 두려웠다. 만약 상사가 리즈를 해고하거나 그녀가 무능력하고 강박관념에 사로잡혀 있다는 나쁜 소문이 퍼진다면 어떻게 될까? 누가 그녀를 다시 고용하려고 하겠는가? 리즈는 상사가 실제로 얼마나 많은 권력을 가지고 있으며 자신은 어떠한 선택을 할 수 있는지 생각하고 싶지 않았다. 그래서 상사의 행동이 악화될수록 그녀는 자신에게 회의를 느꼈다.

미첼은 죄의식을 두려워했다. 미첼은 어머니가 의기소침해질까 걱정했고, 어머니가 살아오면서 겪었던 다른 실망스러운 경험도 보상해주고 싶었다. 결국 미첼은 어머니의 영향력에 노출됐다. 어머니가 미첼을 직접 비난하는 일은 매우 드물었지만, 그녀의 화난 표정은 말보다 더 영향력이 있었다. 어느 날 미첼이 나에게 말했다.

"제가 어머니의 마음을 아프게 한 것 같아요. 어머니가 저를 그런 표정으로 바라보지 않고, 또 제가 어머니에게 상처를 주었다는 생각을 하지 않도록 할 수 있다면 무엇이라도 하겠어요."

그는 실제로 어머니를 행복하게 해줄 방법을 생각하기보다는 자신이 좋은 아들이 된다면 어머니가 행복해질 수 있다고 확신했다.

때때로 가해자들이 피해자에게 보이는 반응은 그 정도가 점차 심해지는데, 예를 들면 비꼬는 말에서 시작해서 나중에는 매사에 참지 못하고 소리를 지르거나, 죄책감을 가지라고 암시만 주는 것에서 시작해서 공공연하게 비난을 퍼붓는다. 피해자가 반항하면 그들의 행동은 더욱 나빠지기도 한다. 매일 소리를 지르거나, 접시를 깨거나 혹은 집에서 나가라고 위협한다. 따라서 피해자들은 자신이 반항한다는 생각만으로도 가해자가 점차 심하게 행동할 수 있다고 느끼기 시작한다. 결국 자신이 스스로의 사고와 감정을 완전히 포기하는 것만이 상대방과의 관계를 안전하게 유지하는 유일한 방법이라고 생각한다.

파국에 대한 두려움을 이야기할 때 피해자들은 종종 두 가지 상반되는 입장을 보인다. 우선 첫 번째 반응은 부끄러움과 자기 불신을 드러내는 것이다. 그들은 "별일 아닌 것처럼 들릴 거라는 것을 알고 있어요. 바보나 그런 작은 일에 겁을 낼 겁니다"라거나 "이게 그렇게 큰일이 아니라고 확신합니다. 그냥 제가 겁쟁이라서 그래요. 그는 항상 제가 너무 예민하다고 말하지요"라고 이야기한다.

또 다른 반응은 이러한 것이다. 언젠가 나는 어느 피해자에게 가해자가 화를 낼 것 같을 때 어깨를 으쓱하고 방을 나가버리면 어떻겠냐고 물은 적이 있다. 그러자 그녀는 내가 그 상황이 얼마나 무서운지 몰라서 그런 말을 한다는 반응을 보였다.

"그가 소리를 지를 거예요. 제가 방을 나가거나 그만하라고 말하면 그는 더 소리를 지를 겁니다."

만약 내가 소리 지르는 것이 그렇게 무섭냐고 물었다면, 아마 불신의 눈으로 쳐다보았을 것이다. 가해자는 그가 가진 비장의 무기가 무엇이든지 간에 피해자를 공황에 빠뜨리고 피해자의 삶을 완전히 파괴할 수 있다.

그러나 그가 큰소리친다고 당신 삶이 정말로 파괴되지는 않는다. 인생이 끝나는 것도 아니다. 그의 모욕이 고통스럽기는 해도 집이 허물어져 폐허로 변하는 것은 아니다. 가해자가 보이는

2_가스라이팅을 만드는 것들

극단적인 감정에 마치 자신이 파괴되는 듯한 느낌이 든다는 것을 안다. 하지만 실제로 그렇게 되지는 않는다. 우리를 숨 막히게 하고 혼란스럽게 하는 두려움 너머를 볼 수 있다면, 가해자의 시각을 떨쳐버릴 수 있다. 단순히 그를 상대하지 않거나 혹은 그저 자신의 생각을 고수함으로써 자신을 지킬 수 있다.

Checklist 가해자가 자주 하는 말

당신에게 가장 고통스러운 것은 무엇인가? 가해자는 당신의 약점을 비장의 무기로 사용하는 데 전문가다. 그는 다음과 같이 말하고 행동할 수 있다.

- 가장 두려워하는 것을 생각나게 만든다.
  "너는 정말 너무 뚱뚱해(쌀쌀맞아, 예민해, 힘들어…)."
- 쓸모없는 존재라고 위협한다.
  "그 누구도 다시는 너를 사랑하지 않을 거야." "너는 앞으로 남은 일생 동안 혼자서 지내게 될 거야." "어느 누구도 너에게 참을 수 없을 거야."
- 문제가 있는 다른 관계를 이용해 비난한다.
  "너의 부모와 사이가 나쁜 것이 이해되는군." "그래서 수지가 떠나간 것이군." "이게 바로 네 직장 상사가 너를 무시하는 이유야."

- 당신이 이상적으로 생각하는 행동을 이용해 비난한다.

  "이게 무조건적인 사랑이라고?" "친구들끼리는 서로 도와야 된다고 생각하는데." "진정한 프로라면 비난을 받아도 참을 수 있어야 해."

- 당신의 지각, 기억, 현실감각을 흐린다.

  "나는 그런 이야기한 적 없어. 아마 상상한 것이겠지." "네가 그 비용을 지불한다고 했잖아. 기억이 안 나?" "우리 어머니는 네가 한 말에 정말 상처를 입었어." "손님들이 너를 이상하다고 생각해. 모든 사람들이 너를 비웃었어."

상대방과 하나가 돼야 한다는 충동

가스라이팅을 받기 쉬운 사람들에게는 한 가지 공통점이 있다. 이들은 자신이 매우 강하고 똑똑하고 유능하더라도, 이상적인 존재로 생각하는 사람의 인정을 받고자 한다. 가해자의 인정이 없이는 자신을 훌륭하고, 능력 있고, 사랑스러운 존재라고 느끼지 못하는 것이다. 사랑하는 사람과 사물을 다르게 인식하거나 선호도가 다르다는 사실은 이들을 불안하게 만든다.

마리아나는 금발머리에 눈동자가 파란 40대 초반의 매력적인 여성이다. 조그마한 사무실의 책임자인 그녀는 수년 동안 친구와 가스라이팅 관계를 유지해왔다. 내가 언젠가 마리아나에게 그녀의 친구와 의견이 달랐던 경험을 이야기해달라고 하자, 그녀는 마치 나를 때릴 것 같은 표정으로 말했다.

"우리가 서로 의견이 달랐던 경험을 생각해보라고요? 그런 생각만으로도 저는 지구 밖으로 떨어지는 느낌이에요. 이 지구에 저를 지탱해줄 것은 아무것도 없고, 무중력 상태인 우주 공간으로 빨려 드는 것 같아요."

마리아나와 친구는 유행이나 정치, 그들이 아는 사람들, 자신들의 가족 문제에 이르기까지 서로 의견이 달라 많은 불화를 겪었다. 한 번은 다른 주에 거주하고 심지어 한 번도 만난 적 없는 마리아나의 어머니와 마리아나가 너무 비판적이라는 이유로 몇 시간에 걸쳐 논쟁을 벌이기도 했다. 이 두 여성은 서로가 다른 관점을 가지고 있다는 생각을 참지 못하고, 그 문제에서 무엇인가 일치된 결론을 내려야 한다고 느꼈다.

어떠한 관계에서는 특정한 주제에 의견 일치를 보지 못하는 것이 문제되지 않지만, 다른 관계에서는 문제가 될 수도 있다. 그 관계를 구성하는 두 사람이 어느 정도의 스트레스나 안정감을 느끼는가에 따라 다르다. 두 사람 모두 일이 잘 풀리는 상태라면 상대방에게 훨씬 관대할 수 있다. 그러나 누구 한 사람이라도 힘든 상황이 되면 사정은 변한다. 두 사람 모두 무조건적으로 자신에게 동의해줄 것을 바라며 특권을 요구하게 된다.

가해자와 의견이 다르다는 것이 걱정될 때, 피해자들은 다음 중 한 가지 방식으로 반응하는 경향이 있다. 우선 자신의 견해를 포기하고 배우자, 친구 혹은 직장 상사와 같은 입장을 취함으로써 그들에게 좋은 사람, 능력 있는 사람, 사랑스러운 사람이 되고자 한다. 아니면 자신의 안정감과 가치를 확인하려고 가해자와 논쟁을 하거나, 그들의 감정에 호소함으로써 자신의 견해를 받아들이도록 유도하려 한다.

예를 들면 트리시는 남편이 자신을 경제관념 없는 여자로 생각하는 것을 참을 수 없었기 때문에, 끊임없는 논쟁을 해서라도 자신을 더 이상 부정적으로 생각하지 못하게 만들려고 했다. 즉, 그녀는 자신이 옳다는 것을 증명하기 위해 논쟁했다. 이와는 대조적으로, 마리아나는 감정에 호소하는 방법을 이용했다. 그녀는 친구와의 논쟁 중에 자신이 얼마나 외로운지 말하면서 울음을 터뜨렸다. 혹은 마치 서로 의견이 다른 것이 둘 사이의 관계에 큰 위협이라도 된다는 듯이, 강한 어조로 친구가 자신에게 얼마나 중요한 사람이며 자신이 이 우정을 얼마나 중요하게 여기는지를 역설하는 경우도 있었다.

트리시와 마리아나는 불안을 각기 다른 방식으로 표현했지만, 두 사람 모두 자신이 사랑하는 사람과 다른 방식으로 문제를 보고 있다는 것을 두려워했다. 그것은 곧 상대방에게 인정받지 못하고 둘 사이의 인연도 끊겨, 결국 홀로 고립되는 것을 의미했다. 두 사람 모두 상대방과 친밀감만 유지할 수 있다면 자신이 파멸에 이르는 일이라도 기꺼이 하려고 했다.

당신은 가해자에게 장단을 맞추고 있는가? 다음의 질문에 답을 해보고, 무엇을 알게 됐는지 생각해보자.

• 몇 주 동안 어머니가 점심을 같이할 수 있는 시간을 물어보았다. 하지만 당신은 지금 궁지에 몰려 있다. 남자친구와의 문제, 최근에 걸린 독감 그리고 빠른 시일 내에 끝내야 하는 업무 때문에 전혀 시간을 낼 수 없다. 그러자 어머니는 "그래, 너는 나를 전혀 상관하지 않는구나. 내가 너처럼 이기적인 딸을 키웠다니!"라고 말한다. 이러한 경우 대답은?

A "어떻게 제가 이기적이라고 말하실 수 있어요? 제가 얼마나 피곤하게 사는지 아세요?"

B "엄마, 미안해요. 엄마 말씀이 옳아요. 저는 형편없는 딸이에요. 저는 너무 이기적인 것 같아요."

C "엄마가 저를 헐뜯을 때면, 엄마하고 이야기하기 정말 힘들어요."

• 당신의 가장 친한 친구가 약속 시간 바로 직전에 또 약속을 취소했다. 당신은 용기를 내 그녀에게 "네가 이런 식으로 약속을 취소하면 정말 미치겠어. 나는 주말 저녁을 외롭고 버려진 것 같은 기분

으로 혼자 있어야 되잖아. 네가 좀 일찍 말했더라면 다른 사람과 지낼 계획이라도 세울 수 있었는데 그러지 못했잖아. 솔직하게 말하면, 나는 네가 보고 싶어"라고 말했다. 그러자 친구는 온화하고 걱정하는 듯한 목소리로 "너에게 말할 작정이었는데, 네가 나에게 조금 의존하는 것 같다는 생각이 들어. 나에게 뭔가를 원하는 사람과 시간을 보내는 것이 불편해"라고 말한다. 이러한 경우 대답은?

A "나는 너에게 원하는 것 없어. 어떻게 나에게 그런 말을 할 수 있니? 나는 항상 나 혼자 일을 처리해! 나는 네가 약속을 취소한 것이 싫을 뿐이야. 문제는 그거야."

B "아, 그래서 우리가 함께 시간을 보내지 않게 된 건가? 거기에 대해서 곰곰이 생각해봐야겠는걸."

C "네 말을 생각해보겠어. 하지만 약속 시간 바로 직전에 약속을 취소하고는 모든 것을 내 탓으로 돌리는 너에게 무엇을 바라겠니."

• 당신 상사는 최근 많은 압력에 시달리고 있다. 그리고 그는 그것을 당신에게 푸는 것 같다. 어떤 때는 당신이 하늘 꼭대기까지 올라갈 정도로 칭찬하는 경우도 있지만, 사소한 규정 위반으로 심하게 나무라는 날도 있다. 얼마 전 그의 사무실에 갔을 때, 그는 10분 동안이나 당신이 작성한 최근의 시장 분석 보고서가 회사에서 정한 서

체 형식을 위반했다고 지적했다. 그녀는 당신에게 "당신은 왜 계속 내 일을 곤란하게 만들죠? 당신이 특별 대우를 받아야 한다고 생각하나요? 아니면 권위에 도전하는 건가요?"라고 묻는다. 이러한 경우 대답은?

A "아니, 서체를 가지고 그렇게 심하게 말씀하시다니, 이건 너무하잖아요."

B "최근에 제게 어떤 잘못이 있었는지 모르겠어요. 제가 노력해야 할 문제가 있을지 모르겠네요."

C ('나는 고함치는 것이 정말 싫어'라고 생각하며) "절차를 따르지 않아 죄송합니다."

• 당신 남자친구가 오후 내내 우울해하며 말이 없었다. 마침내 그는 "나는 당신이 왜 온 세상에 내 비밀을 퍼트리고 다니는지 모르겠어"라고 불평했다. 그에게 자세히 이야기해줄 것을 요구하자, 그가 자초지종을 밝혔다. 당신이 그의 회사 파티에서 누군가에게 두 사람이 카리브해로 휴가를 간다고 말했다는 것이다. 그는 "우리가 어디에 가든 무슨 상관이야! 사람들은 그런 정보에서 온갖 종류의 억측을 한단 말이야. 내가 돈을 얼마나 벌고, 내 판매 실적이 얼마나 되는지 같은 알리기 싫은 정보를 캐내지. 확실히 당신은 내 사생활이나 체면은 생각하지 않았던 거야"라고 억지를 부린다. 이러한

경우 대답은?

A "당신 제정신이에요? 그건 단지 휴가에 불과해요. 뭐가 그렇게 큰 문제라는 거죠?"

B "내가 그렇게 둔한지 몰랐어요. 정말 기분이 안 좋아요."

C "당신 기분이 그렇게 나쁘다니 미안해요. 하지만 우리는 서로 견해가 다른 것 같아요. 그렇다고 생각 안 해요?"

• 당신과 남편은 몇 시간 동안이나 같은 내용의 대화를 계속하고 있다. 당신은 드라이클리닝 한 남편의 옷을 세탁소에서 찾아오기로 약속했지만 그러지 못했고, 남편은 내일 출장을 갈 때 입을 양복이 없다. 당신은 고의가 아니었다고 사과했다. 세탁소가 문을 닫는 시간보다 5분 늦게 도착해서 옷을 찾을 수 없었던 것이다. 남편은 자신이 필요로 할 때마다 당신이 항상 늦었고, 이처럼 상황이 꼬인 것이 처음도 아니라고 지적했다. 당신은 시간을 자주 지키지 못한 것은 인정하지만, 남편에게 개인적인 감정이 있기 때문은 아니라고 주장했다. 그는 당신이 자신을 집에 있게 하려고 출장을 방해한 것이거나 혹은 같이 출장을 가는 자신의 새 동료를 질투해서 그러는 것이라고 비난했다. 아니면 당신은 현재 일하는 직장에 싫증이 나는데, 자신은 지금 하는 일을 너무 좋아하는 것이 샘나서 훼방을 놓으려는 것이라고 했다. 이러한 경우 대답은?

2_가스라이팅을 만드는 것들

A "어쩜 그렇게 심한 말을 나에게 할 수 있어요? 내가 얼마나 애를 썼는지 몰라요? 내가 당신을 방해하려 했다면, 세탁물을 찾으려고 한 시간이나 일찍 회사를 나왔겠어요?"

B "모르겠어요. 당신이 옳을지도 몰라요. 무엇인지는 모르겠지만, 내가 당신에게 앙갚음을 하려 했을지 몰라요."

C "내가 한 일에 당신은 당신대로 나는 나대로 다른 생각을 갖고 있어요. 이 시점에서, 우리는 서로 의견이 다르다는 것을 인정해야 할 거예요."

결과

A라고 대답한 경우 당신은 상대방과 결코 이기지 못할 말다툼을 계속할 것이다. 그에게 인정받고자 함으로써, 당신 스스로 그에게 도발할 힘을 주었다. 당신이 옳더라도 언쟁에서 벗어나는 방법을 생각해야, 그에게 장단 맞추는 일을 끝낼 수 있다.

B라고 대답한 경우 상대방은 이미 당신이 그의 방식대로 모든 것을 보도록 만든 것 같다. 당신은 그에게 인정받기를 너무나 원하기 때문에, 자신을 존중하는 마음을 잃더라도 기꺼이 그에게 동조한다. 하지만 당신이 비록 실수했더라도, 상대방의 부정적인 평가에 동조할 필요는 없다. 계속 이 책을 읽도록 하자. 나는 당신이 스스로에 대한 건강하고 긍정적인 견해를 되찾도록 도와줄 것이다.

C라고 대답한 경우 축하한다! 이 항목들에 제시된 내답들은 상대방에게 장단 맞추는 것에서 점진적으로 벗어나는 좋은 방법을 보여주고 있다. 당신은 상대방의 생각보다는 자신의 생각에 더 중점을 두고 있기 때문에, 그와의 언쟁에서 벗어나 그의 영향력 행사를 차단할 수 있는 힘을 가지고 있다.

대부분의 질문에 어떻게 대답했든지 걱정할 필요는 없다. 나는 이 책에서 가스라이팅을 피하는 여러 가지 상세한 방법을 제시할 것이다. 단, 기억할 것이 있다. 자신이 괜찮은 사람이라고 느끼거나 자신감을 고취하는 데, 혹은 스스로의 자아를 강화하는 데 조금이라도 가해자를 필요로 한다면 당신은 가스라이팅에서 벗어날 수 없다. 이제 사람들을 위험한 상태에 빠뜨리는, 상대방에게 장단 맞추는 과정의 또 다른 측면을 살펴보자.

감정 이입이라는 덫

감정 이입이란 자신이 다른 사람의 입장이 돼봄으로써 그들이 무엇을 느끼는지 짐작할 수 있는 능력을 말한다. 친구가 유방암이 의심된다는 이야기를 들었을 때, 아이가 학교에서 놀림을 받았다는 이야기를 들었을 때, 동료가 승진에서 탈락했다는 이야기를 들었을 때, 우리는 가엽게만 느끼지는 않는다. 그 이야기를 우리 스스로가 겪었던 경험들에 연관 지어 그들의 두려움과 마음의 상처, 좌절을 함께 나눈다. 그리고 친구가 건강에 문제가 없다는 이야기를 들었을 때, 아이가 새 친구를 사귀었을 때 혹은 동료가 승진했을 때, 그들과 동일한 기쁨을 느낀다.

많은 경우에 감정 이입은 슬픔을 견딜 수 있는 위안을 주고 기쁨을 배가해주는 대단히 훌륭한 성품이다. 이상적으로 볼 때 감정 이입은 아주 가까운 관계에 있는 두 사람이 서로 외로움을 덜 느끼게 도와주고, 사랑을 주고받으며 소통이 잘 된다고 느끼게 해주는 전류라고 할 수 있다. 그러나 애석하게도 감정 이입은 간혹 덫이 될 수 있다. 감정 이입을 할 수 있는 바로 그 자질 때문에 가스라이팅에 쉽게 노출되기도 한다.

예를 들어 케이티는 내가 만났던 사람들 중에서 감정 이입 능력이 가장 뛰어난 사람 중 하나였다. 그녀는 사랑하는 사람이 느끼는 모든 것을 놀라울 정도로 잘 이해하는 것 같았고, 특정한 일이 남자친구에게 어떻게 영향을 미치는지 역시 정확하게 추측했다. 그러나 케이티는 감정 이입 능력 때문에 남자친구의 견해를 무시하지도, 자신의 견해를 고집하지도 못했다.

"제가 식품 코너에서 남자들과 이야기할 때, 남자친구가 얼마나 화를 내는지 알 수 있어요. 그는 마치 제가 곁을 떠나 영영 돌아오지 않을 것처럼 두려워해요. 그가 두려워한다는 것을 알았을 때 정말 미안했어요. 미안해서 견딜 수가 없어요."

케이티는 남자친구의 두려움에 신경을 쓰느라 자신이 무엇을 했고 그게 어떠한 의미인지 인식하지 못했다. 그녀는 남자친구의 관점으로 사물을 보느라 자신의 관점을 잊어버리게 됐다.

불행하게도, 케이티의 남자친구는 그녀에게 감정 이입을 베풀지 않았다. 그는 케이티의 감정 이입에 고마워했다. 그녀의 깊은 헤아림은 그가 그녀를 사랑하는 이유 중 하나였다. 그러나 그는 케이티처럼 행동하지 않았다. 그리고 '누군가 미소를 보낼 때 케이티가 얼마나 즐거워하는지 알고 있어. 그런 것이 그녀를 행복하고 안정되게 만들지'라고 생각하거나 '내가 그녀에게 소리지를 때 케이티가 얼마나 불편해하는지 알고 있어'라고 생각한 적이 거의 없었다. 케이티의 남자친구는 자신의 욕심이나 감정만을 생각했다. 그의 관점에서 보면 케이티의 감정에 관심을 갖는 것은 자신의 감정을 포기하는 것이었다. 그녀가 자신과는 다르게 생각할 수도 있다고 인정하는 것은 자신의 감정이 그르다는 것을 의미했다. 자신의 생각이 이해되고 존중받는 기회를 포기하지 않고는 케이티에게 감정 이입을 할 수 없었다.

그에게는 정말로 다른 사람의 감정을 추측하는 능력이 없는지도 모른다. 아니면 이 능력이 자신의 감정에 해를 입힐 수 있다는 생각에 두려워하는지도 모른다. 두 사람이 함께 상담을 받

2_가스라이팅을 만드는 것들

는 시간에 그는 나에게 "왜 항상 제 관점이 아닌 케이티의 관점
에서 문제를 보라고 하는지 모르겠군요. 그리고 그녀의 관점에
서 문제를 보게 되면 케이티에게 지는 것으로 끝나게 돼요"라고
말했다.

두 사람의 관계에서 케이티의 감정 이입은 일종의 덫으로 작
용하고 있었다. 케이티는 남자친구의 관점을 수용하려고 했지
만, 그는 그녀의 관점을 수용하고 싶어 하지 않았다. 케이티는
남자친구가 자신의 입장을 고수할 여지를 많이 남겨줬지만, 그
는 케이티에게 추호도 양보하려 하지 않았다. 케이티는 그의 감
정에 예민하게 반응하고 그를 사랑한다는 감정을 느꼈다. 하지
만 케이티가 남자친구에게 감정 이입을 시도해보라고 하자 그
는 힘이 빠지면서 패배감을 느꼈다. 반면에 케이티는 강박적으
로 감정 이입을 하면서 남자친구의 관점으로 사물을 보려고 노
력하다 보니 자신의 감정은 무시하게 됐다.

케이티는 감정 이입을 하는 것만이 아니라 받는 것도 간절하
게 원했다. 경박하고 신뢰할 수 없는 여자친구가 아니라 괜찮고
훌륭한 사람이라고 인정받기를 원했다. 남자친구에게서 감정 이
입과 인정받고 싶어 하는 마음이 크다 보니, 그녀의 사고력은 흐
려지게 됐다. 케이티는 자신의 관점을 이해하고 인정해주기를
원했기 때문에, 남자친구와의 불화를 견디기 어려웠다. 그녀에
게 사랑은 완전한 이해와 무조건적인 수용을 의미했다. 그러한

사랑이 없다면 그녀는 무가치하고 버려지고 혼자가 될 거라 느꼈다. 남자친구에게 인정과 이해, 사랑을 받고 싶어 하는 욕망 때문에 케이티는 가스라이팅에 취약해지고 있었다.

나는 케이티에게 친절하고 사교적인 것이 그녀 자신에게 얼마나 중요한지를 남자친구가 이해하지 못한다는 사실을 받아들일 수 있느냐고 물어본 적이 있다. 또한 그녀와 남자친구의 생각이 다르더라도, 그가 케이티에게 모욕을 주는 것은 멈춰야 한다고도 말했다. 케이티의 입이 크게 벌어졌다. 그러고는 이의를 제기했다.

"그러나 제 남자친구는 저를 사랑해요. 그는 저를 위해서라면 무엇이든 했어요."

나는 이렇게 대답했다.

"그럴 수도 있지요. 하지만 사랑한다고 해서 상대방을 이해하는 것은 아니죠. 사람들은 상대방이 무엇을 느끼는지 모르면서도 사랑할 수 있어요. 사랑하는 관계라 해도 상대방의 행동이나 결정, 의견을 받아들이지 못할 수도 있어요."

케이티는 마치 낯선 언어를 듣는다는 듯이 나를 쳐다보았다. 마침내 그녀가 입을 열었다.

"그건 사랑이 아니죠. 누군가를 사랑한다면, 그를 이해할 수 있어요. 그가 느끼는 것을 느껴요. 그리고 그가 훌륭하다는 생각이 들어요! 항상 그런 것은 아니지만, 그도 저와 같은 눈으로 저를 바라봐요."

그녀는 일을 마치고 피곤해서 돌아오면 남자친구가 발 마사지를 해준다는 이야기를 계속해서 이어나갔다. 그 이야기는 케이티가 나에게 이미 여러 번 들려준 이야기였다.

"그는 내가 원하는 것을 알고 그대로 해줘요! 그럴 때 제가 그에게 어떤 존재라는 것을 알게 되고, 그가 저를 얼마나 아끼는지도 깨닫게 돼요."

케이티는 그러한 일들을 매우 소중하게 기억하고 있었다. 그래서 남자친구가 자신을 모욕하거나 고함치더라도, 언젠가는 자신을 이해하고 아껴주었던 좋은 모습으로 돌아올 거라 희망하며 참으려 했던 것이다. 감정 이입이라는 덫을 어떻게 빠져나올 수 있을까? 다음의 조언들을 실천해보자.

자신의 생각과 느낌을 분명하게 하기

피해자들은 가해자의 견해에 완전히 집중하다 자신의 견해를 잊어버리기 쉽다. 문제가 있다고 생각하는 관계를 떠올려보고, 자신의 입장에 입각해 다음의 문장들을 완성해보자. 자신의 대답을 써보거나, 큰 소리로 말하거나 혹은 두 가지를 모두 해볼 것을 권한다. 자신의 견해를 머릿속으로만 생각하는 것이 아니라, 보고 듣는 것이 도움이 된다는 사실을 깨달을 것이다.

이 관계에서, 나는 _____ _____ 을 원한다.

변화가 생기길 바라는 부분은 _____ 이다.

내가 참을 수 없을 때는 _____ 이다.

나는 스스로를 기본적으로 _____ 라고 본다.

나는 사람들이 _____ 할 때 좋다.

이 문장들을 완성하며 어떠한 기분을 느꼈는가? 만약 당황스럽게 느꼈더라도 걱정할 필요는 없다. 당황했다는 것 자체가 바로 주관을 잃은 채 살아왔다는 증거다. 다음과 같은 좀 더 포괄적인 질문에 간단하고 구체적인 방식으로 생각하는 것이 더 쉬울 수도 있다.

남자친구가 이번 주에 해주길 바라는 한 가지는 _____ 이다.

내일이 됐을 때 달라졌으면 하고 바라는 한 가지는 _____ 이다.

나 자신에 대해 좋아하는 한 가지는 _____ 이다.

원한다면 당신의 기분을 그림으로 그리거나, 아니면 단어와 이미지를 함께 사용해도 좋다.

이상적인 상담자를 머릿속으로 설정하기

전적으로 신뢰할 수 있는 사람을 머릿속에 떠올려라. 그 사람은 실제로 알고 있는 사람일 수도 있고 아니면 알고 있으면 좋겠다고 생각하는 완벽한 모습의 멘토일 수도 있다. 실제 인간도 좋고, 영적인 안내자, 아니면 동물을 머릿속에 떠올려도 좋다. 이 멘토가 당신과 상대방에게 일어난 최근의 문제 상황을 관찰한다고 상상해보자. 멘토는 확실하게 사건의 전모를 파악했을 것이다. 상대방과 다툰 후에 그를 만난다고 가정하자. 그는 사건에 대해 어떻게 이야기할까? 어떠한 조언을 해줄까?

신뢰하는 사람과 이야기하기

정말 신뢰하는 친구나 친척이 있다면, 당신이 스스로의 관점을 발견하는 훈련을 하고 있음을 이야기하자. 그리고 가스라이팅 상황에 대해 어떠한 생각을 하고 있는지 정확하게 말해보도록 하자. 이때 스스로의 관점을 벗어나 가해자의 관점에 이입한다고 생각되면 이야기를 중지시켜달라고 부탁하자. 목표는 다른 사람을 고려하지 않고 당신의 생각과 감정을 명확하게 밝히는 것이다. 그가 자신의 의견을 개입시키지 않게 하자. 만약 자신의 이야기를 들으며 그가 무엇을 생각했는지 알고 싶다면, 훈련 후 하루 정도 지난 후에 함께 이야기해보도록 하자. 그러고는 24시간 동안 당신의 의견만을 머릿속에 담고 생활해보자.

···

　'가해자에게 장단을 맞추는 일'은 매력적일 수 있지만, 대가를 치러야 한다. 가스라이팅이 당신의 삶에서 그저 작은 부분이든지 아니면 정말 중요한 동력이든지 간에 관계없이, 벗어나는 방법을 발견하는 일은 도움이 될 것이다. 앞으로 가스라이팅의 1, 2, 3단계를 탐구하면서, 아주 사소한 가스라이팅부터 완전하게 압도되는 가스라이팅까지 모든 유형의 가스라이팅을 배제할 수 있는 방법들을 살펴볼 것이다.

1단계
"도대체 무슨 이야기를 하는 거야?"

THE GASLIGHT EFFECT

데이트 상대와 극장에 가서 영화가 시작되기를 기다리고 있는데 갑자기 갈증을 느꼈다. 당신은 "미안해요. 목이 너무 말라서요. 곧 돌아오겠어요"라고 말하고 밖으로 나와 물을 마시고 다시 자리로 돌아왔다. 자리에 앉자 상대방이 언짢은 표정으로 쳐다보고 있음을 느꼈다. 그에게 "왜 그런 표정으로 보세요?"라고 묻자, 그는 화를 냈다.

"밖에 나가서 어떻게 된 거예요? 어떻게 다른 사람은 생각도 하지 않을 수 있어요? 여기서 거의 20분 동안 혼자 앉아 있었어요. 나는 어떻게 하라고요?"

당신은 조금 놀라며 "내가 그렇게 오래 나가 있었어요?"라고 물었다. 영화는 아직 시작하지 않았고 두 사람이 그렇게 일찍 극장에 도착하지는 않았던 것으로 보아, 물을 마시러 가서 그다지 오래 있었던 것 같지 않았다.

그는 "당신에게는 시간이 별로 중요하지 않았겠지만, 나는 시간이 얼마나 걸렸는지 확인했어요"라고 말했다. 이윽고 불이 꺼지자 그는 다정하게 당신의 목에 팔을 감으며 "오늘 밤 어떤 향수를 뿌렸는지 모르지만, 이 냄새가 정말 좋아요"라고 로맨틱하게 속삭였다. 그날 밤은 정말 행복했고 당신이 왜 이 남자를 정말 사랑하는지 다시 한 번 깨달았다. 다음 날 가장 친한 친구에게 데이트 이야기를 할 때, 당신은 물을 마시러 가서 일어났던 일은 전혀 기억하지 못했다.

• • •

새로 온 상사는 완벽한 사람으로 보였다. 그녀는 부임 첫 주에 점심을 사며 그동안 회사 일을 너무나 잘했다고 칭찬해주었다. 당신은 더 이상 고마울 수 없었고 기회가 있으면 그녀에게 자신의 능력을 보여주고 싶었다.

그러던 어느 날, 늦잠을 자서 회사에 45분이나 지각하고 말았다. 너무 미안해서 상사에게 사과했더니, 그녀는 이해한다는 듯이 미소를 지으며 다정하게 말했다.

"가끔 무엇인가에 위협을 느낀다고 생각되면, 사람들은 그런 식으로 도피하는 경향이 있어요. 그러니 지금 일을 하면서 어떤 어려움이 있는지 나에게 말해봐요. 나는 이곳을 더 편안하게 일할 수 있는 장소로 만들고 싶어요."

당신은 알람을 잘못 설정해서 늦었다고 말했다(어젯밤 늦게까지 파티에서 시간을 보내다 늦었다고는 말하고 싶지 않았다). 그러나 당신의 이야기와는 상관없이 그녀는 미소를 지을 뿐이었다. 그녀는 가서 일을 보라고 말하면서 이렇게 덧붙였다.

"미안하지만 당신은 솔직하지 않은 것 같군요. 마음이 바뀌면 언제든지 이야기해요. 내 사무실은 항상 열려 있어요."

상사는 대단히 친절했지만, 어쩐지 당신은 마음이 불편했다. 그리고 그날 오후 상사가 당신이 지난 6개월간 간절하게 원했던 과제를 부여했을 때, 당신은 다시는 지각하지 않겠다고 다짐하며 불편했던 사건을 마음속에서 지워버렸다.

• • •

가족들 모두가 좋아하는 작은아버지의 여든 번째 생신이 다가왔다. 당신은 작은어머니에게 그날 무엇을 가져가면 좋을지 물으려고 전화했다. 그러자 작은어머니는 "너는 직장 일로 바쁘잖아. 그저 맛있는 제과점 빵을 사오는 것이 어떻겠니? 그러면 네가 요리할 필요가 없잖아"라고 말했다.

작은아버지를 위해 빵을 직접 만들고 싶다고 이야기했지만 작은어머니는 들으려고 하지 않았고, 결국 빵을 사는 것으로 결론이 났다. 그런데 생일 전날 작은어머니에게서 전화가 걸려왔다.

"네 엄마하고 방금 이야기했는데, 네가 아버지 생일날 멋진 초콜릿 헤이즐넛 케이크를 만들었다고 하더구나. 작은아버지가 초콜릿을 좋아하니 만들어서 가지고 오겠니?"

당신은 작은어머니에게 케이크를 만들려면 재료도 구해야 하고 시간도 필요하다고 말했다. 게다가 급한 회사 일이 생겨 재료를 사러 갈 시간도, 케이크를 만들 시간도 없었다. 작은어머니는 호소하듯이 말했다.

"그렇지만 네 입으로 직접 만들고 싶다고 했잖니!"

끝내 당신이 제과점 케이크를 사겠다고 말하자, 작은어머니는 한숨을 쉬며 이렇게 덧붙였다.

"그래, 그럼 케이크를 사도록 해. 제과점 케이크가 네가 만든 것만 하겠니? 하지만 신경 쓰지 마. 네가 바쁘다는 것을 알면서 부담을 주고 싶지 않으니까."

당신은 전화를 끊고 혼란스러웠다. 애초에 좋아하는 작은아버지를 위해 무엇인가 특별한 것을 준비하고 싶어서 케이크를 직접 만들겠다고 제안했던 사람은 바로 당신이었다. 그런데 어쩌다가 작은아버지에게 특별한 선물도 못하고, 작은어머니도 실망시키게 됐을까?

1단계로 진입하는 결정적인 계기

1단계는 그다지 심각하지 않은 것으로 여겨진다는 데 문제가 있다. 즉, 단지 이해가 약간 부족하고, 잠깐 불편하며, 잠시 마음의 평정을 잃거나 의견이 다소 일치하지 않는 것으로만 생각된다는 것이다. 가스라이팅을 한 번도 생각해본 적이 없다면, 이러한 상황을 눈치채지 못할 수도 있다. 가스라이팅을 잘 알고 있다 하더라도, 위에서 말한 사건들이 대수롭지 않은 소동에 불과한 것인지 아니면 당신이 비난받아야 할 문제인지 혹은 파국적인 결과를 가져올 위험 신호인지를 분간하기는 쉽지 않다.

그럼에도 불구하고 1단계에서 나타나는 가스라이팅은 흔히 두 사람의 관계에 결정적인 계기가 되는 경우가 많다. 피해자의 반응에 따라 그 관계는 문제가 생길 수도 있고 그렇지 않을 수도 있다. 그래서 1단계에서 나타나는 가스라이팅에 명확하고 단호하게 거부감을 표시해야만 문제를 미연에 방지하고 건강한 관계를 만들 수 있다.

1단계의 상태를 인식하는 것은 새로 맺은 관계나 현재의 관계가 바람직한 것인지 판단하는 데 도움이 될 수 있다. 연인과의 사랑이나 친구와의 우정을 포기하거나 어느 정도 거리를 두기로 결정할 수 있다. 가해자가 친척, 상사, 동료와 같이 접촉을 피할 수 없는 사람이라면, 그들과의 접촉을 최소한으로 줄이고 정서적인 개입을 자제하는 것도 좋은 방법이다.

가스라이팅을 초기 단계에서 확인하는 것은 가해자에게 맞장구치는 스스로의 행동을 깨닫는 데에도 도움이 될 것이다. 가스라이팅이 아직은 다루기 쉬운 수준이고 당신의 자아도 비교적 손상되지 않은 지금이 적당한 시기다.

이제 1단계에 있다는 것을 나타내는 증거를 살펴보자. 곧 깨닫게 되겠지만, 이들 신호 중 어떠한 것은 다른 것들과 서로 모순되기도 하고, 각 신호들은 여러 가지 방식으로 해석될 수도 있다. 하지만 이 신호들을 읽어가면서 스스로에게 해당하는 내용이 아닌가 하는 불안이나 슬픈 기분이 든다면 혹은 크게 공감을 한다면, 주의를 기울이도록 하자. 강한 반응은 당신이 이미 1단계의 상태에 해당한다는 것을 스스로 깨닫기 시작했다는 증거다.

Checklist 나는 1단계에 있을까?

연인이나 배우자와의 관계에서

- 누가 옳고 그른지 가려내기 위해 자주 다툰다.
- 당신이 좋아하는 것에 대한 생각은 줄어들고 상대방이 옳은가에 대해서만 생각한다.
- 상대방이 왜 빈번하게 당신을 평가하려고 하는지 이해할 수 없다.
- 상대방이 실제로 일어났던 것과는 매우 다르게 기억하거나 이야기하는 등 현실을 왜곡한다고 자주 느낀다.
- 상대방이 사물을 보는 방식을 이해할 수 없다.
- 당신은 몇 개의 개별적인 사건을 제외하고는 그와의 관계가 정말

좋다고 생각한다. 하지만 그 몇 개의 사건들이 마음속에서는 아직 해결되지 않았다.

- 그의 사고방식을 설명하면, 친구들은 미쳤느냐는 표정으로 바라본다.
- 그와의 관계에서 걱정되는 일을 다른 사람이나 스스로에게 설명하려고 하면, 제대로 전달할 수 없음을 깨닫는다.
- 당신을 괴롭히는 작은 문제들을 친구들에게 이야기하지 않는다. 차라리 그 문제를 외면한다.
- 당신이 배우자나 연인과 좋은 관계에 있다고 생각하는 친구와 적극적으로 친하게 지내려고 한다.
- 그가 주도권을 쥐고 당신을 통제한다고 생각하기보다는 그가 당신의 주인으로 두 사람 사이의 관계를 책임진다고 생각한다.
- 그를 믿을 수 없고 예측할 수 없는 사람이라고 생각하기보다는 매력적이고 낭만적이라고 생각한다.
- 그를 합리적이고 도움이 되는 사람이라고 생각한다. 그런데도 왜 그와의 관계에서 좋은 기분을 느끼지 못하는지 의문이 생긴다.
- 그에게 보호받고 있으며 자신이 안전하다고 느낀다. 가끔 보이는 그의 형편없는 행동 때문에 안정감을 포기할 생각은 없다.
- 그가 소유욕을 강하게 나타내거나 우울해하거나 혹은 선입견을 드러낼 때, 그에게 얼마나 문제가 많은지 잘 알고 있다. 그리고 그에게 잘해주고 싶어진다.
- 그에게 도움을 청하면, 반응이 없다. 그러나 당신은 반응이 있을 거

라고 계속 기대하고 있다.

직장 상사와의 관계에서

• 상사가 항상 당신에 대해 말을 해준다. 그런데 대부분의 경우 부정
  적인 것들이다.

• 상사가 당신 앞에서는 칭찬하지만, 등 뒤에서는 헐뜯는다고 느낀다.

• 당신이 상사를 즐겁게 해줄 수 있는 게 없다고 느낀다.

• 예전에는 유능하다고 느꼈지만 지금은 아니다.

• 항상 함께 일하는 사람과 견해를 일치시킨다.

• 퇴근 후 상사와 했던 대화를 계속 되새겨본다.

• 상사와의 대화를 되새겨볼 때, 누가 옳은지 짐작할 수 없다.

• 상사와의 대화를 되새겨볼 때, 그가 무슨 말을 했는지 정확히 기억
  할 수 없다. 하지만 비난받았다고 느낀다.

친구와의 관계에서

• 자주 의견이 일치하지 않는다.

• 다른 의견을 말할 때 모두 인신공격으로 여겨진다.

• 친구가 당신을 배려하는 방식이 싫고 자주 친구의 의견을 바꾸려
  고 애쓴다.

• 특정한 화제를 피한다.

• 친구에게 무시당했다고 느낀다.

- 그 친구와 약속을 잡고 싶지 않은 자신을 발견한다.

가족과의 관계에서

- 당신에 대한 부모나 친척들의 견해가 나의 견해와 일치하지 않는다. 그리고 그들은 자신들의 견해를 말하기 좋아한다.
- 형제자매들이 당신의 특정 행동이나 태도를 지속적으로 비난한다. 그러나 당신은 자신이 그런 태도를 보였다고 생각하지 않는다.
- 형제자매들은 당신이 뭘 모르고 있다고 생각한다. 그리고 그들의 의견에 동조하라고 강요한다.
- 형제자매들은 당신을 아직 애처럼 취급한다. 또는 당신이 그들을 부려먹는 것처럼 가정한다.
- 당신은 자주 자신을 방어한다.
- 당신은 충분히 노력한 적이 없다고 느낀다.
- 자꾸 무엇인가를 요구하는 나쁜 아이가 된 것 같은 느낌을 받는다.
- 예전보다 자주 죄의식을 느낀다.

위험을 알리는 신호

교통사고보다 비행기 추락 사고의 통계적 확률이 낮다는 것을 알고 있어도, 나는 비행기를 탈 때 자주 불안을 느낀다. 기류가 약간 불안정하면 비행기가 확실히 추락하고 있다고 생각하게 된다. 비행기가 추락하는 일은 매우 확률이 낮다는 것을 안다. 하지만 만약 정말로 그렇다면 어떻게 될까? 언제 나의 감정에 귀를 기울이고, 언제 무시해야 할까?

그런데 몇 년 전에 오래된 친구에게 아주 좋은 충고를 듣게 됐다. 그녀는 나에게 비행기 승무원을 보면 어떠한 일이 일어나고 있는지 알 수 있다고 말했다.

"승무원들은 항상 상황을 파악하고 있거든. 그들이 조용히 있으면 너도 긴장을 풀고 불안한 느낌을 무시하도록 해. 그러나 승무원들이 서로 쳐다보고 귓속말로 무엇인가를 의논하는 것 같으면 걱정할 일이 생긴 거야."

가스라이팅을 어떻게 알 수 있을까? 모든 관계에는 불편한 시기가 있는 법이고, 결점이 없는 사람은 없다. 남자친구가 영화관에서 혼자 앉아 있는 것을 싫어했던 일이나, 직장 상사가 당신이 지각했을 때 문제의 초점을 잘못 잡은 것이나 혹은 연로한 작은어머니가 남편의 생일을 준비하는 데 따른 신경과민을 당신에게 쏟아놓은 것은 모두 비행 중 경험하는 약간의 불안정한 기류에 해당하는 사소한 것들이다.

하지만 위험을 알리는 신호를 무시하는 것은 바보 같은 일이다. 나의 충고는 비행기 승무원의 태도처럼 위험을 알려주는 신호를 주시하라는 것이다. 다른 사람의 말이나 속에서 치밀어 오르는 감정 혹은 내부의 목소리처럼, 내가 느끼는 불안이 정말로 신경을 쓸 성질의 일인지 아니면 단지 느낌에 불과한 것인지를 구분해주는 믿을 만한 신호를 찾아라.

Checklist 위험을 알리는 신호

- 자주 어리둥절하고 혼란스럽다.
- 악몽이나 비슷한 내용의 꿈을 계속 꾼다.
- 상대방과의 사이에 일어난 일을 자세히 기억하기 어렵다.
- 속이 더부룩하거나 가슴이 조이거나 목이 붓거나, 소화가 안 되는 등의 신체적인 증상
- 그가 전화를 하거나 집에 오면 공포감을 느끼거나 긴장이 된다.
- 상대방과의 관계가 좋다고 스스로 다짐하거나 친구들에게 과장되게 이야기한다.
- 자존심을 손상하는 대우를 내가 참는다고 느낀다.
- 믿을 만한 친구나 친척이 자주 우려를 표시한다.
- 친구를 회피하거나, 상대방과의 관계에 대한 이야기를 피한다.
- 생활의 즐거움을 상실한다.

1단계는 의식하지 못하는 사이에 진행된다. 이 단계에서는

모욕하거나 비꼬거나 혹평을 하거나 행동을 조종하는 등 전통적으로 정신적 학대와 관련된 것으로 여겨지는 어떠한 징후도 나타나지 않을 수 있다. 심지어 감정 폭발도 보이지 않을 수 있다. 그러나 가스라이팅은 초기 단계부터 피해자를 심하게 동요시키고 손상시킨다. 피해자들이 가해자에게 인정받는 데 열중하고, 가해자를 이상적인 존재로 생각하기 때문이다. 피해자들은 이미 가해자가 자신을 잘 알고 있다고 생각하므로 가해자가 자신을 나쁘게 생각한다면 그것은 옳은 판단일 가능성이 높다고 생각한다. 따라서 피해자는 자신에 대한 비판이 사실이 아니고, 자신은 좋은 사람이라는 것을 증명하기 위해 가해자와 실제로 혹은 머릿속에서 말다툼을 한다. 가해자에게 인정받는 데 모든 것을 집중하다 보면, 피해자들은 그가 형편없는 행동을 하고 있다는 것을 미처 깨닫지 못할 수 있다.

정확하게 지적할 수는 없지만 무엇인가 잘못되고 있다는 막연한 느낌은 가스라이팅의 징조를 알려주는 유일한 단서다. 극장에서 당신은 단지 몇 분 동안 자리를 비웠다. 그리고 당신이 오랫동안 자리를 비웠다 하더라도, 잘못한 것은 하나도 없다. 그럼에도 데이트 상대는 당신이 잘못했다고 극도의 불쾌함을 표시했다. 이때 두 가지의 선택이 가능하다.

가스라이팅을 배제하는 경우

당신이 강하고, 중심을 잡고 있으며, 상대방에게 인정받는 데 관심이 없고, 자신의 판단에 따른다면, 상대방의 불쾌감에 불안이 반영됐다는 것을 알 수 있을 것이다. 따라서 "그가 데이트 때문에 신경과민이 됐어"라거나 혹은 "5분간 혼자 있을 때 정말 불안했던 거야"라고 생각할 것이다. 어떻게 생각하든지, 그것이 당신의 문제가 아니라 상대방의 문제라는 것을 안다. 이로써 그가 당신에게 영향력을 행사할 기회를 막아버렸다. 그 후에 당신은 쉽게 불쾌함을 표시하는 사람과 계속 만날 것인가를 결정할 수 있다.

가스라이팅에 취약한 경우

그를 멋진 남성이라고 생각하고 자신을 사랑해주기를 바란다면, 당신은 그에게 인정받고자 애쓸 것이다. 당신은 그의 불쾌감을 자신의 탓으로 여기고, 자신이 무신경하다고 생각하기 시작할 것이다. 혹은 자신이 왜 그렇게 형편없이 행동했을까 자책하거나 자신의 시간감각에 의문을 던질 것이다. 이 멋진 남성이 당신을 무신경하다고 생각한다면, 정말 그럴지 모른다는 두려움을 느낀다. 그리고 당신이 무신경하지 않다는 것을 증명하는 길은 그에게 인정받는 것이다. 그래서 가스라이팅에 맞장구를 치기 시작한다.

· · ·

새로운 직장 상사의 경우를 보자. 당신은 밤늦게까지 파티에서 놀았기 때문에 자신이 지각했음을 알고 있다. 하지만 상사는 당신이 인정할 수 없는 방향으로 지각한 것을 설명하라고 요구한다. 당신은 아래의 두 가지 방식 중 하나를 선택할 수 있다.

가스라이팅을 배제하는 경우

자신과 일에 비교적 자신감이 있다면, 상사에게 인정받는 데 너무 신경 쓸 필요가 없다. 물론 그녀가 당신을 좋아하기를 바라고, 좋은 업무를 배정받기 원한다. 하지만 그녀가 생각하는 당신은 당신 스스로 생각하는 모습과는 정말 다르다. 그러한 자아 정체감이 있다면, 그녀의 이상한 해석을 떨쳐버리고 가스라이팅을 피할 수 있다. "이 사람은 정말 이상한 억측을 하고 있군. 다시는 지각하지 말아야겠어. 잘못하면 잔소리 좀 듣겠는걸" 하고 생각한다.

가스라이팅에 취약한 경우

자신이 정말 훌륭한 직원이고 똑똑하고 능력 있는 사람인지 여부가 상사의 인정에 달려 있다고 느낀다면, 상사가 정확하게 문제를 지적한 것이 아닌가 하고 생각할 수 있다. 혹은 자신이 무엇인가를 회피하고 있었다고 스스로 생각할 수 있다. 그의 말이 사실이 아니라는 것을 알면서도, 그의 억측을 허용하는 순간 당신은 그의 영향력에 노출되는 것이다.

. . .

작은어머니는 당신이 스스로 케이크를 준비하겠다고 제안해 놓고는 나중에 말을 바꾸었다는 식으로 이야기하고 있다. 작은 어머니의 말은 진실을 오도했다. 당신이 처음에 케이크를 만들 겠다고 제안했지만 작은어머니가 그 제안을 거절했기 때문에, 다른 대안을 택했던 것이다. 이와 같은 상황에서 어떠한 선택을 할 것인가?

가스라이팅을 배제하는 경우

자신을 친절하고, 사랑할 줄 알며, 관대한 사람이라고 스스로 생각한다면, 실제 상황이 어떠했는지 알 것이다. 그리고 작은어 머니가 현실을 왜곡한 것에 크게 개의치 않을 것이다. 작은어머 니가 부정확하게 기억해서 문제가 일어났기 때문에, 작은어머니 가 파티에 신경 쓰느라 신경과민일 것이라고 생각하면서 작은 어머니를 동정할 수도 있을 것이다.

가족 내에서 좋은 평판을 얻는 것이 중요하다고 생각한다면, 작은어머니의 왜곡된 기억은 당신을 곤경에 빠뜨릴 것이다. 어떠한 일이 일어났는가를 아는 것은 그다지 중요하지 않다. 중요한 것은 작은어머니가 그 사실을 아느냐다. 그렇지 않다면, 작은어머니의 생각이 사실일지 모른다. 그래서 필사적으로 당신의 좋은 의도를 작은어머니에게 확신시키려 애쓰거나 작은어머니와 열심히 언쟁을 벌인다. 심지어 밤새도록 케이크를 구울지도 모른다!

Checklist 1단계를 더욱 쉽게 만드는 상황

- 믿는 사람에게 쉽게 동요될 때
- 상처받았거나 좌절했거나 도움이 필요한 사람을 쉽게 동정할 때
- 항상 옳게 보이려는 강한 욕구가 있을 때
- 다른 사람에게 호감이나 감사, 이해를 받는 데 관심이 많을 때
- 물건을 정돈한다거나 모든 것을 완벽하게 정리하는 것을 매우 중요하게 여길 때
- 다른 사람의 감정을 잘 받아들이고 쉽게 동조할 때
- 상대방과의 관계를 간절하게 유지하고 싶어 할 때
- 상대방과의 관계가 지속되기를 원하고, 사람들과 헤어지는 것을 힘

들어할 때

- 상대방에 대한 좋은 인상을 간절하게 유지하려고 할 때
- 누군가 당신을 형편없이 취급한다는 사실을 인정하고 힘든 시간을 보낼 때
- 의견의 불일치나 불화를 매우 불편하게 느낄 때
- 스스로의 의견보다 다른 사람의 의견에 의존하는 것이 더 편할 때
- 좋은 사람, 유능한 사람, 사랑스러운 사람으로 인정받지 못할까 봐 자주 걱정할 때
- 상대방을 이상적이고 낭만적인 존재로 생각하거나 그와의 관계를 유지하려고 많은 공을 들여 상대방에게 인정받으려 할 때

비난이 무기가 될 때

가끔 자신의 감정을 조절하지 못하고 고함치는 남편과 살고 있다고 가정해보자. 당신은 고함 소리를 듣는 것을 혐오하지만 참으려고 한다. 그래서 남편이 고함칠 때, 조용하게 "제발 나에게 고함치지 말아요. 이 이야기는 나중에 하기로 하고 잠자리에 듭시다"라고 말한다.

여기까지는 모든 것이 순조롭다. 피해자도 없고 말다툼도 잘

해결됐다. 그러나 만약에 남편이 "당신은 왜 그렇게 예민한지 모르겠어!"라고 말하거나 "나는 고함치지 않았어. 그냥 평상시처럼 이야기한 것뿐이야"라고 말한다면 어떻게 대응할 것인가?

이제 당신은 몇 가지 대응방식 중 하나를 선택해야 한다. "이 이야기를 더 이상 하고 싶지 않아요"라고 이야기하거나 "우리는 서로 다르게 생각하고 있는 것 같아요"라고 하거나, 그것도 아니면 "당신이 옳을지도 몰라요"라고 말해보자. 당신의 자아를 손상하지 않으면서 말다툼을 끝낼 수 있다. 당신은 그가 옳다고 말한 적은 없다. 다만 그가 옳을 수도 있다고 말했을 뿐이다. 두 사람이 서로 다른 견해를 가지고 있는 독립적인 인격체라는 것을 상대방에게 알려준 것이다. 이것은 가해자와 하나가 되는 것을 거부함으로써 가스라이팅을 차단하는 훌륭한 보호막이다.

그러나 '내가 정말 너무 예민한가?'라거나 '그의 목소리가 정말 평상시와 같았나?' 하는 의문을 갖게 되는 경우는 어떨까? 당신은 상대방의 비판을 수용하는 좋은 품성을 가진 사람일까, 아니면 가스라이팅 1단계의 상태에 있는 걸까?

때때로 우리가 사랑하는 사람들은 우리와 다르게 생각하고 행동한다. 우리는 '고함치는 것'으로 여기는 것을 그들은 '열정적이고 정상적인 목소리'라고 생각한다. 그들은 우리와는 다른 통찰력과 지각을 가지고 있다. 비판을 받아들일 줄 아는 것이 관계가 발전하는 데 핵심적인 것처럼, 사랑하는 사람의 시각으로 자신을 보는 것은 스스로 성장하는 데 커다란 자극이 될 수 있다.

하지만 때로 가해자는 비판을 당신이 스스로 불안하고 약하다고 느끼게 만드는 무기로 사용하기도 한다. 그러한 비난은 당신을 발가락에 낀 때와 같이 하찮은 존재로 만들 것이다. 그리고 그가 당신을 나쁘게 생각한다는 것에 참을 수 없게 만들 것이다. 그가 당신을 무신경하고, 무분별하고, 무능하다고 생각하는 것이 옳을 수도 있다는 사실에 두려움도 느낄 것이다. 그래서 형편 없는 사람이 되지 않기를 원할 것이다.

가해자의 비난이 부분적으로 옳을 수도 있지만, 그의 의도는 피해자를 도와주려는 것이 아니라 손상하려는 것이다. 예를 들어 트리시의 남편은 트리시가 신용카드 대금 납부를 늦게 해서 자주 연체료를 지불한다는 것을 지적했다. 트리시가 신용카드 대금에 더 주의를 기울이면 납부일을 지킬 수 있다는 그의 지적은 옳을 것이다. 그리고 그가 더 애정을 가지고 도움을 주기 위해 그러한 지적을 했다면, 트리시도 그의 조언을 따르게 돼 실질적인 도움이 됐을 것이다. 하지만 남편은 트리시가 돈 관리도 제대로 못하고 낭비벽이 있어 모두를 망칠 수 있는 유아적이고 무책임한 사람이라며, 약점을 크게 부풀려 그녀를 압박하는 데 이용했다. 그것은 사실이 아니었다. 하지만 트리시는 남편이 자신을 그렇게 생각한다면 자신이 실제로 형편없을지도 모른다고 내심 두려워했다. 남편이 생각하는 것처럼 자신이 유아적이고 무책임하지 않다는 것을 증명하기 위해 트리시는 그와 말다툼을 해야 했다.

누군가가 당신을 비난해서 걱정이 되고 자아를 손상당하고 있다고 느껴지면 비행기 승무원 이야기에서 언급했던 '위험을 알려주는 신호'를 찾아보자. 좋은 친구나 믿을 만한 직관력은 마음을 열고 비판을 수용할 것인지 혹은 강하게 부정할 것인지를 결정하는 데 도움을 준다. 자아에 상처를 입고 공격당한다고 느끼는 바로 그 순간부터 상대방의 이야기에 귀를 닫고 중요한 사실을 상기하자. 즉, 당신이 실제로 그런 일을 했건 안 했건 부당한 대우를 받아야 할 이유가 없다는 것이다.

이 점은 매우 중요하다. 어느 정도의 진실을 포함하고 있더라도 자신에게 상처를 주는 비난은 듣지 말자. 위험을 알리는 일련의 신호가 보이면 더 이상 가해자의 말에 귀를 기울이지 말고 대화를 중단하자.

Checklist 나에게 상처를 주는 비난은?

- 흔히 욕이나 과장, 모욕이 포함돼 있다.
- 흔히 서로 다투는 중이나 화를 내는 중에 비난이 나온다.
- 흔히 말다툼에서 이기기 위해 비난한다.
- 당신이 그 사람의 의견에 반대하거나, 대화를 중단하기를 원할 때

비난이 나온다.

- 근거도 없이 비난하는 경우가 있다.
- 다른 사람의 행동에서 당신의 행동으로 초점을 바꾼다.
- 당신이 쉽게 대답할 수 없는 문제에 대해 비난한다.

설명이라는 덫

리아는 작은 사업체를 경영하는 50대 후반의 여성이다. 작은 체구에 은발머리의 리아는 솔직한 성격과 놀라운 유머감각을 가지고 있는데, 남편과 사별하고 홀로 지내다 이제 새로운 남성을 사귀려는 중이다. 그녀는 최근에 친구의 저녁 파티에서 맷이라는 남자의 옆에 앉게 됐다. 조금 거만하고 솔직하지 않은 것 같은 인상을 받아 꺼려지는 면이 있었지만, 리아는 토요일 저녁 데이트를 하자는 그의 제안을 받아들였다.

맷은 그 주 내내 그녀와 만날 날을 손꼽아 기다리고 있다는 내용의 이메일을 여러 통 보내왔지만, 토요일 저녁을 어떻게 보낼 것인가에 관한 뚜렷한 계획을 밝히지는 않았다. 그리고 토요일 오후에 그에게서 가족에게 급한 일이 생겨서 약속을 취소해야겠다는 전화가 왔다. 그가 여러 번 사과를 했지만, 그와의 선약 때문에 다른 일정을 잡을 수 없었던 리아는 토요일 밤을 무료하게 지내야 했다.

월요일이 되자, 맷은 리아에게 전화해서 다시 만날 날을 정하자고 했다. 하지만 그녀의 일정과 맷의 일정을 고려할 때 3주 후에나 다시 만나는 것이 가능했다.

"이봐요. 이건 너무 심한데요. 약속을 취소한 것이 정말 후회가 되네요. 정말 나와 만날 시간을 잡기가 힘든 거예요? 가능하면 빠른 시일 내에 당신을 만나고 싶어요."

리아는 일정이 빡빡해서 힘들다고 했고, 그들은 만날 날짜를 3주 후로 정했다. 하지만 맷이 마음에 들어 하지 않는 게 뻔했다. 그래서 리아는 다시 생각하기 시작했다. 그녀가 맷에게서 조금 거만하고 솔직하지 않은 것 같은 인상을 받았다는 사실을 안다면 그가 어떻게 생각할까? 그리고 어쩌면 이러한 마음을 알고 맷이 약속을 취소한 것일지 모른다. 하지만 맷은 약속을 취소한 것을 분명히 애석해하고 있었다. 그는 자신이 약속을 취소한 것이 화가 난다고 여러 차례 말했다. 그에게 다시 기회를 줄 수는 없을까? 그에게 더 따뜻하게 대한다면 그와 더 가까워질 수 있을 것이다.

리아는 맷과의 사이에서 일어난 일을 어떻게 설명할 것인지 이미 결정하고 나를 찾아왔다. 그녀는 맷과 사귀기를 다소 꺼렸기 때문에 어느 정도 그를 멀리했다. 그와 바로 약속을 다시 잡지 않음으로써, 그녀는 계속 맷과 거리를 둘 수 있었다. 그가 화를 내거나 불쾌한 모습을 보였던 것은 그녀 자신의 거리를 두는 태도 때문이었다. 이야기를 들은 나는 그녀에게 이렇게 말했다.

"그런데 당신은 이야기에서 한 가지 매우 중요한 부분을 빠뜨렸어요. 그는 마지막 순간에 데이트를 취소했어요. 그가 왜 데이트를 취소했는지 당신이 이해를 했다 하더라도, 그리고 그의 행동에 대한 당신의 모든 설명이 정확하다 하더라도 여전히 그가 약속을 취소한 것은 분명해요. 당신은 그의 행동 중 어떤 것은 이야기하고 어떤 것은 무시하려 했어요. 하지만 뭔가를 설명한다고 해서 그 일이 일어나지 않은 것은 아니에요."

맷의 불쾌한 행동을 잊어버리려 노력하면서, 리아는 점차 맷의 가스라이팅에 빠져들어갔다. 맷을 있는 그대로 보지 않고, 자신이 원하는 모습대로 설명하려 했던 것이다.

리아는 맷의 행동을 해명하려고 노력하면서 '설명의 덫'에 빠지게 됐다. 사람들은 위험을 알리는 초기 신호를 있는 그대로 보기보다 그것이 위험하지 않다는 것을 믿게 해줄 그럴듯한 이유를 찾는다. 그래서 우리는 불쾌한 사실은 무시하고, 상대방의 행동을 납득하게 해줄 이유를 찾는다. 다음은 스스로를 설명의 덫에 걸리게 하는 세 가지 방식이다.

"문제는 그가 아니라 바로 나야."

이 상황에서 우리는 자신이 두 사람 사이에 일어난 모든 일들의 원인이라고 해석한다. 따라서 리아는 맷이 약속을 취소한 것은 그가 불안하거나 무례하거나 혹은 실제로 가족에게 급한 일이 생겨서가 아니라, 그녀 자신의 생각과 감정, 행동 때문에 그가 원치 않는 행동을 한 것이라고 주장한다. 많은 사람들이 이상황을 선택한다. 우리 스스로가 영향력이 있다고 가정하기 때문이다. 상대방의 불쾌한 행동이 모두 우리의 잘못이라면, 우리는 상황을 완전히 통제하고 있는 것이 된다. 따라서 우리가 열심히 노력하면 그 관계는 자연히 좋아지게 될 거라고 생각한다.

"그의 마음이 언짢은 것 같아."

이 경우에 사람들은 상대방의 좌절을 후회와 혼동한다. 그래서 리아는 나에게 "맷이 데이트를 취소한 것에 얼마나 마음이 상했을까"라고 되풀이해 이야기했다. 약속을 다시 잡기 어렵다는 것을 알았을 때, 그는 오로지 자신의 이기적인 이유로 기분 나빠 했다. 그는 단 한 번도 약속이 취소돼 리아가 외롭지는 않았는지, 마음의 상처를 입거나 혼란스럽지는 않았는지 물어본 적이 없었다. 단지 그는 약속을 취소해서 자신의 마음이 불편했다고만 말할 뿐이었다.

리아는 맷의 기분에만 초점을 맞춤으로써 그가 정말 자신을 염려한다고 생각했고, 따라서 그는 좋은 관계를 발전시킬 만한 사람이라고 스스로를 기만하고 있었다. 또한 그를 상대방의 감정을 거의 감지하지 못하는 자기중심적인 남성이 아니라 자신이 한 일에 자책하고 예민하게 반응하면서 상대방에게 끊임없이 마음 쓰는 남성으로 평가하고 있었다.

"그가 어떻게 행동하더라도 나는 그것을 극복해야 돼."

다른 모든 설명이 통하지 않으면, 사람들은 항상 자신은 상대방의 행동에 영향을 받지 않고 있다고, 아니 받지 말아야 한다고 스스로에게 확신시키려 한다. 리아는 마지막 순간에 맷이 약속을 취소하는 것을 막지 못했다. 하지만 그녀는 신경 쓰지 않으려고 노력했다. 사람들은 자신이 강하기 때문에 타인의 행동이 자신에게 영향을 미칠 수 없다고 믿으려는 경향이 있다. 언젠가 상담을 받으러 온 사람이 나에게 "그가 저에게 무슨 짓을 하더라도, 저는 지금까지와 마찬가지로 그를 사랑해야 돼요. 무조건적인 사랑이란 그런 것이 아닐까요?"라고 말한 적이 있다.

'무조건적 사랑'이 바로 문제다. 무조건적인 사랑은 현실의 관계와는 거리가 먼 이상적인 발상이다. 무조건적인 사랑을 하는 사람은 이렇게 말한다. "당신이 나를 어떻게 취급하든, 무슨 짓을 하든, 당신을 항상 똑같이 생각할 거예요. 그러니 내 기분에 맞출 생각을 하지 않아도 돼요! 데이트 약속을 어겨도 돼요.

나는 당신이 그 약속을 지켰던 것처럼 생각할 거예요. 내 기분은 무시하고 당신 마음대로 하세요. 나는 당신이 사랑과 애정을 듬뿍 주었을 때와 다름없이 당신을 생각할 거예요. 당신이 나를 욕하거나 무시하거나, 말도 안 되는 요구를 해도 좋아요. 나는 그것들에 영향을 받지는 않을 거예요. 그게 제가 얼마나 좋은 사람이고 얼마나 당신을 사랑하는지 보여주는 증거예요. 당신과 당신의 행동은 별로 중요치 않아요. 중요한 것은 나 자신과 당신에 대한 나의 사랑이랍니다."

내 말을 오해하지는 말자. 나는 사랑하는 관계에서 어느 정도 자기희생이 필요하다고 믿는다. 그리고 사랑이 항상 쉽지는 않다는 것을 안다. 그러나 사랑의 본질은 그것이 '관계'라는 것이다. 두 사람은 서로에게 어떤 영향을 미치는가? 거기에는 사랑의 기쁨이라는 밝은 면과 사랑의 슬픔이라는 어두운 면이 공존한다. 상대방의 행동에 영향을 받지 않는다는 것은 불가능하다.

사람들은 왜 무조건적인 사랑이라는 생각에 매력을 느끼는가? 많은 사람들에게 사랑은 실망스러운 경험이었다. 우리의 가족, 친구들, 사랑하는 연인들이 우리에게 항상 잘하지는 않았다. 우리는 실망스러운 부모 밑에서 성장했거나, 한때 사랑했던 사람이 배신했거나, 동료들이나 친구들이 되풀이해 우리의 기대에 어긋나는 일을 경험했다. 우리는 의식적이거나 무의식적으로 사랑에는 선택의 자유가 없다는 것을 느낀다. 우리에게 실제로 관대하게 양보하고, 감정을 나누고 지지하며, 보호해주는 사람은 결코 만나지 못할 것이라고 두려워한다.

따라서 우리는 이러한 두려움을 극복하고, 강하고 자족적인 사람으로 스스로를 재창조함으로써 문제를 해결하도록 노력한다. 사실 스스로 더 나은 사람이 되도록 노력함으로써 사랑하는 사람의 결점을 보완하기보다는 오히려 망치고 있는 셈이다. 부모, 연인, 친구를 정확하게 바라보거나, 이들이 정말 어떤 사람인가를 스스로 물어보기보다는 주로 자신의 역할을 중심으로 그 관계에 환상을 가진다. 그 관계에서 우리가 실제로 느끼는 것을 직시하기보다는 우리가 더 양보하고 사랑한다면 관계가 어떻게 변할까 하는 환상에 집착한다. 그래서 우리는 자신을 가스라이팅에 취약하게 만든다. 조금이라도 가해자를 우리에 대해 좋은 생각을 가지게 만들고 싶거나 스스로의 자신감을 고취하고 정체성을 형성하는 데 필요한 사람이라고 믿는다면, 우리는 가해자를 기다리는 피해자인 것이다.

가스라이팅 중에 어떠한 일이 있었는지를 기억하자. 가해자는 자신이 옳다는 것을 증명하고 피해자가 그것을 인정하게 함으로써 자신의 영향력과 자아를 회복하는 데 열중한다. 그가 관심이 있는 단 한 가지는 자신이 옳다는 것을 인정하게 만드는 것뿐이다.

그리고 당신이 설명의 덫에 빠져버린다면, 이러한 행동을 사실과는 다르게 설명하는 방법을 찾으려고 애쓸 것이다. 그에게 인정받고 그를 이상화하는 데 너무 열정을 기울이다 보니, 그의 행동은 무시하고 그의 말에 초점을 맞추게 되는 것이다.

예를 들어 맷은 리아와의 데이트를 원했다고 주장한다. 그러나 동시에, 그는 세부적인 계획을 세우지 않았고 실제로 데이트를 취소했다. 그는 리아의 기분을 고려했다는 어떠한 증거도 제시하지 못했다. 그가 신경을 쓴 것은 단지 자신의 편의였다. 리아는 자신이 얼마나 맷의 행동을 싫어하는지 깨닫는 대신에, 잘못된 모든 것이 자신의 책임이라는 설명을 생각해냄으로써 문제가 자신에게 있는 것으로 만들었다. 그렇게 해서 그 문제를 해결 가능한 것으로 만들었다.

리아의 관점에서 보자면, 맷이 그녀를 고려하지 않았던 것만큼 리아도 그의 생각을 고려하지 않았다. 리아는 데이트를 취소하고 다시 시간을 잡으려 투덜대는 남성 대신 애정을 확신시켜준다면 자신을 잘 대해줄 달콤하고 외로운 남성을 상상했다. 그러고는 충분히 애정을 표현하지 못한 자신을 비난했다.

어떻게 설명의 덫을 피할 수 있을까? 다음에 나오는 방법들을 이용해보자. '상황을 명확하게 밝혀주는 설명'과 '현실을 도외시하는 설명'의 차이를 깨닫는 데 도움이 될 것이다. 불안하고 혼란스럽거나 스스로에게 또는 친구에게 똑같은 설명을 여러 번 반복해야 한다면, 설명의 덫에 빠져 있다는 신호다.

· · ·

아래의 일들을 하는 것이 불편하다고 느낄 수 있다. 그러나 그런 감정을 무시하자. 사실은 그것이 바로 문제를 해결하는 데 필요한 지혜에 접근했다는 신호다. 계속 아래와 같은 일을 하며, 스스로의 감정을 관찰하고 무엇을 깨닫게 되는지 살펴라.

일기 쓰기

문제가 있거나 마음이 찜찜하면, 최소한 7일 동안 하루에 적어도 세 쪽씩 그 느낌을 일기에 써라. 쓴 내용을 살펴보거나 생각을 점검하려고 중지하지 말고 가능한 한 단숨에 써내려가 진실이 드러나도록 하자.

명상하기

명상은 당신의 마음을 정화하는 수단이다. 일정 기간 동안 하루 15분씩 명상과 요가를 한 많은 사람들이 명상 중이나 그 후에 자신들의 깊은 생각과 느낌이 표면으로 드러나는 '내적인 성찰 inner clarity'을 발견했다는 보고가 있다.

동적인 명상

요가나 태극권, 여러 형태의 무술들은 몸과 마음을 하나로 통

합할 수 있는 운동의 형태로서 동적인 명상의 한 유형이다. 무술을 수련하면 정신과 마음을 여는 데 도움이 되며 몸이 훨씬 더 유연해진다. 이 방법은 당신만의 시각을 회복하고, 깊고 진실한 지각을 회복하는 훌륭한 방법이다.

혼자만의 시간을 가지기

우리의 삶은 너무 바쁘고 꽉 짜여 있기 때문에, 스스로와 접촉할 충분한 시간을 갖지 못한다. 심리학자인 토머스 무어는 인간의 영혼을 야생의 겁 많은 동물에 비유하면서, 그 동물이 우리 앞에 나타나 지혜를 나눌 때까지 숲의 가장자리에서 참을성 있게 기다려야 한다고 했다. 자신이 단절되고 혼란스럽다고 느낀다면, 당신에게 필요한 것은 자신과 다시 만나는 것이다.

친구나 가족과 지내기

우리는 때로 1단계의 상황에서도 점차 상대방을 제외한 모든 사람들로부터 고립돼간다. 문제를 만드는 연인, 동료, 직장 상사와 같이 있지 않을 때도 그들이 할 법한 이야기나 생각 혹은 요구에 사로잡히게 된다. 당신이 스스로를 바라보듯 당신을 보는 사람과 친하게 지내는 것이 자신의 견해를 되찾는 좋은 방법이 될 수 있다.

1단계를 피하는 방법

1단계는 세 단계 중 가스라이팅을 중지시킬 수 있는 가장 효과적인 시기다. 어떻게 해야 가스라이팅을 피할 수 있을까?

데이트 상대인 경우

먼저, 주목하자. 당신이 중요하다고 생각하는 것과 상대방이 중요하다고 생각하는 것의 차이점에 주목하고 자신의 생각과 판단을 명확히 하자. 그가 당신의 어떠한 행동을 비난한다고 여겨지면, 그의 생각에 동의하는가를 스스로에게 물어보자.

둘째, 유머감각을 유지하자. 그가 심각하게 받아들이는 일이 있다면, 그것이 사소한 일인지 자신의 감각에 따라 판단하자. 그 일이 터무니없이 사소한 것일 수도 있다.

셋째, 말다툼에 휘말리지 말고 혼자서 일어나라. 누군가 이상한 것을 가지고 당신을 비난할 때, 아무 말도 하지 않는 것이 가장 좋은 반응일 수 있다. 옳고 그름을 가리려다 보면, 틀림없이 가스라이팅에 말려들게 된다. 왜냐하면 상대방에게 반발하는 것은 인정을 받으려는 데서 나오는 행동이기 때문이다.

넷째, 나의 감정을 확인해보자. 데이트를 하면서 불쾌하거나 불안하게 느꼈는가? 흥분돼 다른 것에 신경 쓸 틈이 없었는가? 이러한 기분들이 무엇을 의미하는지 이야기하기에는 아직 이를 지도 모른다. 하지만 적어도 그러한 감정을 느꼈는지는 알 수 있을 것이다.

마지막으로, 자신의 관점을 유지하자. 데이트가 끝날 무렵 그와의 관계가 어떻게 진전됐는지 점검하자. 좋았던 점이 나빴던 점보다 많으면 그를 다시 만나려 할 것이다. 하지만 당신을 힘들게 했거나 곤혹스럽게 했던 일을 기억하도록 하자.

직장 상사의 경우

첫째, 유형을 확인하자. 그가 항상 영향력을 행사하는지 아니면 당신이 실수를 했거나 특별히 잘했거나 어려운 상황에 처해 있는 등 특정한 상황에 처해 있을 때만 영향력을 행사하는지 아직 모른다. 상사의 가스라이팅 유형을 아는 것은 당신이 어디까지 참을 수 있는지 결정하는 데 도움이 될 수 있다.

둘째, 상사가 어디까지 갈 수 있는지 파악하자. 그의 가스라이팅이 당신의 업무를 바꾸거나 임금을 삭감하거나 해고하는 등의 처벌로 이어지는가? 아니면 단순히 심리적으로 이용되는 수법인가? 상황을 정확히 볼 수 있다면 당신의 한계를 알 수 있다.

셋째, 상사와 어느 정도 접촉해야 하는지 생각하자. 어떤 경우는 상사와의 관계가 일을 하는 데 핵심적이기 때문에 자주 접촉해야 하는 반면에, 어떤 경우는 서로 사무실에서 떨어져 있어 자주 접촉할 필요가 없다. 누구도 상사에게 휘둘리는 것을 좋아하지 않을 것이다. 하지만 매일의 직장 생활에서 상사가 차지하는 역할이 비교적 작다면, 훨씬 견디기 쉬울 것이다.

가족인 경우

먼저, 문제가 되는 대화를 피하라. 이것은 '말하기는 쉬워도 실천하기는 어려운' 충고 중 하나로, 아마 전에도 같은 말을 여러 번 들었을 것이다. 그럼에도 이것은 여전히 어머니나 아버지, 형제자매, 까다로운 친척 아주머니에게 말려드는 것을 피하는 가장 좋은 방법이다. 가족들, 특히 부모와의 관계는 오랜 세월에 걸쳐 형성됐기 때문에 그 영향력에서 벗어나기가 매우 어렵다. 가스라이팅을 허용하는 대화를 피하는 것이 가장 좋은 방법이다.

둘째, 올바르게 보이려고 애쓰지 말자. 올바르게 보이려는 욕구가 있으면 다른 사람의 영향을 받기 쉽다. 스스로 옳다고 마음속 깊이 확신하는 것까지 포기하라는 이야기가 아니다. 그러나 가족 사이에서의 평판에 신경 쓰지 않는다면, 가족의 영향을 받지 않고 자신이 원하는 대로 살아갈 수 있을 것이다.

셋째, 이해받는 것에 집착하지 말자. 언젠가 상담을 받은 한 사람은 "저는 그들의 관점을 이해하는데, 그들은 왜 저의 관점을 이해하지 못하죠?"라고 물어본 적이 있었다. 오해를 받는 것은 견디기 어렵다. 상대가 가족일 경우에는 더욱 그렇다. 하지만 이해를 받기 원하면 가스라이팅에 취약해진다.

1단계를 중단하는 방법

1단계는 가해자에게 보조를 맞추는 과정이 시작되는 시기가 될 수 있다. 일단 상대방에게 보조를 맞추기 시작했다면, 어떻게 그것을 중단할 수 있는가? 몇 가지 해법이 있다. 이 방법들은 어느 단계에서나 유용하지만 특히 1단계에서 유용하다.

"내가 이렇게 대우받는 것을 좋아하는가?"를 묻기

앞서 보았듯이, 가스라이팅을 지속하게 만드는 원인 중 하나는 내가 늘 옳아야 한다는 태도. '공평하지 못한 것이 아닌가'라거나 '너무 예민한 것이 아닌가' 혹은 '너무 일을 크게 벌이는 것은 아닌가' 하는 걱정은 강력하게 우리의 입을 막고 가해자가 상황을 조종할 수 있게 만든다. 그러나 우리가 어떻게 취급받고 있는지에 초점을 맞춘다면 많은 혼란을 극복할 수 있다.

3장 맨 처음에 나왔던 사례로 돌아가보자. 데이트 상대가 극장에 혼자 남겨진 것을 불평할 때, '그가 문제를 정확하게 지적한 것이 아닐까?'라는 의문을 갖는 대신 '나에게 이런 식으로 말하는 남자와 같이 있는 것이 좋은가?'라고 질문하는 것이다. 그가 당신을 비난한 것을 후회하거나, 그 일을 정말 공평무사하게 보려고 노력한다면 그리고 당신이 그의 그런 태도에 기쁨을 느꼈다면 문제가 없다. 그러나 괴롭고 화나거나, 궁지에 몰린 듯 느껴지고 혼란스럽다면 부정적인 느낌을 피하려고 하지 말자. 그리고 그 불쾌한 경험을 그와 계속 만날 것인가를 결정하는 판단의 자료로 사용하자.

좋은 사람이 돼야 한다는 생각 버리기

많은 사람들이 '착한 소녀'나 '좋은 사람'이 돼야 한다는 고정관념에 사로잡혀 있다. 물론 우리는 다정하고 친절하고 관대하며 교양 있고 이해심 많고 상대방의 요구에 부응하는 사람으로 보이기를 원한다. 하지만 이러한 태도는 가해자가 우리를 형편없이 취급했다는 사실을 묵인하게 만들기도 한다. 당신이 두 사람의 관계에서 '좋은 행동'을 해야 할 책임을 모두 혼자 지고 있는지 의문을 가져보자. 가스라이팅은 당신이 좋은 사람이 된다고 해서 해결할 수 있는 문제가 아니다. 당신이 좋은 사람인지 아닌지에 상관없이 가해자에게 보조를 맞추는 것에서 벗어나야 그 문제가 개선될 수 있다.

당신이 이미 진실이라고 알고 있는 것에 대해 언쟁하지 않기

진실을 알고 있다면, 그것에 대해 언쟁할 필요가 없다. "나는 20분 동안이나 자리를 비우지 않았어요"라거나 "저는 이 일에 두려움을 느끼지 않아요" 혹은 "저는 케이크를 만들어 간다고 동의한 적이 없어요"와 같이 기정사실을 두고 언쟁하면 그것이 이미 사실임에도 불구하고 시시비비를 가려야 하는 문제가 돼버린다. 나아가 말을 잘하는 상대라도 만나면 오히려 사실을 잘못 생각하게 될 수도 있다. 달이 지구로 떨어질 수 있는가 하는 문제나 사탕이 야채를 대신할 수 있는가 하는 문제, 밤새 자지 않아도 피곤하지 않을 수 있는가 같은 문제를 가지고 네 살짜리 아이와 언쟁하고 싶은가? 자신이 옳다는 것을 알고 있기 때문에 전혀 그러고 싶지 않을 것이다. 그리고 네 살짜리 아이가 당신의 마음을 바꿀 수도 없다. 더 중요한 것은 이러한 주제는 논쟁거리가 될 수 없다는 메시지를 그 아이에게 보내는 것이다. 당신은 무엇이 진실인지 알고 있으며 그것 때문에 더 이상 이야기할 필요가 없다. 비록 가해자가 네 살짜리 아이는 아니지만, 어떠한 문제들은 논쟁의 대상이 될 수 없다는 동일한 메시지를 보내는 것이 중요하다.

항상 나의 진짜 모습을 자각하기

가해자가 항상 당신을 부정적으로 평가한다면 어려운 일이 될 것이다. 그리고 그러한 비판은 꽤 많은 진실을 포함하고 있을 수도 있다. 따라서 당신이 할 일은 비난에 대항해서 스스로에 대해 진실되고 호의적이며 균형 잡힌 견해를 유지하는 것이다. 만약 가해자가 "당신은 너무 부주의해"와 같은 말을 한다면, 머릿속에서 다음 중 하나에 해당하는 내용으로 대답할 수 있다.

1 그의 말이 옳은가? 내가 정말 너무 부주의한가? 내가 마지막으로 무엇을 잊어버린 것이 언제였지? 기억할 수가 없잖아. 그는 정말 과장이 심하군!

2 그의 말이 옳은가? 내가 정말 너무 부주의한가? 내가 마지막으로 무엇을 잊어버린 것이 언제였지? 그래, 지난주에 우유 사는 것을 잊었어. 그가 그것을 떠올렸는지 몰라. 그리고 그전에는 세탁소에 맡긴 옷을 찾아오는 것을 잊었어. 하지만 사소한 일들을 가지고 '부주의'하다고 할 수는 없어. 그러니 그의 말에 신경 쓰지 않을 거야.

3 그의 말이 옳은가? 물론 그의 말이 옳아! 나는 다섯 살 이후로 부주의한 사람이었어. 나는 정신 나간 사람의 전형이야. 하지만 그래서 뭐가 어떻다는 거야? 내 결점을 이용해서 나를 공격하는 것은 옳지 못해. 나를 기분 나쁘게 만드는 것은 옳지 못해. 그것이 그렇게 큰 문제도 아니기 때문에, 나의 결점에 집착하고 싶지 않아. 그리고 그가 내 결점에 집착하는 것도 싫어. 나에게는 다른 장점들이 많아.

가해자와의 언쟁에서 빠져나오는 연습

누가 옳고 그른지 판단하는 데 사로잡히지 말 것을 다시 한 번 강조한다. 누가 언쟁에서 이기느냐가 핵심이 아니다. 정말 중요한 것은 어떠한 대우를 받을 것인가 하는 점이다. 아래를 보면, 흑백논리를 피하는 데 사용할 수 있는 여러 방법이 소개돼 있다. 상대방과의 관계에서 나타나는 문제의 성격에 맞춰 응용해보자. 예를 들어 어떤 사람들은 "당신을 사랑하지만, 지금은 이야기하고 싶지 않아요. 나중에 해요" 같은 경우처럼, '사랑한다'는 말로 시작하면 더 잘 듣는다. 또 정서에 호소하는 말보다는 "제발, 지금 이 이야기를 그만둬요" 같은 분명한 명령조의 말에만 귀를 기울이는 경우도 있다. 가해자에게 어떤 쪽이 가장 잘 맞는지 다음의 여러 표현을 시험해보자.

- "당신이 옳아요. 하지만 나는 이 문제에 대해 더 이상 말싸움하고 싶지 않아요."
- "당신이 옳아요. 하지만 나는 그런 이야기를 듣고 싶지 않아요."
- "서로를 비난하지 않고 대화를 계속할 수 있어 다행이에요."
- "이야기가 이상한 방향으로 가는 것 같아 불편해요. 다음에 다시 하기로 해요."
- "이 대화는 갈 데까지 갔다고 생각해요."

- "지금은 건설적으로 이야기할 수 없을 것 같아요. 다음에 이야기하도록 해요."
- "우리는 서로 의견이 다르다는 것을 인정해야 해요."
- "나는 이 언쟁을 계속하고 싶지 않아요."
- "나는 지금 이 대화를 계속하고 싶지 않아요."
- "당신 이야기 잘 들었어요. 거기에 대해 생각해보겠어요. 하지만 지금은 그 이야기를 계속하고 싶지 않아요."
- "나는 정말 이 이야기를 계속하고 싶어요. 하지만 당신이 더 정중하게 이야기하지 않는다면 더 이상 대화하고 싶은 생각이 없어요."
- "깨닫지 못할 수도 있지만, 당신은 내가 현실을 모른다고 이야기했어요. 그리고 미안하지만 나는 거기에 동의하지 않아요. 당신을 사랑하지만 앞으로 이 문제에 관해 당신과 이야기하지 않을 거예요."
- "나는 당신과 즐겁게 대화하고 싶어요. 당신이 윽박지르면 말하고 싶지 않아요."
- "나를 윽박지르려는 의도가 없었겠지만, 나는 그렇게 느꼈어요. 이제 그만 대화를 끝내죠."
- "지금은 이것에 관해 이야기하기에 좋은 때가 아니에요. 두 사람 모두에게 괜찮을 때 다시 대화하기로 해요."

주의할 것은 분노를 표시하지만 언쟁에 빠져들지 않아야 한다는 점이다. 화내는 것은 당신의 느낌을 분명하게 전하는 훌륭한 수단이 될 수 있다. 그러나 말싸움은 더 큰 곤경을 가져올 뿐이다. 말하고 싶은 내용을 요약한 하나의 표현을 골라, 그 문장을 되풀이해서 말하는 것도 효과적이다. 당신이 처한 상황에 가장 적절한 표현을 골라보자. 그리고 필요하다면, 적절한 표현을 발견할 때까지 여러 표현을 시험해보자.

- "제발 그런 말투로 이야기하지 말아요. 나는 당신이 그런 말투로 이야기하는 게 싫어요."
- "당신이 소리를 지르는 한 어떤 이야기를 해도 듣지 않겠어요."
- "당신이 경멸하는 말투로 이야기하는 한 어떤 이야기를 해도 들을 수 없어요."
- "당신이 고함치는 동안은 이야기하고 싶지 않아요."
- "당신이 경멸하는 말투로 말하는 동안은 이야기하고 싶지 않아요."
- "지금 당장 이 말다툼을 그만둘 거예요."
- "내 생각에는 당신이 현실을 왜곡하고 있어요. 나는 정말 그게 싫어요. 나중에 내 마음이 진정이 되면 이야기하기로 해요."
- "아마 당신은 내 감정을 상하게 할 생각이 없었을 거예요. 하지만 나는 지금 너무 화가 나서 더 이상 이야기할 수 없어요. 나중에 이야기하도록 해요."

가스라이팅에 보조 맞추기를 중단하는 것은 어려운 일이다.

계속해서 상대방과 어려운 관계를 지속하는 경우도 있지만, 괜찮다가도 중간에 어려운 기간이 있고 다시 좋은 관계를 유지하기를 반복하는 경우도 있다. 하지만 걱정할 필요는 없다. 모든 변화는 조금씩 일어난다. 장단 맞추기를 피하려고 노력하는 한 진척이 있을 것이다. 원하는 정도의 진척이 없다면, 상담치료사나 도움을 주는 단체, 그 밖의 다른 도움을 찾아보도록 하자.

비교적 마음 편하게 스스로의 견해를 고수하고 더 이상 장단을 맞추지 않는다면 문제를 해결하는 방향으로 나아가고 있는 것이다. 2단계나 3단계로 진입하는 것을 피했기 때문이다. 다음 장에서 살펴보겠지만, 이미 가해자가 영향력을 행사하고 있는 시점에서 빠져나오기는 훨씬 어려운 일이다.

4장

2단계
"그의 말이 맞을지도 몰라."

THE GASLIGHT EFFECT

케이티의 남자친구는 그녀가 남자들 앞에서 경박하게 행동한다고 비난했고, 그녀는 불쾌하게 느끼면서도 남자친구를 안심시키려 애썼다. 그녀는 자신이 잘못한 것이 없음을 알고 있었고, 브라이언에게도 그것을 알리려 노력했다. 이 시점에서 케이티는 아직 1단계에 해당했다. 하지만 케이티는 자신이 남자들 앞에서 실제로 경박하게 행동한 것인지도 모른다고 생각하기 시작했다. 그녀는 나와 상담하면서 이렇게 말했다.

"제가 남자들에게 경박하게 행동했다고 생각하지는 않지만, 무의식적으로 그랬는지도 모르겠어요. 그게 바로 남자친구가 저에게 말한 내용이에요. 저 자신은 경박하게 행동한 것을 깨닫지 못했더라도, 모든 남자들이 그런 식으로 알고 있으니 제가 경박하게 행동했다는 거지요. 남자친구는 제가 그를 몰래 골탕 먹이려 한다고 말했어요. 하지만 그건 말도 안 돼요. 제가 왜 그러겠어요? 저는 그를 사랑하고 있어요."

케이티는 잠시 말을 중단하고 고개를 저었다.

"그를 사랑하기 때문에 혼내주고 싶었거나 화나게 하고 싶었는지도 모르죠. 그는 항상 그렇게 말해요. 제가 그를 화나게 만들려 한다고요. 하지만 어떻게 그럴 수 있겠어요. 저는 그가 소리치는 것이 정말 싫어요. 요즘 그는 더 자주 소리를 지르고, 고함소리도 점점 더 커져요. 정말 견디기 어려워요. 하지만 제가 정말로 그를 화나게 하고 싶어 하면서도, 그걸 깨닫지 못하는지도 몰라요. 모든 것이 혼란스러워요."

1단계와 2단계의 차이점은 무엇일까? 1단계의 피해자들은 가해자를 믿을 수 없다는 태도로 바라본다. 가해자가 자신을 비난하거나 위협하거나 조종하려는 말을 하면, '무슨 소리야' 혹은 '그건 말도 안 돼'라고 생각한다. 하지만 피해자가 성격 좋고 유능하며 사랑스러운 사람이라고 인정받으려 오랫동안 노력했고, 가해자 역시 자신이 옳다는 것을 증명하려고 애쓰는 상황이라면 이미 2단계에 이른 것이다. 피해자에게 옳다는 것을 인정받지 않으면, 가해자는 더 크게 고함을 지르거나 더 심한 모욕을 주거나 더 차갑게 대해 감정 분출의 수위를 높인다. 그리고 피해자는 그런 상황을 피하기 위해서라면 무엇이든 해서 상대방의 마음에 들기 위해 애쓴다. 케이티처럼 가해자의 의견에 동조하도록 스스로를 다그칠 수도 있다. 이 시점에서 피해자는 자신의 관점보다는 가해자의 관점에 따라 움직이기 시작한다. 심지어 지속적으로 방어적인 태도를 취하는 것에 익숙해질 수도 있다. 가해자가 과도하게 반응하는 경우에도 피해자는 더 이상 '그에게 무슨 문제가 있을까' 하는 의문을 갖지 않고 그를 달래거나 자신을 방어하게 된다.

Checklist 나는 2단계에 있을까?

- 예전만큼 활력을 느끼지 못하는가?
- 친구나 연인을 덜 만나게 됐는가?
- 예전에는 신뢰했던 사람의 말을 덜 인정하게 됐는가?
- 상대방을 더 변호하는가?
- 그와의 관계를 설명할 때 많은 부분을 의도적으로 빠뜨리는가?
- 그 때문에 다른 사람들에게 미안함을 느끼는가?
- 그에 대해 지속적으로 생각하는가?
- 두 사람의 의견이 달랐던 대화를 생각하면 마음이 무거운가?
- 자신이 그의 분노, 불안정, 고립, 기타 불쾌한 행동에 책임이 있다고 스스로나 다른 사람들에게 강박적으로 암시하는가?
- 자신이 다르게 행동했어야 한다고 자주 생각하는가?
- 전보다 더 빈번하게 우는가?
- 어렴풋이 뭔가 잘못되고 있다는 느낌에 시달리는가?

아직 2단계에 접어들었는지 확신이 서지 않는가? 현재의 상태를 더 정확하게 판단하기 위해 다음 질문들을 살펴보자.

• 남자친구가 당신의 승진을 축하하며 멋진 식당에서 저녁식사를 대접해 정말 기분이 좋았다. 그런데 그가 "네가 편안하고 행복해 보여 기분이 좋아. 지난 몇 주 동안 네가 나를 잡아먹으려고 하는 것 같았어"라고 말했다. 그에게 무슨 말이냐고 묻자 "너도 알잖아. 내가 얼마 전에 뚱뚱해 보인다고 했더니, 엄청 화를 내며 30분 동안 아무 얘기도 안 했잖아. 너무 예민했던 것 같아. 그렇지 않아?"라고 대답한다. 이러한 경우 대답은?

A "너 제정신이야? 어떤 식으로 여자에게 말해야 하는지 한 번도 배운 적 없어?"

B "그런 이야기는 듣고 싶지 않아. 오늘은 좋은 이야기만 하자. 나중에 해도 되잖아. 하지만 오늘 밤만은 내가 뭔가를 잘못했다는 말은 안 하면 안 되니?"

C "미안해. 내가 더 자신감을 가졌어야 하는데…."

D "네 말이 옳든 그르든, 지금 이 순간에는 비난받고 싶지 않아."

• 집에 돌아오는 길에, 남편이 집에서 당신을 기다리고 있다는 것을 알았다. 이러한 경우 당신의 기분은?

A 남편을 보는 것이 기쁘지만, 마음 한구석에는 '친구들과 저녁 식사를 했더라면 좋았을 텐데'라는 생각이 든다.

B 남편을 보는 것이 기쁘지만 조금 불안하다. 그는 요즘 폭발 식
전이다.

C 그와의 관계에서 느끼던 불안을 극복했다는 생각이 든다.

D 그를 볼 생각을 하면 마음이 들뜬다.

• 당신은 최근 맡은 임무를 예정보다 늦게 끝냈고, 상사가 불같이 화
를 낼 것도 안다. 현재의 상사가 부임하기 전까지는 훌륭하게 부서
일을 처리했는데, 그가 온 이후로는 일이 잘 풀리지 않았다. 최근
상사는 당신이 그의 지도력에 오점을 남기려고 일부러 일을 방해
한다고 비난했다. 당신은 그가 다시 이 문제를 거론할 것이라는 점
도 알고 있다. 이러한 경우 떠오르는 생각은?

A '그가 옳을지도 모르겠어. 내가 그를 방해하고 있을 수도 있어.'

B '내가 그를 방해하고 있다고는 생각하지 않아. 나는 누구에게도
그런 적이 없어. 하지만 상황이 정말 이상하다는 것은 인정해.
나에게 숨은 의도가 있다고는 전혀 생각하지 않아. 내가 보지
못하는 것이 있을 수도 있겠지만.'

C '그를 다시 보기 위해서는 신경안정제가 필요할 것 같아.'

D '내가 한 작업은 예전에 했던 것과는 질적으로 달라. 새로운 상
사의 경영 스타일은 나하고 맞지 않아.'

• 당신은 다이어트를 하고 있고, 사무실에 있는 모든 사람들도 그것을 안다. 그런데 동료 한 명이 집에서 만든, 맛있다고 소문난 머핀을 가지고 왔다. 당신은 정중하게 "미안해, 앤. 내가 다이어트 중인 것 알잖아"라고 말했다. 그러자 앤은 다정하게 "이것은 저지방 머핀이야. 그리고 너처럼 예쁜 여자는 다이어트가 필요 없어"라고 대답했다. 다시 당신은 "앤, 나 심각해. 내가 머핀을 먹기 시작한다면, 내 다이어트 계획은 전부 물거품이 될 거야"라고 말했다. 그러자 앤은 "이런 작은 친절을 받아들이는 데 주저하는 사람은 처음 보았어! 네 감정을 추스르는 것이 오히려 다이어트에 도움이 될 거야"라며 머핀을 책상 위에 두고 가버렸다. 이러한 경우 떠오르는 생각은?

A '그런 식으로 생각해보지 못했어. 내가 남의 친절을 받아들이는 데 정말 문제가 있는 것일까?'

B '저 여자가 나를 몰아세우네! 도대체 뭐하는 사람이야? 저 여자나 이 망할 머핀이나 다 눈앞에서 꺼져버렸으면 좋겠어. 소리라도 질러야 할 것 같아.'

C '그래서 요점이 뭐야? 내가 뚱뚱하고 못생겨서 같이 있기 힘들고, 내가 무엇을 먹더라도 별 차이가 없다는 말이야?'

D '뭐 저렇게 제멋대로 행동하는 인간이 다 있어! 이 머핀은 휴게실에 갖다 놓을 거야. 내 눈에도 안 보이고 저 여자도 못 보겠지. 그리고 이 일은 잊겠어.'

• 언니가 아이를 봐달라고 다급하게 전화했다. 그것도 정확히 당신이 휴식을 취하려고 계획했던 저녁 시간을 골라서 말이다. 어쨌든, 휴식을 포기한다면 언니의 부탁을 들어줄 수 있다. 언니는 "네가 안 오면 아이들이 실망할 거야. 그리고 네가 언제든지 전화해도 좋다고 말했잖아. 실제로 아이를 낳아서 키우는 무거운 책임을 지기보다는 이모로서 아이들과 놀아주는 것을 더 좋아해서 아이도 갖지 않는 거 아니니? 네가 그렇게 생각한다면 옳은 결정을 한 거야"라고 말했다. 이러한 경우 대답은?

A "아니야, 언니가 잘못 이해한 거야. 나는 언니네 아이들을 사랑해. 그리고 책임감도 있어. 제발 그 생각부터 바꿔."

B "어떻게 그런 식으로 이야기해? 언니는 내가 아이가 없어서 얼마나 마음이 아픈지 잘 알잖아! 나에게 무슨 말을 하려는 거야? 어떻게 나를 이렇게 괴롭힐 수 있어?"

C "언니 말이 맞아. 언제든지 전화해도 좋다고 했어. 내가 그렇게 무책임했다니 믿을 수 없어. 그리고 내가 아이들을 얼마나 사랑하고 있는지 아이들도 느낀다는 것을 알아줘."

D "언제든지 전화하라고 이야기했지만, 언제든지 아이들을 봐줄 수 있다고 약속한 것은 아니었어. 미안해. 시기가 안 좋아. 다음 주는 어때?"

결과

A라고 응답한 경우 당신은 1단계의 상태에서 상대방에게 반응하고 있다. 상대방에게 인정받으려고 하지만 아직 자신의 관점을 유지하고 있다. 하지만 조심하자. 1단계의 상태는 흔히 2단계로 발전한다.

B라고 응답한 경우 이미 2단계의 상태인 것 같다. 상대방의 관점에서 사물을 보려고 노력하면서, 유능하고 사랑스럽고 좋은 사람이라고 인정받고 싶어 한다. 물론 자신을 방어하려고 노력할 수도 있다. 하지만 그의 극단적인 비난이 사실이 아니라는 것을 증명하려고 자기 자신과, 또는 상대방과 언쟁하면서 얼마나 에너지를 소모하는지 보자. 상대방의 생각이 머릿속에 침투하면서, 당신은 이미 상대방의 손을 들어주고 있다.

C라고 응답한 경우 당신은 자신을 더 이상 방어하지도 않는 것처럼 보이지만, 아직 패배를 인정하지 않고 있다. 상대방에게 인정받고 싶어 하지만, 그 희망을 거의 포기했다. 만약 정말 이렇게 느낀다면, 당신은 2단계를 지나 3단계에 접어들었다. 원한다면 다음 장으로 건너뛰어도 좋다.

D라고 응답한 경우 축하한다! 당신은 현실을 확실하게 파악하고 있다. 상대방에게 동조하려는 욕구를 억제하고, 말다툼을 해서라도 자신

을 증명하기보다는 피하는 것을 선택했다. 상대방이 신경 쓰일지 모르지만, 그에게 인정받지 않아도 살아갈 수 있다. 왜냐하면 누가 어떻게 생각하더라도, 자신이 좋은 사람이고 유능하고 사랑스러운 사람이라는 것을 스스로 알고 있기 때문이다. 이러한 대응을 생각한 것만으로도 커다란 진전이라 할 수 있다.

2단계 가해자의 세 가지 유형

어떠한 유형의 가스라이팅 관계라도 2단계로 옮겨갈 수 있다. 그러나 가해자들은 각각 다른 방법으로 자신의 영향력을 강화한다. 난폭한 유형, 매력적인 유형, 선량한 유형의 가해자들 모두 나름대로 독특하게 2단계의 영향력을 행사한다.

난폭한 유형

난폭한 유형의 가해자인 경우, 2단계에서 아주 강력한 무기를 사용할 것이다. 헤어질 수도 있다고 위협하거나 다양한 감정을 폭발할 수 있다. 고함을 치거나 죄의식을 부추길 수도 있고, 당신을 무시하거나 말을 안 할 수도 있다. "당신은 간단한 시험도 통과 못할 멍청한 사람이야. 아직 포기하지 않았다는 게 이해가 안 돼"라고 비참하게 만들거나 "마치 당신 어머니 같군!"이라고 말하며 당신이 가장 두려워하는 것을 이용한다.

일부 난폭한 유형의 가해자들은 사람들이 많이 모인 장소에서 공개적으로 창피를 준다. 그러고는 당신이 항의하면 너무 예민하게 굴지 말라고 한다. 예를 들어 그는 다른 사람들 앞에서 "우리 집사람처럼 모든 여성들의 가슴이 작다면 아마 속옷 회사는 다 망할 거야"라고 말하고는 당신에게 "아, 여보. 나는 단지 농담을 했을 뿐이야. 왜 내 농담을 받아들이지 못해?"라고 말할 것이다. 일부 난폭한 가해자들은 사람들 앞에서는 친절하고 세심하지만, 둘만 있을 때는 모욕을 준다. 이런 식으로 말이다.

"당신이 오늘 밤 나를 얼마나 창피하게 만들었는지 모를 거야. 당신이 그 프랑스어 문장을 발음할 때, 나는 쥐구멍에라도 들어가고 싶은 심정이었다고. 이것 봐, 무슨 말인지 잘 모르면 입 다물고 있으라고!"

물론 모든 위협이 가스라이팅과 관련된 것은 아니다. 그러나 가해자가 난폭한 유형이라면, 피해자는 이중의 충격을 받기 쉽다. 일요일 저녁, 시부모 집에서 식사를 하려고 남편이 운전하는 차의 조수석에 앉아 있다고 가정해보자. 남편에게 속도가 너무 빠르다고 하자, 잔소리를 늘어놓기 시작한다.

아내 여보, 제발 천천히 운전해. 불안해 주겠어.

남편 운전할 때 말 걸지 마! 사고라도 나면 좋겠어?

아내 (그가 소리를 지를까 봐 아무 말도 하지 않는다.)

남편 내 말 안 들려? 내가 사고를 내면 좋겠느냐고! 내 말이 말 같지 않아?

아내 미안해. 물론 당신이 사고 내는 것을 바랄 리가 없지. 화나게 해서 미안해. 다시는 안 그럴게.

남편 나를 화나게 한 건 아니야. 다만 멍청한 짓을 했을 뿐이지. 분위기 파악 좀 할 수 없어? 어머니를 뵈러 가는 것도 힘든데 왜 당신까지 나를 성가시게 하지?

아내 당신을 성가시게 하려는 마음은 없었어. 그리고 매주 일요일에 어머니 댁에 가자고 한 사람은 바로 당신이야.

남편 일요일로 정한 사람은 내가 아냐. 당신이 정했잖아. 평일에는 너무 바쁘다고. 당신은 이기적이야.

아내 나는 이기적이지 않아. 어떻게 그런 말을 할 수 있어?

남편 왜 아직도 말싸움하려는 거야? 당신은 나를 더 화나게 만들고 있어. 당신은 나에게 전혀 관심이 없어.

아내 여보, 난 당신에게 항상 관심을 가지고 있어.

남편 아니야. 당신은 전혀 관심이 없어! 이 문제를 가지고도 말싸움하려는 거야?

Checklist 가스라이팅의 역학 구조

• 어떤 경우라도 항상 옳아야만 하는 가해자.

• 자신이 좋은 사람이고 유능하고 사랑스러운 사람이라는 것을 가해 자에게 인정받으려는 피해자. 그렇지 않다면 피해자는 고함치거나 잔소리하는 것을 멈추라고 말할 것이다. 심지어 내릴 테니 차를 멈 추라고 할 수도 있다.

• 감정 폭발. 피해자가 겁먹고 혼란스러워하고 절망하도록 고함치고 모욕하고 무모하게 운전하는 것의 조합.

• 상대방과 같은 생각을 해야 한다는 강박관념. 피해자는 아직 가해 자와 의견 일치를 볼 수 있는 방안을 기대하고 있기 때문이다.

• 가해자에게 장단 맞추기. 피해자는 가해자가 자신을 잘못 이해하고 있음을 보여줌으로써 자신을 다르게 생각하게 만들려고 애쓴다. 가 해자가 피해자를 좋은 사람이고 유능하며 사랑스러운 사람이라고 생각한다면, 그건 피해자 자신이 실제로 그러한 사람이기 때문이 다. 반면에 가해자가 그렇게 생각하지 않는다면, 그것 역시 자신이 그러한 사람이기 때문이다. 따라서 가해자와의 언쟁에서 이기는 것 은 피해자의 자아상을 유지하는 데 매우 중요하다.

앞서 보았듯이 난폭한 유형의 가해자와도 다툴 수 있다. 하지 만 싸움으로 가스라이팅을 막거나 감정 폭발(고함이나 비난 또는 더 이상 사랑하지 않겠다는 위협 등)을 방지할 수는 없다. 그는 자신이 항상 옳다고 주장하는 데 많은 에너지를 쏟아왔고, 당신도 그에게 인정받기 위해 노력해왔다. 말싸움으로 그것을 변화시킬 수는 없다. 비록 말싸움에서 이기더라도 그는 여전히 당신의 자아상을 조종할 것이다.

항상 효과가 있다는 보장은 못하지만, 우리는 이 책의 앞부분에서 이러한 상황을 해결하는 전략을 이야기했다. 즉, '가해자와 같은 생각을 해야 한다는 강박관념을 털어내고 싸움을 피하라'는 전략 말이다. 피해자가 더 이상 가해자의 말에 관심을 두지 않을 때, 어떠한 일이 일어날지 가정해보자.

> **아내** 여보, 제발 천천히 운전해. 불안해 죽겠어.
>
> **남편** 운전할 때 말 걸지 마! 사고라도 나면 좋겠어?
>
> **아내** 정말 당신이 차 속도를 낮추었으면 해.
>
> **남편** 내 말 안 들려? 내가 사고를 내면 좋겠냐고! 내 말이 말 같지 않아?
>
> **아내** 당신이 차 속도를 낮추면 좋겠어.
>
> **남편** 다른 이야기하면 안 돼? 어머니를 뵈러 가는 것이 얼마나 힘든지 알잖아. 왜 나를 성가시게 하려 하지?
>
> **아내** 지금 내가 원하는 건 차의 속도를 낮추는 거야. 속도를 낮추지 않으면, 다음에는 따로 가기로 해.

남편 믿을 수가 없군. 당신 알아? 당신은 내가 살면서 만난 여자 중 가장 이기적이야.

아내 (침묵)

남편 당신은 이기적일 뿐 아니라 멍청해! 그리고 나에게 전혀 관심이 없어!

아내 (침묵)

싸움을 피한다고 해서 가해자가 더 나은 행동을 할 거라는 보장은 없다. 그러나 적어도 자아상을 유지할 수 있고, 이길 수 없는 싸움에 말려들지도 않는다. 남편이 당신을 어떻게 생각하는지, 스스로 자신을 어떻게 생각하는지 신경 쓸 필요 없다. 단지 단순하게 자신이 원하는 것, 즉 안전하고 편안하게 자동차 여행을 하는 것에만 집중하자. 말다툼의 초점은 당신이 좋은 사람이냐 아니냐가 아니다. 남편이 차를 안전하게 운전하느냐 아니냐가 핵심이다. 남편은 차의 속도를 줄일 수도 있고 아니면 계속 과속할 수도 있다. 아니면 남편이 계속 당신의 신경을 건드릴 수도 있고 가만히 있을 수도 있다. 그러나 남편과의 싸움에 휘말리는 대신 계속 위험하게 차를 몰면 다음에는 차를 타지 않겠다는 입장을 고수한다면, 남편도 자신의 행동을 다시 생각해볼지도 모른다.

매력적인 유형

난폭한 유형의 가해자는 알아채기 쉽다. 그들의 행동이 명백하게 불쾌하기 때문이다. 피해자는 비록 자책은 할지언정, 그의 행동이 싫다고 느낀다. 하지만 매력적인 유형의 가해자는 알아채기 어려울 수도 있다. 이들은 표면적으로는 매우 좋은 사람으로 보이기 때문에, 이처럼 완벽해 보이는 사람이 당신을 힘들게 한다는 것이 도저히 믿어지지 않는다. 사실 그들은 아주 멋진 사람으로 보이기 때문에 당신의 친구나 가족들 역시 속을 수 있다. 매력적인 유형의 가해자는 두 사람 사이에 생기는 모든 문제의 원인이 피해자에게 있다고 생각하게 만든다. 당신이 행복을 있는 그대로 받아들이지 못하고, 융통성이 없으며 일상적인 실수를 참지 못하기 때문에 문제가 생긴다는 것이다.

아래 유형의 가해자를 알아볼 수 있겠는가? 다음과 같은 이야기가 익숙하게 들리는가?

Checklist 매력적인 가해자의 2단계

- 발에 묻은 먼지를 털어주기도 하지만, 가끔은 약속 장소에 세 시간이나 늦게 나타나거나 언제 도착할지 정확한 시간을 알려주지 않는다. 이러한 문제에 불만을 토로하면, 자신을 옥죄려 한다거나 아니면 당신이 강박관념이 있고 자발적이지 못하다고 비난한다.

- 기분을 꼭 맞춰주는 것은 아니지만, 끊임없이 낭만적인 태도로 놀라게 해준다. 하지만 그는 자신이 한 노력에 스스로 도취돼 있다. 그래서 당신도 그의 노력을 인정해서 이보다 더 행복할 수는 없다고 생각해야만 할 것 같다.

- 그는 정서적으로 또는 성적으로 매우 남다른 태도를 보이는가 하면 때로는 매우 노골적으로 무신경한 모습을 보이기도 한다. 그가 당신을 배려할 때는 황홀경에 빠지지만, 무신경할 때는 스스로를 자책하게 된다.

- 그는 관대하고 희생적이다. 하지만 주기적으로 성질을 부리고, 차가운 모습으로 말을 안 하거나, 혼자 틀어박히거나 혹은 어린아이처럼 불쌍한 모습을 보이기도 한다. 그는 당신을 직접적으로 비난하지는 않는다. 무엇을 잘못했는지 정확히 모르겠지만, 당신은 자신이 뭔가 분명히 잘못했다고 느낀다.

- 두 사람이 함께 있으면 매우 행복하지만, 그럼에도 해결되지 않는 사소한 문제들이 있다. 매력적인 가해자들 중 일부는 금전과 관련된 문제가 있다. 은행 잔고는 마이너스이고, 신용카드 청구서에는 알 수 없는 항목들이 있다. 왜 그가 돈을 잘 쓰다가도 갑자기 빈털터리가 되곤 하는지 이해할 수 없다. 어떤 사람들은 성적인 문제를 갖고 있다. 그가 당신을 멀리할 때는 바람을 피우고 있다는 확신이 든다. 그러나 그가 다시 낭만적인 사랑으로 감싸 안을 때, 당신은 왜 자신이 강박관념에 사로잡혔는지에 대해 의아해 한다.

매력적인 유형의 가해자와 관계를 맺고 있는 사람이라면 아마 고개를 끄덕일 것이다. 하지만 아직 혼란스러울 것이다. 그가 이러한 행동을 하는 것을 보지만, 왜 그것들이 문제인지는 확실히 알지 못한다.

이제 그 이유를 살펴보자. 가해자는 적어도 일정 기간 동안은 자신이 얼마나 낭만적인 사람인지 보여주려고 전력을 다한다. '낭만적으로 보이는 것'이 매력적인 가해자가 영향력을 행사하는 방법이다. 그는 피해자를 배려하는 것처럼 보이지만, 실제로는 자신만을 생각한다. 가해자가 자신을 위해 선택한 행동이 사랑스럽고 섬세하며 만족스럽게 느껴질 수 있다. 하지만 진정으로 상대방을 배려하는 것은 아니기 때문에 피해자는 외로움을 느끼게 된다.

예를 들어 그가 첫 키스 1주년 기념으로 커다란 백합꽃다발을 선물했다고 가정해보자. 당신은 그의 사려 깊은 마음씨에 감사하다고 말한 후, 백합 알레르기가 있다고 말한다. 그러자 그는 몇 시간 동안 토라져서 자신의 선물을 거절하는 당신이 얼마나 이기적이고 상대방에 대한 배려가 결여돼 있는지 느끼도록 침묵의 시위를 벌인다. 그러고는 왜 에어컨을 세게 틀어놓았느냐는 식으로 아무런 상관도 없는 사소한 일에 화를 낸다. 자신의 낭만적인 행동에 당신이 호응하지 않았다고 신경질을 부리는 것이다. 당신이 백합 알레르기가 있다는 것은 그에게 아무런 상관도 없다. 그러나 당신이 여전히 그와의 관계를 중요하게 여기고 스스로의 자아를 확인하기 위해 그에게 인정받아야 한다고 생각한다면, 낭만적이고 완벽한 남자친구가 부절적한 선물을 가져온 것에 문제가 있다고 생각하기보다는 자신이 그의 마음을 충분히 헤아리지 못했다고 자책할 것이다.

다음 사례에서는 매력적인 가해자가 영향력을 행사하는 전형적인 상황이 펼쳐진다. 비록 그가 피해자를 칭찬하고 선물을 주는 등 일반적으로 좋은 행동으로 간주되는 일을 하더라도, 그것이 실은 상대방을 조종하려는 태도와 상대방의 감정에 무감각한 행동이라는 사실에 주의하자.

아내 어디 있었어? 무슨 일 있었던 거야? 세 시간 동안이나 저녁 식사를 미루고 있었어. 왜 전화도 안 했지?

남편 당신에게 줄 선물을 사려고 나갔었어. 당신 마음에 드는 속옷을 사려고 매장을 세 군데나 돌아다녔어.

아내 예뻐. 그런데 세 시간이나 걸렸어?

남편 당신이 왜 그렇게 시간에 집착하는지 모르겠어! 인생을 그렇게 각박하게 살지 말라고.

아내 하지만 내가 얼마나 걱정했다고.

남편 당신은 날 숨 막히게 해. 왜 항상 시간표대로 움직여야 한다고 생각하지?

아내 시간표대로 움직여야 한다고 생각한 적 없어! 다른 사람도 세 시간이나 기다리면 화가 날 거야.

남편 하지만 우리는 다른 사람이 아냐. 왜 우리를 다른 사람과 비교해? 당신은 그렇게 따분하게 살고 싶어? 그건 너무 지겨워.

아내 당신, 나보고 지겹다고 했어?

남편 물론 아니야! 당신을 화나게 해서 미안해. 우리 나가서 외식하자. 그러고 나서 내가 두 시간 동안 마사지해줄게. 그다음에 새로 산 속옷을 입어보는 게 어때?

아내 괜찮은 생각인 것 같아.

어떤 여자가 멋진 선물을 사주고 맛있는 저녁을 대접하고, 두 시간 동안 마사지를 해주고 황홀한 섹스로 마무리하는 남자를 마다하겠는가? 선물의 홍수와 배려는 행복을 느끼게 해줄 것이다. 그러나 그를 마냥 기다리는 일이 계속되면 그의 낭만적인 행동이 더 이상 즐겁게 느껴지지 않을 것이다. 그가 당신이 무엇을 원하는지 관심이 없다는 사실에 심하게 좌절할지도 모른다.

2단계에 이미 진입했다면, 지금 느끼는 불안과 혼란이 상대방이 아니라 바로 자신 때문이라고 자책하려 할 것이다. 스스로 사랑스러운 사람이라고 느끼려면 그의 인정이 필요하기 때문이다. 또한 그와의 관계를 지속하고 싶기 때문에 자신의 관점이 아니라 그의 관점을 택하려고 할 것이 분명하다. 심지어 가해자가 이야기했듯, 자신을 숨 막히고 진부하며 다른 사람을 귀찮게 하는 사람이라고 생각할 수도 있다. 그리고 그의 낭만적인 행동에 감사하지 않는 자신에게 문제가 있다고 생각할 수도 있다. 매력적인 방식으로 가해자에게 말려들지 않기 위해서는 선량한 사람으로 보이고 싶다는 소망을 어느 정도 포기해야 한다.

아내 어디에 있었어? 무슨 일 있었던 거야? 세 시간 동안이나 저녁 식사를 미루고 있었어. 왜 전화도 안 했지?

남편 당신에게 줄 선물을 사려고 나갔었어. 당신 마음에 드는 속옷을 사려고 매장을 세 군데나 돌아다녔어.

아내 나는 배가 고프면 선물이 눈에 안 들어와.

남편 당신이 왜 그렇게 시간에 집착하는지 모르겠어! 인생을 그렇게 각박하게 살지 말라고.

아내 여러 차례 이야기했지만 나는 기다리기 싫어. 다음에는 20분 이상 기다리지 않을 거야. 음식을 치워버리고 다른 일을 할 거야.

남편 당신은 날 숨 막히게 해. 왜 항상 시간표대로 움직여야 한다고 생각하지?

아내 다음에는 어떻게 할지 이미 말했어. 그러니 나는 더 이상 할 말 없어.

남편 할 말이 있어. 당신은 멋진 여자야. 왜 다른 여자들처럼 시간에 집착하는 거야? 그렇게 따분하게 살고 싶어? 그 건 너무 지겨워.

아내 당신은 내 말을 듣지 않고 있어. 난 이제 자러 갈래.

남편 당신을 화나게 했다는 거 알아. 미안해. 밖에 나가서 저 녁이나 먹지. 그 후에 내가 두 시간 동안 마사지해줄게. 그리고 새로 산 속옷을 입어보는 게 어때?

아내 다음에 해. 내 이야기를 들으려 하지 않는 당신과 가까 이 있고 싶지 않아.

매력적인 유형의 가해자가 가지고 있는 문제는 상대방을 진 심으로 배려하지 않는다는 것이다. 그는 난폭한 유형의 가해자 처럼 단지 자신이 옳다는 것에만 관심이 있다. 하지만 난폭한 가 해자와는 달리 매우 매력적인 연막을 치고 있다. 그의 행동을 변 화시키기 원한다면, 설사 서로 화난 채로 잠자리에 드는 한이 있 더라도 그의 매력과 관대함보다는 자신의 불편함과 좌절감을 믿어야 한다.

선량한 유형

매력적인 유형의 가해자처럼 선량한 유형의 가해자도 역시 피해자를 혼란스럽게 만든다. 그는 협조적이고 유쾌하며 도움을 주지만, 피해자는 좌절감을 느낀다.

Checklist 선량한 가해자의 2단계

- 그가 당신에게 친정어머니를 어떻게 대해야 할지 완벽한 조언을 해준다. 그런데 다음 순간, 당신은 대화를 계속하기 원하는데 그는 갑자기 멍한 표정을 짓는다. 왜 그러냐고 물으면, 말이 없거나 아무 일도 아니라고 한다.

- 당신은 '누가 아이를 학교에서 데려올 것인가' 또는 '다음 휴가를 어디로 갈 것인가' 같은 특정한 문제로 그와 여러 시간 동안 설전을 벌이고 있다. 그런데 그가 갑자기 당신이 원하는 대로 모든 것을 양보하고 언쟁을 끝낸다. 그는 만족하지 못한 것 같지만, 당신이 원하는 대로 됐기에 불만을 토로할 수도 없다. 가령 그가 "좋아. 당신이 계획한 대로 휴가를 가기로 하지. 당신은 항상 멋진 아이디어를 내놓지. 지난 휴가 때 당신이 찾아낸 작고 아담한 숙소 기억해?" 같은 말을 하며 언쟁을 끝낼 수도 있다.

  하지만 그가 관대한 태도를 보였음에도 불구하고 당신은 어쩐지 속은 느낌이다. 그가 매우 우아하게 양보하기는 했지만, 다음에 다시 이런 문제가 생기면 지금과 똑같이 심하게 설전을 벌일 거라는 사실을 (의식적으로든 무의식적으로든) 잘 알고 있다. 그리고 그가 양보할 때, 당신의 기분을 배려해서가 아니라 자신이 좋은 사람임을 보여주기 위해 양보했다고 느낀다. 남편은 아주 **훌륭한** 사람이기 때문에, 당신은 자신이 제정신이 아니거나 은혜를 모르고 만족할 줄 모르는 사람이라고 여기며 그런 생각을 떨쳐버린다.

• 그는 집안일과 두 사람 사이의 관계에서 자신의 몫 이상을 담당한다. 하지만 당신은 그가 완전하게 협조적이라고는 느끼지 못한다. 그리고 서로의 감정을 확인하거나 더 친밀하게 지내려고 하면, 그는 당신을 멍하니 바라볼 것이다. 당신은 그럴 때 '나는 왜 이렇게 이기적이고 지나친 요구를 하는 것일까' 하고 자문하게 된다.

2단계에서 선량한 유형의 가해자가 어떤 식으로 이야기하는지 다음의 사례를 보자. 사례를 읽으며 왜 이 이야기에 나오는 여성이 좌절감을 느끼고 혼란스러워하는지 생각해보자.

남편 이번 일요일에 야외로 드라이브를 나가는 게 어때?

아내 멋진 생각이지만, 이번 일요일 친정에 가서 저녁을 먹기로 돼 있잖아.

남편 그렇지. (긴 침묵)

아내 뭐가 잘못됐어?

남편 아니, 아무것도 잘못된 것 없어.

아내 당신이 화난 거 알아. 뭐가 문제야?

남편 정말 아무것도 아니야.

아내 제발 뭐가 문제인지 말해봐.

남편 이번 달에 당신 친정에 꽤 많이 다녀왔어, 그렇지? 그리고 솔직하게 말하자면, 당신은 항상 친정에 다녀오고 나면 아주 이상해져. 친정 식구들과 많은 시간을 보내는 게 당신에게 좋은 일인지 모르겠어.

아내 그들은 내 가족이야. 그리고 내가 친정에 다녀와서 이상해졌다고는 생각하지 않아. 당신이 친정 식구들과 문제가 있는 거 아니야?

남편 아냐! 나는 당신 친정 식구들을 좋아해. 당신도 알잖아. 나는 단지 당신을 걱정하는 것뿐이야. 이번 일요일, 당신이 친정에 가기를 원한다면 나도 물론 가야지.

예정대로 친정에 갔지만 남편은 식구들과 거의 대화를 나누지 않았다. 이제 집으로 돌아오는 길에 차 안에서 벌어지는 대화를 들어보자.

아내 당신 오늘 별로 즐겁지 않았던 것 같아, 그렇지?

남편 무슨 이야기하는 거야? 나는 아주 즐거운 시간을 보냈다고! 당신 친정에 가는 거 좋아해. 당신도 알잖아.

아내 하지만 당신은 누구와도 이야기하지 않았어. 그리고 하루 종일 비참해 보였어.

남편 당신이 무슨 말을 하는지 정말 모르겠어. 기억 안 나? 장인어른과 정원에 대해 두 시간이나 이야기했어. 그리고 장모님이 버뮤다 제도 여행에 대한 재미있는 이야기를 하셨을 때, 웃다가 죽을 뻔했다니까.

아내 내 기억은 그렇지 않은데.

남편 그런 일이 있었어.

아내 그렇다고 쳐. 그런데 새로 태어난 언니네 아기 어떤 거 같아? 그렇게 예쁜 애는 처음 봤다니까. 그리고 어쩌면 그렇게 재빠른지! 이제 3개월밖에 안 된 아기라고는 생각하기 힘들어.

남편 나도 그렇게 생각해. (긴 침묵)

아내 뭐 잘못됐어?

남편 왜 뭐가 잘못됐다고 생각해?

아내 당신 15분 동안 말을 한마디도 안 했어. 그리고 화난 것처럼 보여. 화난 게 틀림없어.

남편 여보, 잘못된 거 하나도 없어. 하지만 바로 지금 당신 반응이 친정에 다녀오면 당신이 이상해진다는 증거야.

선량한 유형의 가해자는 피해자가 원하는 것은 무엇이든 해주는 것처럼 보이지만 실제로는 그렇지 않다. 그리고 그는 자신이 하는 행동을 상대방이 받아들이도록 상황을 만들어간다. 일

4_2단계: "그의 말이 맞을지도 몰라."

요일을 아내의 친정 식구들과 보내는 것을 거절하지도 않고, 그렇다고 자신이 원하는 재미있는 일을 하면서 멋진 하루를 보내는 것도 아닌 애매한 태도를 취하며 마지못해 친정에 가는 것을 승낙한다. 하지만 자신이 사실은 가고 싶지 않으며 화가 났다는 것을 어떤 식으로든 나타내려고 한다. 이 유형의 가해자들은 비록 본인들은 아무 일도 아니라고 하지만, 토라지거나 싫어하거나 화난 모습을 보이는 것으로 자신의 감정을 드러낸다. 때때로 이 유형에 들어맞는 몇몇 사람들은 자신의 감정이 폭발하는 것을 스스로 통제할 수 없다. 이들은 하찮아 보이는 일에 화를 내고, 상관없는 일을 가지고 상대방이 자책하게 만들며, 상처 주는 말을 하고 나서 다시 수차례 사과한다.

이런 상황에서 피해자는 어떤 역할을 할까? 가해자와의 관계를 잘 유지하고 그에게 인정받으며 그를 좋게 생각하려고 계속 노력해왔다면, 피해자는 명백한 문제라도 이를 문제라고 생각하지 않을 것이다. 예를 들어 피해자는 "남편은 자기 마음대로 되지 않을 때, 자신의 생각과 감정을 솔직하게 밝히지 않아. 나에게 신경질을 부리거나 내가 잘못했다고 생각하게 하거나 아니면 나를 모욕하면서도 그걸 인정하지 않지. 나는 그게 정말 싫어"라고 말하지 않는다. 그 대신에 "그는 나를 많이 도와주고 항상 내가 원하는 것을 해주는 멋진 남자야. 그런 그를 고맙게 여기지 않는 나에게 무슨 문제가 있는 게 아닐까"라고 자책할 것이다. 피해자는 뭔가 문제가 있다고 생각하며 걱정한다. 하지만 가해자는 아무런 문제도 없다고 말하고, 피해자는 그가 그렇게 말한다면 그게 옳다고 생각한다. 위의 사례로 이야기해본다면, 남편은 심지어 친정에 가는 걸 꺼리는 사람은 자신이 아니라 아내라고 생각하게 만들 수도 있다. 결국, 피해자가 얼마나 이상해졌는지 보자.

물론 이 상황에서 가해자는 친정에 가는 것을 거부할 수도 있다. 하지만 그는 거절하지 않았고, 자신이 원하는 바를 밝히는 대신에 좋은 사람처럼 보이려고 노력함으로써 피해자에게 영향력을 행사했다. 이러한 유형의 남자와 함께 있으면 쉽게 혼란에 빠질 수 있다.

선량한 유형의 가해자와 같이 있을 때 우리는 모든 것이 잘 풀려나간다고 생각한다. 바로 옆에서 원하는 모든 것을 해줄 것 같은 낭만적이고 사랑으로 가득하며 헌신적인 배우자를 본다. 하지만 동시에 눈물을 흘리고 외롭고 스트레스를 받고 혼란스러우며 마비된 듯한 자신을 발견한다. 정말 만족스러운 관계라면 이러한 반응을 보일 리 없다. 깨닫지 못하는 사이에 우리 내부에서 무엇인가를 빼앗기고 있는 것이다. 비록 그것을 스스로 깨닫지는 못하지만 무의식적으로 드러내고 있다.

선량한 유형의 가해자와 함께 있다면 그 해결책은 무엇인가? 그에게 인정받는 데 더 이상 신경 쓰지 않고, 그를 이상적인 존재로 생각하기를 그만두며, 스스로의 현실감각에 의존할 때, 어떠한 일이 일어나는지 보자.

남편 이번 일요일에 야외로 드라이브를 나가는 게 어때?

아내 멋진 생각이지만, 이번 일요일 친정에 가서 저녁을 먹기로 돼 있잖아.

남편 그렇지. (긴 침묵)

아내 뭐가 잘못됐어?

남편 아니, 아무것도 잘못된 거 없어.

아내 여보, 이제 정말 무슨 문제 있느냐고 묻는 거나 당신이 아무 대답도 안 하는 것에 지쳤어. 그리고 지금 생각해 보니, 당신 지난번 우리 집에 갔을 때 아무하고도 말을 하지 않았잖아. 무척 비참한 하루를 보낸 것 같았어. 그러니 이번에는 나 혼자 다녀올게. 그리고 드라이브는 다음에 가도록 해.

남편 당신이 이런 말을 하는 이유를 모르겠어. 나는 당신 가족들을 좋아해. 그리고 지금 아무 문제도 없어.

아내 이 일로 더 이상 말다툼하기 싫어.

남편 하지만 내가 당신을 얼마나 사랑하는지 알아주면 좋겠어. 그리고 당신 친정 식구들도 말이야. 왜 일을 크게 만드는지 모르겠어. 당신이 친정에 가기를 원한다면 나도 갈 거야. 내가 언제 친정에 가지 말자고 한 적 있어?

아내 물론 말로 반대한 적은 없지. 하지만 행동이 다 말해줘. 그러니 당신이 선택해. 나와 함께 가서 정말 좋은 시간을 보내도록 노력하든지 아니면 집에 있어. 나는 이 일로 더 이상 말싸움하고 싶지 않아.

실제 상황에서는 대화가 더 길어질 수도 있다. 하지만 이 정도만으로도 앞서 사례로 들었던 대화와 어떠한 차이가 있는지 알 수 있을 것이다. 이제 아내는 말다툼에서 벗어났다. 그리고 자신이 사실로 알고 있는 것에 대해 더 이상 언쟁하기를 거부한다. 비록 남편이 신경질을 부리거나 감정을 드러내며 다시는 사랑하지 않겠다고 위협할 수도 있지만, 더 이상 겁먹지 않는다. 그와 생각이 똑같아야 한다는 강박관념도 거부한다. 자신의 생각을 인정하라고 강요하지 않고, 그에게 인정받으려 노력하지도 않는다. 그저 스스로 결정을 내리고 스스로 생각하는 현실을 믿는다. 이러한 모습을 보인다면 그 누구도 영향력을 행사할 수 없을 것이다.

설명이라는 덫: 2단계

나에게 상담을 받은 적이 있는 넬라는 40대 초반의 꿈 많고 낭만적인 여성이다. 그녀는 최근 이상형의 남성을 만났다고 생각했다. 박물관 큐레이터인 넬라는 직업상 유럽이나 남아메리카를 자주 방문한다. 그녀는 자신의 직업에 만족하고 있었지만, 아직 낭만적인 사랑을 해본 적은 없었다. 이제 그녀는 이상적인 남성이라 생각되는, 잘생기고 헌신적인 프레더릭을 만났다.

하지만 넬라는 곧 프레더릭과의 만남이 쉽지 않다는 것을 깨달았다. 무엇보다도 그는 넬라의 친구들과 친척들을 모두 싫어했다. 그래서 그녀가 친구나 친척과 함께 시간을 보내면 두 사람 사이에 큰 싸움이 벌어졌고, 넬라는 점차 자신이 주위 사람들에게서 고립돼가는 것을 발견했다. 또한 프레더릭은 넬라가 업무 때문에 자주 여행을 가는 것에도 불평하기 시작했다. 프레더릭은 이미 은퇴해서 별다른 일이 없었기 때문에, 넬라는 그에게 함께 출장을 가자고 권유하기도 했지만, 그는 그 제안을 거절했다. 그래서 그녀는 한때 매우 즐거운 마음으로 했던 일들을 점차 포기하기 시작했다. 넬라는 자신의 분야와 관련된 전문 교육을 받을 계획도 세웠지만, 이것마저 프레더릭의 독점욕 때문에 포기해야만 했다. 이러한 모든 문제들로 볼 때, 프레더릭은 끊임없이 넬라를 하찮은 존재로 만들 방법을 찾는 난폭한 유형의 가해자가 틀림없었다. 두 사람 사이가 나빠지면, 그는 넬라에게 아예 말을 하지 않았다. 그는 말을 하지 않는 것으로 감정을 드러냈던 것이다. 그들의 싸움은 항상 넬라가 그에게 마음을 풀라고 간곡하게 애원한 후에야 끝났고, 그런 후에야 넬라는 프레더릭에게 다시 사랑받는다고 느낄 수 있었다.

넬라가 가스라이팅을 인지한 것은 몇 개월이 지나서였다. 이제 그녀는 친구들이나 친척과의 만남이 줄었다든가 스스로에 대한 자아 존중감이 낮아졌다든가 혹은 직장에서 좋은 기회를 잃어버리고 전문가로서 성공할 가능성을 계속 미루게 됐다는 등 프레더릭과의 관계 때문에 생기는 문제들을 열거할 수 있을 정도였다. 그러나 내가 그와의 관계를 지속하는 문제를 생각해 본 적이 있느냐고 물었을 때, 그녀는 미소를 지으며 이렇게 대답했다.

"프레더릭은 정말 흥미로운 사람이에요! 그와 있으면 많은 일들이 일어나요. 다음에 무슨 일이 있을지 전혀 알 수 없지요. 그는 매우 복잡해요. 그렇게 흥미진진한 사람은 처음이에요."

넬라와 이야기를 나눌수록, 그녀가 자신을 윽박지르고 냉대하고 여행을 못 가게 막으며 친구들을 멀리하도록 강요하는 프레더릭에게 감정적으로 반응하기보다는 오히려 '그의 문제'를 지적으로 이해하려 한다는 것을 알 수 있었다. 왜 프레더릭은 그처럼 까다롭고 고압적으로 행동할까? 자신을 모욕하거나 차갑게 침묵하는 저의는 무엇일까? 언제 자신에 대해 모욕하는 일을 그만둘지, 언제 침묵하기 시작하는지 알아서 그 상황을 피할 방법을 찾을 수는 없을까? 그리고 프레더릭이 갑자기 마음을 열고 그가 가장 두려워하는 것과 감추고 싶은 약점을 고백하는 그 특별한 순간들은 또 어떻게 받아들여야 할까? 어떻게 한때는 그렇게 믿음직해 보이다가도 다음 순간에는 다시 의구심을 자아내는 행동을 할 수 있을까? 어쩌면 그가 어릴 적에 어머니나 누나와의 사이에 경험했던 일이 지금의 행동과 관련돼 있을지도 모른다. 넬라는 이러한 식으로 몇 시간 동안이나 열정적으로 남자 친구의 문제를 분석하기도 했다.

넬라가 자신의 경험에 감정적으로 반응했다면, 그렇게 형편없이 취급되는 데 금방 싫증이 났을 것이다. 하지만 그녀는 이성적으로 생각함으로써 자신들의 관계에 흥미를 느꼈다. 넬라는 2단계에서 설명이라는 덫에 걸린 것이다. 넬라는 자신을 좌절하게 하고 고통스럽게 만드는 프레더릭의 비정상적인 행동에서 가학적인 측면을 찾는 대신에 그것들이 흥미롭다고 생각했다. 프레더릭의 행동이 그녀에게 해석할 여지를 많이 제공했기 때문이다. 사실 넬라는 프레더릭과 사귀기 전 다른 남자를 사귄 적이 있었다. 그 남자는 훨씬 안정적이고 태도도 훌륭했던 것 같았다. 그에 대해 물었을 때 넬라는 그가 자신을 정말 잘 대해주었지만 프레더릭만큼 재미있지는 않았다고 대답했다.

프레더릭이 자신을 함부로 대하는 것에 오히려 흥미를 느끼는 넬라의 솔직한 태도는, 나를 포함한 많은 여성들의 상황을 떠올리게 했다. 우리에게 잘해주지 않는 사람과 사귈 때, 우리는 그 관계에 송두리째 마음을 빼앗긴다. 생각할 것도, 이야기할 것도, 분석할 것도 많기 때문이다. 성격 좋고 믿을 만한 사람과 사귈 때는 생각할 게 많지 않다. 그런 관계는 확실히 즐겁지만, 많은 시간을 요구하지도 않고, 몰두해야 할 필요도 없다. 애인이나 친구, 상사가 스스로를 잘 보살핀다면, 즉 관심과 애정을 드러내고 자신의 감정을 잘 다스리고 불만을 적절한 방식으로 예의바르게 표현한다면 우리가 할 일은 별로 없다.

그래서 2단계에 있는 다른 많은 여성들처럼 넬라 역시 좋은 관계가 주는 무난한 경험보다는 험난한 관계의 드라마틱한 경험과 복잡한 분석에 더 관심이 있는 것 같았다. 그녀는 자신의 관계를 지속적인 사랑과 안정된 지원을 제공하는 원천으로 여기기보다는 까다로운 수학 문제 같은 것으로 생각했고 그 난해함에 흥미를 느꼈다. 왜 가해자를 분석하는 데 이토록 흥미를 느끼는 걸까? 다음의 두 가지 이유 때문이다.

예측하기 힘든 사람과의 관계가 만드는 활기

언젠가 상담했던 여성은 어릴 적 아버지의 모습에 대해 이렇게 말했다. "매일 밤 아버지가 집에 돌아오실 때면 어떤 모습으로 현관에 나타나실지 전혀 감이 잡히지 않았어요. 양팔 가득 장난감을 가지고 와서 저녁 식사 전 몇 시간 동안 우리와 놀아주시는 경우도 있었고, 우리들을 하나씩 불러 야단을 치신 경우도 있었어요. 또 어떤 때는 아버지 혼자 시간을 보내시는 경우도 있었지요. 그래서 매일 오후 형제들과 모여 "오늘 밤 아버지의 기분이 어떨 것 같아?"와 같은 이야기를 하고는 했어요. 솔직히 그것은 우리에게 매일 찾아오는 극적인 사건 같은 것이었죠."

그녀는 마음 한구석에서는 매일 밤 안정감 있고 사랑이 담긴 모습을 보여주는 더 일관성 있는 아버지를 원했다. 그러나 점차 아버지가 보여주는 변화무쌍한 모습에 융통성 있게 대처하는 자신의 모습을 즐기게 됐다.

황무지를 원정하는 탐험가가 새롭고 예상치 못한 사건들에 기뻐하는 것처럼, 그녀 역시 아버지와의 관계를 자신이 최선을 다하게 하고 온전히 살아있음을 느끼게 해주는 끊임없는 모험으로 여겼다. 그리고 성장한 후에도 아버지의 경우와 유사한 '모험'의 기회를 제공해주는 상대를 찾았다.

가해자를 이해하려는 노력이 주는 상황을 통제한다는 느낌

안정적이고 예측 가능한 사랑을 주는 부모 밑에서 성장하지 않은 사람은 인생이란 예측할 수 없는 것이라고 배우게 된다. 그리고 자신의 통제력을 넓힘으로써 예측 불가능성에 대응하려고 시도한다. 더 많은 통제력을 가질수록, 불안정한 부모나 친구, 우리를 좌절시키고 실망시키는 연인에게 상처를 덜 입는다고 확신하는 것이다.

불행한 일이지만, 관계의 기본적인 속성 중 하나는 바로 통제력의 상실이다. 상대방에게는 우리를 사랑하거나, 사랑하지 않을 자유가 있다. 그들은 우리가 기대하는 모습을 보일 수도 있고, 우리를 실망시킬 수도 있다. 또한 우리를 잘 대할 수도 있고, 형편없이 취급할 수도 있다. 결국 상대방이 우리에게 어떻게 행동하느냐는 우리가 아닌 그들 자신의 선택에 달려 있다. 우리가 할 수 있는 것은 오직 그들의 행동에 어떻게 반응하느냐. 설명이라는 덫에 빠지게 되면, 우리는 두 사람의 관계에서 자신이 가지고 있는 통제력을 키울 수 있다고 착각하게 된다. 즉, 우리가 가해자를 이해한다면 그의 행동을 변화시키는 데 필요한 방법을 찾을 수 있다고 생각하게 되는 것이다. 그래서 가해자가 형편없이 행동할수록 우리가 개입할 여지가 더 많아진다고 여기며 그에게 더욱 관심을 갖게 된다.

• • •

그러면 해결책은 무엇일까? 어떻게 설명이라는 덫에서 벗어날 수 있을까? 우리는 다시 한 번 자신을 되돌아보고 또 위험을 알리는 신호를 점검해보아야 한다. 자신의 행동을 정확하게 보고 그 행동이 만족스러운지 자문해보아야 한다.

예를 들어 가해자가 고함칠 때 그에게 고함을 멈추라고 하기보다 잘못했다고 용서를 비는 자신의 모습이 행복한가? 우리는 자신이 느끼는 그대로 느끼도록 노력해야 한다. 그리고 그 정서적인 반응에 초점을 맞추어야 한다. 가해자를 설명하려고 노력하게 만드는 낙담, 좌절, 울고 싶은 마음이 우리가 소중하게 여기는 로맨스, 모험, '살아 있다는 느낌'과 밀접하게 연관돼 있음을 알아야 한다.

상담을 받기 위해 오는 사람들이 가장 많이 묻는 것은 "문제가 있는 상대방과의 관계에서 좋은 점은 유지하고 나쁜 측면만 제거할 수 있는가"다. 애석하게도 그것은 불가능하다. 차분하고 신뢰할 수 있는 관계에서는 심리적인 안정 같은 만족을 느낄 수 있다. 하지만 항상 의외의 행동을 하며 상대방을 괴롭히기도 하는 복잡한 사람에게서 느낄 수 있는 신비롭거나 모험 가득한 만족을 얻기는 힘들다.

만약 불안정한 상대방이 마음을 고쳐먹는다면, 두 사람의 관계가 더 건강하고 만족스럽게 바뀔 수 있다. 하지만 그럴 경우, 초긴장 상태의 삶에서 오는 의외성은 더 이상 유지할 수 없을 것이다. 정리하자면, 당신이 만들어갈 새롭고 건강한 관계는 덜 도전적이고 더 예측 가능하며, 스스로를 방어하기보다는 마음을 여는 관계다. 또한 가해자 행동을 완전히 통제할 수 없다는 것을 받아들일 필요가 있다. 당신이 할 수 있는 것은 그의 선택에 대한 스스로의 반응을 결정하는 일이다.

가해자와의 관계가 실망을 가져다주거나(가끔 즐거움도 주지만) 스스로 원하는 삶의 모습에 맞지 않는 결정을 하게 한다면, 설명의 덫에 빠져 있을 가능성은 없는지 생각해보자. 상대방과의 관계를 전체적으로 되돌아보고, 다음에 무엇을 하고 싶은지 판단하는 '내면의 진실 찾기' 연습을 하자.

절충이라는 덫

설명이라는 덫의 또 다른 모습은 절충이라는 덫이다. 이 현상은 특히 선량한 유형의 가해자와 관계를 맺고 있는 여성들에게 흔하다. 설명의 덫에 빠진 여성들처럼 절충의 덫에 빠진 여성들은 상대방과의 관계에서 전반적인 만족이 아니라 부분적인 만족에 초점을 맞추는 경향이 있다.

이 사례로 로라라는 여성이 있었다. 그녀는 60대 초반의 응급실 간호사로 캐비닛 제작업자인 론과 함께 살았다. 론은 선량한 유형의 가해자가 지니고 있는 많은 특징을 보여주고 있었는

데, 두 사람은 정말 사소한 문제까지도 서로 합의하느라 몇 시간씩 보내는 일이 잦았다.

그들은 데이트를 할 때 누가 어떠한 상황에서 어떠한 물건에 돈을 지불할 것인지를 규정한 아주 정교한 시스템을 만들어두었다. 또한 성적인 관계도 어느 한쪽이 일방적으로 즐기거나 실망하지 않고 똑같이 즐거움을 느끼도록 합의했다. 그리고 그들이 직장에서 보내는 시간, 혼자 있고 싶어 하는 시간, 친구와 함께 보내는 시간, 둘이 함께 보내는 시간 등을 서로 합의해 계획표로 만들었다. 그들의 합의는 동거할 때부터 결혼 후 네 명의 아이들을 낳고 기르기까지 계속됐다. 그들의 삶은 어느 한쪽에 치우지지 않는 매우 공평한 것으로 여겨졌다.

그러나 로라가 나를 만나러 왔을 때, 그녀는 꽤 오랫동안 불행한 상태에 있었다. 한때 그녀를 활기차게 해주고 정력적으로 만들어주었던 절충이 이제는 그녀를 약하고 지치게 만들고 있었다. 이제 그녀는 관심 있는 문제를 남편에게 이야기할 때마다 절충이라는 형식을 가장해 언쟁을 하고 있음을 느꼈다.

예를 들어 최근 론이 소프트볼 팀에서 활동하느라 집에 거의 붙어 있지 않는 것에 로라가 실망을 표시한 경우가 있었다. 그때 론은 그녀가 느끼는 외로움이나 실망에 반응하는 대신 절충을 시도했다. 두 사람은 론이 어느 정도의 시간을 소프트볼 팀 활동에 쓰도록 허용할 것인지, 어떻게 그의 소프트볼 팀 활동과 로라의 독서 모임 활동 사이에 균형을 맞출 것인지, 소프트볼 시즌이 끝나면 그동안 밖에서 쓴 시간을 론이 어떻게 보상할 것인지 같은 문제를 논의했다.

론은 협조적이고 로라가 관심을 갖는 문제에 반응을 보이는 것처럼 보였다. 하지만 실제로는 자신이 두 사람의 관계에 대해 정말 신경 쓰고 있는 것처럼 로라가 믿게 하는 동시에 그녀의 관심사를 무시하는 수단으로 절충의 과정을 이용했다. 그리고 로라는 절충의 과정에서 자신도 동의했기 때문에, 론이 집을 비우고 자신을 경시하는 것에 화를 내거나 애석함을 표시할 수 없었다. 그녀는 좌절감을 느끼고 울고 싶은 심정이었지만, 끊임없이 합의해서 처리하는 관행을 계속 유지할 수밖에 없다고 느끼고 있었다.

나는 로라와 이야기를 나누면서, 로라와 론 모두 관계가 더 깊은 수준으로 발전하는 것을 피하는 데 절충 과정을 이용해왔다는 것을 확인할 수 있었다. 론은 자신이 진짜 원하는 것(그는 소프트볼을 하는 데 더 시간을 쓰고 싶었다)과 자신의 실제 감정(그는 로라와 시간을 보내는 것보다 소프트볼을 하는 것이 너 즐거웠다)을 이야기하는 데 솔직하지 못했다. 그러나 론은 항상 선량한 사람처럼 행동했고 언제라도 절충을 모색했기 때문에, 로라는 불평할 입장이 아니었다. 그 대신 그녀는 외로웠고 당혹스러웠으며, 마치 온몸이 마비되는 듯한 느낌을 받았다.

특히 론과 함께 부부 상담을 하는 카운슬러를 만나고 나서 로라의 좌절은 더해갔다. 대부분의 부부 상담이 두 사람 사이에 문제가 있을 때 절충할 수 있도록 돕는 것에만 초점을 맞추고 있기 때문에, 카운슬러는 로라와 론 부부의 문제를 이해하기 힘들었다. 카운슬러에게 로라와 론은 아주 뛰어난 의사소통 능력을 지니고 있는 것으로 보였다. 상담 결과가 이렇게 나오자, 가뜩이나 불행하다고 생각하던 로라는 한층 더 혼란스러워졌다.

나와 상담을 계속하면서 로라는 절충이 론에 대한 자신의 진실한 감정을 피하는 수단, 즉 자신이 느꼈던 좌절감과 외로움, 상대방에게 무시되는 기분을 피하는 수단이었음을 깨닫게 됐다. 로라가 두 사람의 관계에 불만을 표시할 때마다 론은 항상 아무런 문제도 없음을 드러낼 수 있었다. 혹은 최소한 자신의 책임은 아니라는 것을 증명했다. 그는 로라와 절충하려는 의지를 보이지 않은 적이 없었다. 또한 그녀의 요구에 동의하지 않은 적도 별로 없었다. 그렇다면 어떻게 문제가 있다고 할 수 있을까? 로라는 이러한 생각에 미칠 듯이 괴로워했다.

확실히 절충은 매우 생산적일 수 있다. 하지만 주의할 점은 절충의 과정이 스스로 느끼는 현실에 눈감는 수단이 돼서는 안 된다는 것이다. 절충의 결과가 만족스럽지 않다면, 어떻게 그 결과를 얻었고 그가 무슨 말을 했는지는 중요하지 않다. 또는 그 결과가 겉으로 보기에 얼마나 좋아 보이느냐 역시 중요하지 않다. 정말 중요한 것은 당신이 가슴 깊이 느끼는 확고한 진실이 무엇인가다. 다음은 2단계에서 진실을 밝히는 법이다.

가해자와의 짧은 대화를 글로 써 읽어보기
스스로에게 물어보자. 그가 무슨 말을 하는가? 합리적인가? 협조적인가? 아니면 완전히 잘못됐는가?

믿을 수 있는 친구나 멘토와 이야기해보기
당신을 가장 잘 아는 사람은 당신의 모든 결점을 알고 있다. 그들에게 가해자가 어떠한 비난을 하는지 말해준다면 당신이 자신의 입장을 찾는 데 도움을 줄 것이다. 비난이 어느 정도 사실을 포함하고 있다면 더욱 그렇다. 가해자는 실제 문제를 완전히 왜곡하는 데 매우 능숙한 사람일 수 있다.

예를 들어 당신이 실제로 약속된 시간에 늦는 일이 잦다고 하자. 하지만 상대방을 해롭게 할 의도가 있는 것은 아니다. 물론 그가 당신에게 화낼 수도 있다. 그렇다고 "나를 화나게 하려고 늦은 거지"라거나 "나를 괴롭히려고 의도적으로 기다리게 했지" 혹은 "내 친구들 모두 이 문제를 이야기하고 있어. 그들은 당신이 나를 이토록 형편없이 취급하는 게 믿기지 않는다고 해" 같은 원색적인 비난을 해서는 안 된다. 이러한 경우 친구나 멘토가 당신이 균형감을 찾도록 도와줄 수 있다. 즉, 그들은 "넌 시간을 지키지 않는 일이 많아. 골치 아픈 일이지. 하지만 나는 네가 그에게 앙갚음하려고 했다고는 생각하지 않아. 넌 누구랑 만나더라도 항상 늦잖아" 같은 말을 해줄 것이다.

스스로의 감정에 집중하기

흔히 가해자와 함께 있을 때면, 그들이 하는 복잡하고 능란한 말과 그에 따른 정서적 학대로 인해 상황에 제대로 대처하지 못한다. 그래서 자신의 방식대로 명확하게 생각하지 못할 수 있다. 그러나 언제든지 "기분이 좋지 않아요. 다음에 계속하기로 해요"라고 말하고, 그와의 대화를 짧게 끊어버릴 수 있다는 것을 명심하자. 당신의 언어로 원하는 시간에 이야기하자. 그리고 어느 정도가 충분한지 스스로의 느낌에 의존해 결정하자.

외출하기

때로는 상황이 얼마나 위태로워지고 있는지 깨닫기 위해 가해자와 떨어져 시간을 보낼 필요가 있다. 당신 스스로에 대해 좋은 기분을 느끼게 해주는 사람과 함께 어느 정도 시간을 보내자. 이러한 시간 동안 가해자와 아무런 문제가 없는 부분과 혼란스럽고 상처를 주는 실망스러운 부분을 대조해서 더 명확하게 상황을 볼 수 있을 것이다.

자신의 지각을 고수하기

자신에게나 상대방에게 말할 때, 스스로의 생각이 담겨 있고 자신을 당당하게 표현할 수 있는 문장들을 미리 준비해둘 것을 권한다. 여기에 몇 개의 바람직한 문장들이 있다.

- "당신이 그런 식으로 느낄 거라는 거 알아. 하지만 나는 거기에 동의하지 않아."
- "나는 다르게 보고 있어."
- "그건 당신 생각이야. 내 생각은 달라."

2단계에서 해방되기

1단계와 2단계의 차이점은 개별적인 사건이냐, 지속적인 행동이냐 하는 것이다. 1단계에서 가스라이팅은 가끔 일어나는 것으로 피해자는 흔히 이 순간을 구별하고 기억할 수 있다. 하지만 2단계에서 가스라이팅은 삶의 전부가 되고 두 사람의 관계를 규정하게 된다.

물고기가 물에 있다는 것을 모르듯이, 피해자는 더 이상 자신이 비정상적인 상황에 있다는 것을 알지 못한다. 따라서 피해자에게는 상대방의 모욕이나 혹평, 혼란스럽고 낭만적인 태도, 선량한 유형의 가해자와의 절충에 맞서 지속적으로 자신을 방어하는 것이 삶의 방식이 된다. 스스로에 대해 기분 좋게 느끼고 자신감을 얻는 데 또는 이 세상에서 자신의 정체성을 확인하는 데 조금이라도 상대방의 인정이 필요하다고 믿는 한 그의 가스라이팅에 완전히 노출돼 있는 것이다.

하지만 이제 당신은 자신의 지각을 되찾기 시작했다. 지금은 당연한 것처럼 보이는 그와의 관계가 과거에도 그랬던 것은 아니라는 사실을 알고 있다. 또한 현재에도 항상 그래야 하는 것은 아니라는 것도 알고 있다. 이제 당신은 가해자를 새로운 눈으로 보기 시작했고, 그와의 관계가 어떻게 달라질 수 있을지에 대해 묻기 시작했다. 가해자가 배우자, 친척, 친구, 직장 상사 혹은 그 누구라도 당신은 이제 변화를 꾀할 준비가 돼 있다.

그렇다면 어떻게 변화를 시작할 것인가? 2단계의 영향력에서 벗어나는 데 도움이 되는 방법들을 소개한다.

시간적인 여유를 가지기

상대방과의 관계에 문제가 있음을 깨달은 지 얼마나 됐는가? 그 문제를 해결하기 위한 행동을 취한 지는 얼마나 오래 됐는가? 가해자가 당신보다 빨리 움직일 거라 기대하지 말자. 사실 당신의 새로운 도전과 요구에 맞추려면 그에게는 훨씬 더 많은 시간이 필요할 수 있다. 그가 영향력을 행사하는 동안 당신도 맞장구를 쳐왔다는 것을 기억하자. 이제 당신은 두 사람 사이의 법칙을 바꾸었고, 그것은 꽤 괜찮은 것처럼 보인다. 그러나 하루아침에 모든 것이 변하지는 않는다.

일단 작고 구체적인 일에서 첫발을 내딛어보자. 예를 들어 케이티는 남자친구가 자신을 남자들 앞에서 경박하게 행동한다고 비난하기 시작할 때, 자기 방어를 하는 대신 그저 그 말싸움에서 벗어나기로 결정했다. 그녀는 그에게 고함치지 말라거나 화가 났다고 말하지 않는다. 계속 비난하면 그를 떠나겠다는 위협도 하지 않는다. 단지 말싸움에서 비켜나 입을 다물고, 언쟁으로 이어지지 않을 짧고 간단한 말만 한다.

남자친구 저 녀석 보여? 도대체 어떤 놈이야?

케이티   (심호흡을 하고 아무 말도 하지 않는다.)

남자친구 와, 너 정말 순진하구나. 그는 단지 호의적이었던 게 아니야. 케이티, 그는 네게 흑심이 있었다고.

케이티   (케이티는 '그러나 그는 결혼반지를 끼고 있었어'라고 생각한다. 그녀는 거의 이 말을 할 뻔했다. 그러나 그녀는 꾹 참고 말을 하지 않았다.)
         우리는 서로 다르게 생각한다는 걸 인정해야 해.

남자친구 그런데 왜 그 남자를 이모저모 뜯어본 거야? 그에게 관심이 있었던 게 틀림없어.

케이티 (케이티는 "나는 그를 뜯어보지 않았어!"라고 이야기하고 싶었다. 그러나 그녀는 그렇게 말하지 않았다.)

우리는 서로 생각이 다른 것 같아. 난 정말 이런 이야기를 하고 싶지 않아.

남자친구 오, 그래서 이제 나하고 이야기도 하고 싶지 않다고? 이제 나를 무시하겠다고? 뭐 하자는 거야, 나를 떠나 저놈에게 갈 계획을 세우는 거야?

케이티 (케이티는 정말 그와 헤어질 의사가 없다고 말하고 싶었다. 그에게 확신을 준다면, 그가 진정할지도 모른다. 하지만 자신의 계획은 아무 말도 하지 않는 것임을 기억했다. 그녀가 이러한 상태에서 말을 한다면, 그는 케이티의 말을 비꼴 것이며 믿으려 하지 않을 것임을 상기했다. 그래서 그녀는 눈물을 참으며 대답하지 않았다.)

남자친구 저 녀석은 내 앞에서 널 유혹할 정도로 저질이야. 이제 보니 넌 정말 그에게 관심이 있군. 내 생각은 눈곱만큼도 안 하는 거야, 그렇지? 그리고 이제는 내 말에 대답하는 최소한의 예의도 보이지 않는군. 언제 나를 떠날 계획이야, 케이티? 나하고 같이 있으면서도 계속 떠날 생각을 했던 거야?

남자친구는 결국 집 밖으로 나가버렸다. 케이티는 몹시 기분이 나빴다. 그녀는 정말 남자친구에게 인정받고 싶었다. 그리고 그가 아직 자신을 사랑하고 신뢰한다는 것을 느끼고 싶었다. 그녀는 자신이 거짓말을 하고 배신했다는 그의 비난을 듣고 있을 수가 없었다. 케이티는 만약 남자친구가 자신을 그런 식으로 보고 있다면 자신이 실제로 그런 게 아닌가 걱정했다. 그녀는 자신을 사랑스러운 사람으로 생각하려고 노력해왔기 때문에, 남자친구가 자신을 그런 식으로 의심하는 것이 싫었다. 남자친구가 그녀를 모욕할수록, 케이티는 남자친구가 실제로는 자신을 그렇게 나쁘게 생각하지 않는다는 것을 더욱 확인하고 싶었다. 그녀는 남자친구만이 아니라 누구에게도 나쁜 사람으로 보이기를 원하지 않았다. 그녀는 남자친구가 자신을 평가하게 만들었다. 그러나 그녀는 또한 그에게 애원할수록 그가 더 많이 화내고 자신을 모욕하리라는 것도 알고 있었다. 그래서 그녀는 그와의 대화에서 벗어난 것이다.

이러한 방법은 가스라이팅으로 어려움을 겪는 사람들에게 적절하지 않아 보일 수 있다. 관심이 있거나 이상적이라고 여기는 사람이 자신에게 유쾌하지 않은 이야기를 한다면, 그 이야기를 부인하고 다시 확인해줄 것을 요구하는 것은 자연스러운 충동이다. 그러나 그러한 충동과는 반대로 행동하는 법을 배우고 익혀야 한다. 그에게 인정받기를 바라는 대신 언쟁에서 벗어나는 방법을 발견해야 한다. 그가 우리를 인정하게 하려다 보면, 오히려 상대방을 한층 더 불안하게 하거나 화나게 할 수 있다.

남자친구가 이런 식으로 행동할 때, 케이티는 아직 그에게서 멀어질 준비가 돼 있지 않았다. 그녀는 아직 자신에 대한 그의 판단이 옳다고 믿으려 노력했고, 그에게서 좋은 평가를 받고 싶었다. 그러나 그녀는 점차 남자친구에게 인정받으려는 노력이 두 사람을 불행하게 만드는 심한 말다툼으로 이어진다는 것을 깨닫기 시작했다. 반면에 아예 침묵하거나 짧은 답변만 한다면 적어도 말다툼을 줄일 수는 있었다. 시간이 지난 후에, 케이티는 남자친구의 행동에 공격적으로 대응하는 법을 연습했다.

이 시점에서 그녀는 말다툼을 피하는 일에만 집중했다. 그녀는 작은 변화에 불과한 행동이 자신을 더 강하게 느끼게 해준다는 것을 발견하고 놀랐다. 남자친구의 가스라이팅에 말려들지 않음으로써, 그녀는 스스로에게 좋은 감정을 느끼는 데 그의 인정이 필요하지 않다는 것을 깨달은 것이다. 케이티는 남자친구가 자신을 사랑하지 않고 비난하더라도 세상이 두 쪽 나는 것은 아님을 알게 됐다. 그녀는 남자친구가 화를 내거나 자신을 나쁘게 생각하는 것이 싫었다. 그러나 그러한 마음이 그녀의 의지를 완전히 꺾거나 아무 소리도 못하게 막지는 못했다. 그녀는 남자친구의 비난을 이겨낼 수 있고, 그의 사랑이 없어도 살 수 있다는 것을 알고 용기를 얻었다.

문제를 제기할 적당한 시기 찾기

예민한 대화를 하고 싶을 때 사람들은 흔히 가장 나쁜 시기를 선택하고는 한다. 예를 들어 남편이 출근하느라 바쁘게 집을 나서는 중이라든지, 친척 집을 방문하기 위해 차를 운전하느라 신경이 곤두서 있을 때를 택하는 경우가 많다. 그러면 상대방은 회사에 늦을 거라는 나름대로 타당한 이유를 대며 대화를 거부하거나 긴장해서 고함을 지를 것이다. 그리고 우리는 그러한 모습을 보며 그가 결코 변하지 않을 거라 생각한다.

물론 그가 변하지 않을 수도 있다. 하지만 적절한 시기에 문제를 꺼내보기 전에는 정말 어떻게 될지는 알 수 없다. 상대방이 불안해할 상황을 피하고 여유롭게 이야기할 수 있는 적절한 시간을 찾도록 하자. 단지 불쑥 이야기를 꺼내기보다 적절한 시기를 기다렸다가 문제를 제기하면 대화가 얼마나 잘 되는지 스스로 놀라게 될 것이다. 만약 대화가 잘 진행되지 않더라도 최소한 스스로는 최선을 다한 것에 만족할 것이다.

혈기 왕성한 트리시는 돈에 대해 무책임하다고 자신을 비난하는 남편과 항상 힘들게 싸워야 했다. 그러나 마침내 그녀는 적절한 시기에 그와 대화하는 법을 배웠다.

남편   자, 이제 일하러 갈게. 그런데 당신 신용카드 청구서가 한 장 또 왔어. 그 안에 어떤 내용이 들어 있는지 생각하기도 싫어. 당신은 왜 돈 관리도 제대로 못해서 내가 신경 쓰게 하는 거야?

트리시 (트리시는 무엇인가 말하고 싶었다. 하지만 불쑥 말을 꺼내기보다는 기다리기로 결정했다는 것을 기억했다. 그녀는 심호흡을 했다.)

안녕. 저녁 때 봐.

트리시 (그날 저녁, 트리시는 저녁 식사가 끝날 때까지 기다렸다. 그녀는 두 사람 모두 식사를 하고 나서 휴식을 취하고 긴장을 풀기 전에는 신경이 날카롭다는 것을 알고 있다. 또한 남편은 저녁 시간에 텔레비전으로 주가 동향을 보는 것이 일과였다. 그래서 그 프로그램이 끝날 때까지 기다리기로 했다. 남편이 주가 동향을 보고 나서 운동 경기 중계를 볼 것을 알고 있었지만, 중계가 끝날 때까지 기다리면 너무 늦어져서 쉬고 싶어하는 남편이 불만을 가질 수 있었다. 그래서 트리시는 주가 동향에 대한 방송이 끝나자 텔레비전이 있는 거실로 갔다.)

이야기할 게 있어. 지금 괜찮아?

남편 운동 경기 중계를 보려고 하는데….

트리시 언제가 좋겠어?

남편 중요한 이야기야?

트리시 내게는 중요해.

남편 (남편은 텔레비전을 끄고 트리시에게 계속하라고 손짓했다.)

트리시 오늘 아침, 집을 나가기 전에 당신은 내가 돈을 잘 관리하지 못한다고 했어.

남편 그래, 당신은 못하지.

트리시 내가 돈 관리를 잘하든 그렇지 않든, 당신이 그런 식으로 말하면 나에게는 상처가 돼. 우리 약속 하나 할까? 당신이 돈 문제로 내가 걱정된다면, 시간을 정해 놓고 당신이 걱정하는 것이 무엇인지 이야기하도록 해. 그리고 그때 외에는 돈 문제를 이야기하지 않기로 약속할 수 있어? 나는 그 이야기가 나올 때마다 정말 화가 나. 나는 당신 때문에 화내고 싶지 않아.

남편 이런, 왜 당신은 이 일을 그렇게 크게 생각하는 거야?

트리시 왜냐하면 나에게는 큰일이니까. 나는 이 일을 정말 심각하게 생각해.

남편 당신 알아? 나도 역시 우리 돈을 쓸데없이 신용카드 회사에 갖다주는 것을 정말 심각하게 생각해. 작년 신용카드 회사의 순이익이 얼마인지 알아? 엄청났다고. 그게 다 당신처럼 카드 빚이 어떻게 자신들의 재무 상태를 악화시키는지 이해하지 못하는 사람들 덕분이야. 그건 버릇없이 자란 부잣집 딸 같은 행동이지. 나는 그 문제를 정말 심각하게 생각해.

트리시 (트리시는 남편의 말에 정말 대꾸하고 싶었다! 하지만 그녀는 말싸움에서 이기기보다는 피하기로 했던 계획이 기억났다. 그래서 그녀는 그와의 대화를 끝내기로 했다.)

알았어. 지금은 더 이상 이야기하지 않겠어. 운동 경기를 보고 싶으면 이제 봐.

(거실 밖으로 나간다.)

트리시는 거실에 남아 남편에게 다른 전략을 사용해볼 수도 있었다. 그러나 트리시는 두 사람의 언쟁이 예전과 같은 양상으로 전개되지 않을 것이라고 확신할 수 없었다. 그리고 말싸움이 계속된다면, 남편은 자신의 논리를 주장하는 한편 그녀를 폄하하고 경멸하면서 그녀의 저항을 간단하게 물리칠 것이었다. 케이티가 그랬던 것처럼 트리시 역시 천천히 변화를 시도했다. 그녀는 원하는 결과를 얻지는 못했지만, 그 문제를 다시 제기할 수 있다고 느꼈다. 그리고 그녀는 처음으로 돈 문제에 관한 이야기가 다툼으로 끝나지 않은 것이 기뻤다. 또한 남편에게 직설적으로 그의 말이 자신에게 상처를 준다고 말하고 난 뒤, 강해지고 힘이 솟는 것을 느꼈다.

여기서 트리시가 남편에게 대화를 하기에 좋은 시간을 언제인지 정하도록 했다는 점에 주목하자. 그렇게 했기 때문에 남편은 기습을 당했다고 느끼지 않았다. 그리고 자신이 시간을 선택할 수 있었기 때문에 분명히 중대하고 어려운 이야기를 나누는 중에도 위협을 덜 느낄 수 있었다. 가해자들은 자신이 옳아야만 한다고 느낀다는 점을 명심하자. 그들은 위협받고 불안하다고 느끼면, 자신이 옳다는 것을 더 강하게 주장하기 위해 1단계를 밟는다. 가해자에게 어느 정도 선택할 여지를 주면, 그의 감정을 가라앉히고 당신의 관심사에 귀를 기울이게 만들 수 있다.

상대를 비난하지 않는 방식으로 문제를 제기하기

누군가에게 "당신은 항상 그런 식이야" 혹은 "당신이 나를 비난했어" 아니면 "당신은 형편없이 행동했어"라고 말하는 것보다 더 빨리 싸움을 불러오는 말은 없을 것이다. 상대방이 무엇을 잘못했는지 말하기보다 당신이 바라는 것을 포함시켜 문제 자체를 설명하려 노력하자.

트리시는 예전에는 말싸움을 하면서 그를 심하게 비난했다. 그러나 점차 비난하지 않는 방식으로 자신의 관심사를 제기하는 방법을 발견했다.

트리시 당신과 나 사이에 정말 유쾌하지 않은 일이 있었어. 당신은 내가 돈을 어떻게 관리하는 줄 모른다고 말했고, 나는 화가 많이 나서 방어적으로 대응했다는 거 알아. 당신이 카드 연체를 싫어하는 것도 알고. 하지만 당신이 나를 깎아내리는 것은 정말 듣기 싫어. 나는 정말 당신 생각을 존중하고 있어. 나를 멍청이라고 부르거나 내가 아무것도 이해하지 못한다고 할 때 상처를 받아. 당신이 실제로 그런 뜻이 아니었다는 것을 잘 알지만 내가 실제로 받는 느낌은 그런 거야.

남편 그래서 이제부터 나는 아무 소리도 하지 말라고? 당신이 우리 돈을 다 허비하는 것을 보고 아무 소리도 하지 말라는 거야?

트리시 (트리시는 그의 비난에 반박하고 싶었다. 그녀는 "나는 당신 돈을 낭비하지 않았어. 그리고 내가 쓴 돈의 일부는 내가 번 돈이야"라고 말하고 싶었다. 그녀는 정말 남편에게 인정받고 싶었다. 자신이 똑똑하고 유능하며 버릇없이 자란 사람이 아니라고 느끼고 싶었다. 그리고 그녀는 남편이 자신을 비난하는 것이 참기 힘들었다. 왜냐하면 남편의 생각이 사실일지도 모른다는 두려움이 있었기 때문이다. 남편과의 말싸움에서 이긴다면 그의 말이 사실이 아니라는 것을 증명하게 되는 것이다. 하지만 그녀는 그러한 느낌을 모두 접어버리고 이 상황에서 벗어나는 계획에 생각을 집중했다.)

우리 약속 하나 할까? 당신이 돈 문제로 내가 걱정이 된다면, 시간을 정해놓고 당신이 걱정하는 것이 무엇인지 이야기하도록 해. 그때는 당신 말을 듣기로 약속할게. 그리고 그때 외에는 돈 문제를 이야기하지 않기

로 약속할 수 있어? 나는 그 이야기가 나올 때마다 정
말 화가 나. 나는 당신 때문에 화내고 싶지 않아.

남편 이런 최악이로군. 나는 이 집에서 말도 제대로 못하면
서 살고 싶진 않아. 이곳은 내 집이기도 해.

트리시 나는 이 일을 정말 심각하게 생각하고 있어. 당신도
이 일에 대해 깊이 생각해주었으면 해. 최소한 나중에
다시 이야기할 수 있도록 이 문제에 대해 생각이라도
해볼 수 없어?

남편 나는 다시 생각해볼 것이 없다고 보는데.

트리시 잘 알았어. 이제 당신은 내가 어떤 기분인지 알 거야.
나는 차나 한 잔 마셔야겠어. 당신도 마실 거야?

(방에서 나간다.)

트리시는 이 문제를 적어도 한 번 이상 더 제기하려고 했다.
하지만 적어도 싸움으로 이어지지는 않았다. 그리고 그녀는 다
음 대화를 기약하고 방을 떠났다. 또한 그녀는 남편이 바로 그
자리에서 자신의 잘못을 받아들이지는 않겠지만, 나중에 그녀가
한 말을 생각하리라는 것을 알고 있다. 트리시는 각자 다르게 행
동할 수 있는 여유를 주었다. 그래서 그는 그녀의 말을 생각해볼
수 있고, 그녀는 그와 말다툼을 하지 않고도 그의 비난을 참을
수 있었다.

4_2단계: "그의 말이 맞을지도 몰라."

이 과정이 더 진행되고 당신이 더 과감해졌다고 느낀다면, 다른 방식으로 2단계를 통과할 수도 있다. 앞에서 보았던 대화로 돌아가서 트리시가 어떻게 상황을 진행하는지 살펴보자.

남편 이런 최악이로군. 나는 이 집에서 말도 제대로 못하면서 살고 싶지는 않아. 이곳은 내 집이기도 해.

트리시 나는 이 일을 정말 심각하게 생각해. 당신도 이 일에 대해 깊이 생각해주었으면 해. 최소한 나중에 다시 이야기할 수 있도록 이 문제에 대해 생각해볼 수 없어?

남편 나는 다시 생각해볼 것이 없다고 보는데.

트리시 잘 알았어. 이제 당신은 내가 어떤 기분인지 알 거야. 앞으로는 당신이 나를 깎아내린다고 느낄 때면, "또 그런 말을 하네. 우리 거기에 대해 이야기했잖아"라고 이야기할 거야. 당신이 다른 식으로 말하지 않으면 나는 다시 그 말을 할 거야. 그래도 당신이 말투를 바꾸지 않으면 나는 같은 말을 되풀이할 거야. 그러고는 방을 나가겠어. 지금부터 당신이 나를 깎아내리고 있다고 느끼면 방에 함께 있지 않을 거야.

남편 그렇게 말하는 것 어디서 배웠어, 상담하는 데서?

트리시 그럴지도 모르지. 차나 한 잔 마셔야겠어. 이 문제는 나중에 다시 이야기하기로 해. (방에서 나간다.)

다시 한 번 트리시는 남편에게 대답을 바로 기대하지 않고 자신이 이야기한 것을 생각할 시간을 주었다. 그가 생각하는 데 몇 시간이 걸릴 수도 있고 며칠이 걸릴 수도 있다. 그가 비록 아직도 자신이 옳아야 한다고 생각하더라도, 이러한 방법으로 자신의 체면을 살리는 동시에 트리시의 새로운 행동에 어떻게 반응할지 생각할 여유를 가질 수 있을 것이다.

일단 어떠한 식으로 행동하겠다고 가해자에게 말했다면, 일관성을 유지하는 것이 중요하다. 원칙을 포기하거나 물러서지 말아야 한다. 물론 그 자리를 그냥 벗어나는 것보다는 그의 말에 맞서거나 간청하거나 울면서 매달리는 것이 자연스러운 행동처럼 보인다는 것을 안다. 하지만 말다툼에서 벗어나는 것만이 문제를 해결하는 유일한 방법이다. 싸움에 휘말리는 것은 그저 가스라이팅이 행사되는 시간만 늘릴 뿐이다. 어쩌면 말다툼에서 벗어나기 위한 노력을 여러 번 해야 할지도 모른다. 하지만 장기적으로는 이 노력을 멈추지 않는 것이 훨씬 가치 있을 것이다.

나의 입장을 고수하기
만일 가해자가 당신의 문제 제기에 "당신은 너무 예민해!"라거나 "그건 너무 불합리해!" 혹은 "그런 식으로 이야기하는 게 어디 있어?" 같은 대답을 하며 공격적으로 대응하면, 그저 당신이 원하는 것을 되풀이해 말하자. 즉, "나는 더 이상 그런 말 듣고 싶지 않아. 또 그런 식으로 이야기하면 이 방에 있지 않겠어"와 같은 식으로 말하자. 그리고 "내가 할 말은 다했어. 그걸 가지고 말싸움하고 싶지 않아. 당신이 내 이야기를 다 들었으니 이제 어떻게 말해야 할지 알 거야"처럼 말하고 대화를 끝내라.

이 전략이 케이티와 남자친구에게 어떻게 적용되는지 살펴보자. 이 시점에서 케이티는 조금 강해졌다고 느꼈다.

남자친구 저 녀석 보여? 도대체 어떤 놈이야?

케이티 (남자친구가 아직 자신에 대해서는 아무 말도 하지 않았기 때문에 케이티는 잠자코 있었다. 그와 말다툼하고 싶지 않았기 때문에, 그녀는 할 말이 없었다.)

남자친구 와, 너 정말 순진하구나. 그는 단지 호의적이었던 게 아니야. 케이티, 그는 너에게 흑심이 있었다고.

케이티 (심호흡을 하면서) 지금 네가 이러는 거 무척 불편해. 네가 날 불편하게 하려고 이런다고 생각하지 않아. 하지만 네가 나를 순진하다느니 하면 기분이 상해.

남자친구 하지만 넌 순진한걸! 그럼 내가 어떻게 해야 한다고 생각해. 아무 남자나 네게 다가오게 놔두란 말이야? 그럼 내가 어떤 기분이 될 거라고 생각해?

케이티 네가 정말 소리 좀 치지 않았으면 좋겠어.

남자친구 오, 이제는 내가 너에게 무엇은 말해도 되고 무엇은 말하면 안 되는지를 이야기하는 거야? 나는 아무 권리도 없는 거야? 그리고 왜 이렇게 예민한 거야? 뭐가 그렇게 큰일이야?

케이티 나는 정말 욕하고 소리치는 거 듣기 싫어. 지금부터 네가 그러면, 나는 "또 그런다"라고 말할 거야. 그 말을 딱 세 번만 되풀이할 거야. 그래도 멈추지 않는다면, 방에서 나가버릴 거야.

(그녀는 남자친구가 자신을 나쁘게 볼지도 모른다는 생각에 걱정됐다. 그러나 새로운 방식으로 남자친구를 대하려 결심했기 때문에 케이티는 걱정의 말을 삼켰다.)

남자친구 넌 정말 황당해! 우리 엄마를 닮아가고 있다고! 누가 나에게 그런 식으로 이야기하라고 알려줬어?

케이티 또 그런다.

남자친구 아이들에게 하는 식으로 말하지 마. 나는 성인이야! 어떻게 나에게 그런 식으로 말해?

케이티 또 그런다.

남자친구 너는 정말 엉뚱한 소리를 하고 있어. 나에게 할 말이 있으면 해봐. 그 멍청한 말만 되풀이하지 말고.

케이티 또 그런다.

남자친구 내 기분이 어떤지 알아? 네가 나를 무시하는 것이 나에게 얼마나 상처를 주는지 생각해본 적 있어? 내가 너에게 무슨 말을 하더라도 아무런 의미가 없는 것 같군!

케이티 (케이티는 남자친구가 한 마지막 말에 가슴이 아팠다. 사실이었기 때문이다. 그녀는 남자친구의 좌절을 느낄 수 있었다. 그가 얼마나 무시당하기 싫어하는지도 알고 있었다. 그는 언젠가 케이티에게 자신이 어릴 적에 화를 내면 어머니가 자신을 쳐다보지도 않았다고 말한 적이 있었다. 이제 그녀는 그의 어머니가 했던 것과 같은 일을 하고 있었다. 하지만 그녀가 새로운 시도를 중단하면 그는 다시 예전처럼 다른 남자와의 일로 자신을 비난할 것이라는 생각이 머리를 스쳤다. 그래서 그녀는 심호흡을 하고 방에서 걸어 나갔다.)

솔직히 말하자면, 케이티는 처음에는 말다툼할 때보다 더 기분이 나빴다. 그녀는 남자친구에게 상처를 준 것에 죄의식을 느꼈고, 그가 어떻게 할지 걱정됐으며, 그의 고통에 미안함을 느꼈다. 그녀는 되돌아가서 그가 아직 자신을 사랑한다는 말을 듣고 싶었고 또한 그를 심하게 대한 것을 사과하고 싶었다.

하지만 몇 시간이 지난 후, 케이티는 뭔가 달라졌음을 느끼기 시작했다. 이제 연기가 걷히면서 그녀는 더 강해졌다는 느낌과 자신감을 갖기 시작했다. 그녀는 방금 연출한 장면을 되풀이하고 싶지 않았다. 그러나 남자친구가 계속 그녀를 모욕하고 남자들과의 일로 비난한다면 새로운 시도를 몇 번이고 되풀이해야 한다는 것을 알고 있었다. 그녀는 자신감을 갖게 됐다. 남자친구의 모욕이 이번에는 그다지 심하지 않았다. 그의 모욕이 자신이 좋은 사람이라는 케이티의 자아를 완전히 파괴하지도 않았다.

그녀는 남자친구의 불합리한 반응이 자신이 나쁘다는 것을 의미하지는 않는다는 것을 깨달았다. 그녀는 또한 궁금했다. 이러한 변화가 그들의 관계에 어떠한 영향을 미칠까?

· · ·

2단계에서 빠져나오는 것은 정말 어려운 도전이다. 두 사람 사이의 관계가 이미 어느 한쪽이 일방적으로 영향력을 받는 유형으로 고정됐기 때문이다. 때로는 2단계를 벗어나기 위한 노력이 두 사람을 건강한 관계로 인도하기보다는 가해자가 피해자에게 주기적으로 영향력을 행사하고 피해자는 가끔 거기에 맞장구치는 새로운 형태의 1단계로 나아가게 할 수 있다. 그래도 가스라이팅에 완전히 압도되는 3단계보다는 훨씬 벗어나기 쉽다.

5장

3단계
"모두 내 잘못이야!"

THE GASLIGHT EFFECT

로스앤젤레스에서 외식업체를 성공적으로 경영하는 게일은 옷을 잘 차려 입는 정력적인 40대 여성이었다. 그녀는 약국 진열장을 응시하고 있었다. 그녀는 어린아이들이 실수로 독극물을 삼켰을 때 토하게 만드는 물약을 떠올렸다. 그녀는 남자친구인 스튜어트가 저녁 식사로 중국 음식을 먹고 싶어 한다는 것을 알고 있었다. 그녀는 돼지고기 볶음밥에 그 물약을 섞더라도 그가 맛이 이상하다는 것을 눈치 채지 못할 거라 생각했다. 그가 밤새도록 욕실에서 토하고 있을 때, 그녀가 누릴 평화와 고요를 상상했다. 그녀는 카운터를 훑어보았다. 순간 그녀는 자신이 그런 생각을 하고 있다는 것을 믿을 수 없었다.

스튜어트는 밤마다 게일에게 고함을 쳤고 그녀의 모든 결정에 반발했다. 그녀는 곧 열릴 식품 컨벤션에 참석하고 싶었다. 그러나 스튜어트는 게일이 사업에 관해 잘 모르니까 컨벤션에 갈 필요가 없다고 말할 것이다. 그리고 그녀가 컨벤션에 가려는 이유는 자신으로부터 달아나고 싶어서라고 생각할 것이다. 둘이 함께할 시간은 어떻게 하고 컨벤션에 간다는 것인가, 그녀는 그를 배려하지 않는 것인가? 그가 고함칠 때 그녀는 머리가 아프고 심장이 뛰어 견딜 수가 없었다. 스튜어트는 게일이 사랑하는 남자를 항상 버린다고 말했다. 그가 옳은지도 모른다.

게일은 스튜어트와 헤어진다는 것을 상상할 수 없었다. 스튜어트는 두 사람이 영적으로 맺어진 짝이라고 말했다. 게일의 가족들도 그를 좋아했다. 그와의 잠자리는 황홀했다. 그들의 아파트는 공동소유였으며, 스튜어트가 안정감을 찾으면 친절하고 점잖다는 것을 게일은 알고 있었다.

게일은 심호흡을 하고 약국을 나섰다. 스튜어트에게 약을 먹일 수는 없었다. 어찌됐든 스튜어트는 그녀에게 적합한 남자였다. 게일의 머릿속에서 그의 목소리가 떠나지 않았다. 그가 그녀와 함께하고 싶어 하는 시간에 식품 컨벤션에 간다는 것은 우스운 일이었다. 게일은 이미 3단계의 상태에 와 있었다.

• • •

질은 커피색 피부와 검은 웨이브 머리를 한 열정적인 20대 초반의 여성이었다. 나를 처음 찾아왔을 때, 그녀는 첫마디 말조차 거의 맺지 못할 정도였다. 흥분하고 긴장된 상태였던 그녀는 다급하게 몇 마디 말을 토해냈다. 그러고는 온몸에서 힘이 빠져나간 듯 목소리가 점점 사그라졌다. 시선은 초점을 잃었다. 질은 그동안 있었던 사건에 대해 설명하고 종합했는데, 이야기를 들는 동안 나는 혼란스러운 미로를 헤매고 있는 듯했다. 그녀가 무슨 말을 하고 있는지 통 갈피를 잡을 수 없었다.

질은 유력 텔레비전 방송국에서 저녁 뉴스를 제작하던 신참 방송인이었다. 하지만 구조조정으로 인해, 장편 및 심층 프로그램을 제작하는 부서로 옮기게 됐다. 질의 첫 상사는 그녀의 재능을 높이 사고 칭찬해주었지만, 새로운 상사는 그녀에게 우려를 표명했다. 이야기가 명확해짐에 따라 나는 질의 새 상사가 그녀에게 가스라이팅을 행사했다는 것을 알게 됐다. 야심과 재능을 가진 자신만만한 젊은 여성이 소심하고, 자신 없고, 깊은 시름에 빠진 무능력자가 돼버렸다. 질은 이렇게 말했다.

"저는 제가 능력 있는 사람이라고 생각했어요. 하지만 저는 아무것도 아니었어요. 대학을 졸업하고 나서 처음 몇 년 동안 왜 모든 사람들이 저를 대단하게 여겼는지 모르겠어요. 제가 어떻게 그런 착각을 하게 됐는지 모르겠고요. 제가 그런….."

질은 가해자의 관점을 마치 자신의 관점인 양 착각하는 3단계에 깊이 빠져 있었다. 앞서 보았듯이 1단계에서 피해자는 가해자가 틀리다는 것을 증명하기 위해 가해자의 주장을 반박하는 증거를 모은다. 피해자는 가해자의 감정 폭발을 두려워할 수도 있고, 그렇지 않을 수도 있다. 하지만 서로 합의할 방법을 찾으려고 노력한다. 2단계에서 피해자는 가해자 그리고 자기 자신과 필사적으로 말다툼을 벌인다. 가해자의 감정 분출을 두려워하지만 그와 의견이 일치돼야 한다고 생각하기 때문에 두 견해를 조율하려고 한다. 3단계에 이르면 피해자는 가해자의 견해를 받아들이고, 오히려 가해자의 견해를 뒷받침하는 증거를 모은다. 여전히 가해자에게 좋은 사람으로 보이고 싶은 마음이 존재하기 때문이다. 그래야만 피해자는 자신감을 높일 수 있고, 자신이 세상에 존재하는 의미를 찾을 수 있다. 3단계에서 피해자는 능동적으로 가해자의 견해를 취한다.

나는 질에게 입사 초기 몇 년 동안 받은 상장과 승진을 상기시키며, 그녀의 능력을 평가하기 위해 몇 가지 가벼운 질문을 던졌다. 그러자 그녀는 내가 상황을 잘 이해하지 못하는 것 같다며 화를 냈다. 그리고 자신의 형편없는 실패에 관해 설명을 늘어놓았다. 마치 그녀의 상사가 말하는 식의 말투였다.

질은 자신을 정확히 이해하고 판단하는 상사의 능력을 높이 평가해왔다. 그렇기 때문에 상사의 관점들 중 그녀에게 불리한 부분들까지도 받아들였다. 그녀는 상사에게 그런 능력이 있다고 믿고 싶어 했다. 왜냐하면 그녀는 자신이 얼마나 뛰어난지 언젠가 상사에게 보여주고 싶었기 때문이다. 상사가 그녀를 보잘것없게 여기고, 그녀 스스로도 자신의 능력에 대한 판단을 유보하는 현재의 상황은 최악이었다. 하지만 질은 참고 기다릴 가치가 있다고 생각했다. 그래야 언젠가 상사가 그녀를 훌륭한 방송인이라고 인정하는 날이 올 것이고, 희망을 가질 수 있기 때문이다. 그런 다음에야 질은 스스로 훌륭한 방송인이라는 사실에 안 도하고 마침내 긴장을 풀 수 있을 것이다.

보통 이 단계에서 피해자들은 많은 종류의 학대를 받는다. 상대방이 소리 지르는 것을 감내하거나, 스스로의 장점을 잃어버리거나, 착취를 당한다. 한때 강하고 독립적이었던 여성들도 예외가 아니다. 3단계에 이르면 누구나 간단히 포기해버리기 때문이다.

Checklist 나는 3단계에 있을까?

· 자주 의욕을 잃고 매사에 무관심하며 활기가 없음을 느끼는가?

· 친구들이나 연인과 시간을 보내는 것이 사실상 불가능하다는 것을 깨달을 때가 있는가?

· 과거에 신뢰했던 사람들과 의미 있는 대화를 피하는가?

· 계속 타인이나 자신에게 가해자를 위한 변명을 늘어놓는가?

· 다른 사람들이 이해할 수 있도록 설명해야 하는 상황을 피하기 위해 아예 그와의 관계에 대해 언급하는 것을 피하는가?

· 이유 없이 울고 있는 자신을 자주 발견하는가?

· 편두통, 위경련, 변비, 설사, 치질, 두드러기, 여드름, 뾰루지, 요통 등의 질환이나, 기타 스트레스와 관련된 증상을 경험하는가?

· 한 달에 대여섯 번 이상 감기, 독감, 대장염, 소화불량, 심장 두근거

림, 갑갑증, 천식, 발작 등의 병에 시달리는가?

- 상대방과 서로 의견의 일치를 보지 못한 대화를 정확하게 기억하
  지 못할 때가 있는가?
- 상대방의 분노, 불안정, 고립, 기타 불쾌한 행동이 자신에게 책임이
  있을지도 모른다는 생각 때문에, 스스로 괴로워하거나, 다른 사람
  에게 고민을 털어놓은 일이 있는가?
- 무엇인가 잘못됐다는 막연한 생각에 자주 괴로워하는가?

패배가 일상이 될 때

2단계로 접어드는 것과 같이 3단계로 접어드는 것도 피해자
가 모르는 사이에 진행된다. 실제로 3단계의 위험 요소 중 하나
는 피해자가 사물을 보는 균형감각을 점차 상실한다는 것이다.
좌절하고, 절망하고, 낙이 없다고 느끼는 것이 일상이다. 성공적
이고, 희망에 차 있고, 즐거웠던 시절이 언제였는지 전혀 기억할
수 없다. 상황이 나빠졌다는 것을 피해자도 어렴풋이 깨닫지만
예전의 좋았던 시절을 기억하고 싶지는 않을 것이다. 과거의 좋
았던 기억들이 오히려 현재의 자신이 얼마나 비참한지를 일깨
우기 때문이다. 마찬가지로 피해자들은 예전의 좋았던 시절을

기억나게 하는 사람들과의 관계를 피하고 싶어 한다. 가해자의 영향을 받고 있을 때 피해자들은 과거와의 단절을 원한다. 잠시라도 과거를 회상하는 일은 너무나 고통스럽기 때문이다.

3단계는 영혼을 파괴하는 단계다. 내게 상담을 받은 일부 피해자들은 3단계에 대해 일상생활 전반에 무관심해진다고 표현했다. 음식을 먹어도 맛이 좋은지 모르고, 친구들과 보내는 시간도 즐겁지 않으며, 야외에 나가 아름다운 들판을 거닐어도 아무런 감흥이 없다. 그리고 최후에는 삶 전체가 무미건조하게 느껴진다. "어디서 점심을 먹고 싶은지, 어떤 영화를 보고 싶은지, 아침에 어떤 옷을 입고 나가고 싶은지와 같은 아주 사소한 의사결정조차 할 수 없을 만큼 무기력해진다"라고 피해자들은 말한다. "다른 사람들이 나를 발견하지 못하도록 숨어 지낸다. 다른 사람들과 딴 세상에 살고 있는 것 같은 느낌을 갖는다"라고 말하면서 어떤 피해자는 이를 '세상과의 단절'이라고 표현했다.

3단계의 가장 나쁜 현상은 절망이다. 다른 단계의 피해자들처럼 3단계의 피해자들도 가해자를 이상적인 존재로 생각한다. 그리고 그의 인정을 받기를 간절하게 원한다. 하지만 3단계에 이르면 피해자들은 가해자의 인정을 받을 수 있다는 희망조차 포기한다. 그 결과 피해자들은 자신을 최악으로 생각한다.

3단계의 피해자인 멜라니의 남편은 자신의 저녁 파티에 쓸 자연산 연어를 사오지 않았다고 화를 내면서 멜라니를 나무랐다. 멜라니는 혼란스럽고, 기가 죽고, 남편에게 압도당하는 최악의 결혼 생활을 해왔고 그것들이 대부분 정서적인 피로와 육체적인 에너지 고갈의 결과라고 생각했다. 멜라니는 나에게 남편과 생각이 일치하지 않더라도 더 이상 생각하지 않는다고 말했다.

"그가 온갖 질문을 해대며 저를 공격할 거라는 걸 알아요. 그와 계속 다툴 힘도 없어요. 항상 그랬듯이 그가 이길 거라는 걸 알아요. 포기하는 게 훨씬 쉽다는 거죠. 그가 원하는 것이 무엇인지 짐작하고, 거기에 맞춰서 싸움이 일어나는 것을 사전에 막는 편이 쉬워요."

나는 이 관계에 대해 어떻게 느끼고 있는지 멜라니에게 물었다. 그녀는 무관심한 듯 말했다. "모르겠어요. 제가 어떻게 느낀다고 무엇이 달라지나요? 단지 있는 그대로일 뿐이에요."

몇 주 후에 동일한 질문을 멜라니에게 다시 했다. 그때 멜라니는 눈물을 참으려고 애쓰며 이렇게 말했다.

"증오해요. 됐어요? 제가 무엇을 하더라도, 아무리 좋은 사람이 돼도, 아무리 노력해도 달라질 것이 없다는 느낌을 증오해요. 남편은 자신이 원하는 대로 생각할 거예요. 그와는 말이 통하지 않아요. 그가 예전처럼 저를 사랑해주었으면 좋겠어요. 그도 예전에는 정말 좋은 사람이었어요. 그리고 저는 그 시절이 그리워요. 제가 열심히 노력하면 우리가 예전 모습으로 돌아갈 수 있을 거라고 생각했어요. 그런데 이젠 지쳤어요. 도움이 된다면 다시 노력할 거예요. 하지만 아무래도 저는 그에게 도움이 안 돼요. 그가 왜 이렇게 오랫동안 저와 살고 있는지 모르겠어요."

멜라니의 말은 그녀가 무능력하고 주의력이 부족하다는 남편의 의견을 완벽하게 반영했다. 그녀는 자신을 얕잡아 보는 남편의 감정 폭발에 두려움을 느끼고 있었다. 1장을 돌이켜보자. 남편은 멜라니에게 "우둔하고 경솔한 여자"라는 말을 자주 했다. 멜라니는 자신에게 두 가지 선택의 여지가 있다고 생각했다. 하나는 그의 말에 반대해 이길 수 없는 싸움을 시작하는 것이고, 다른 하나는 그녀에 대한 남편의 의견을 받아들이는 것이었다.

그녀가 유능한 아내로서 사랑받을 가치가 있다는 점을 남편이 인정해주기를 간절히 바라지 않았다면, 멜라니는 세 번째 선택을 생각할 수도 있었을 것이다. 한 발짝 물러나서 자신이 아닌 그에 대해 비판적으로 생각해볼 수도 있었을 것이다. 어쩌면 '왜 내가 한 일을 이 사람은 좋게 보려고 하지 않는지 이해할 수가 없어. 아마 그가 비합리적이고 만족할 줄 모르는 사람이기 때문일 거야'라고 생각할 수도 있었을 것이다. 그리고 자신이 힘들고 까다로운 사람과의 결혼을 정말 원했는지에 대해서도 의문을 가질 수 있었을 것이다. 또 비난만 계속되는 끝없는 말다툼에서 벗어날 수 있었을 것이다.

그러나 멜라니는 다른 모든 피해자들과 마찬가지로, 가해자를 이상적인 존재로 생각해왔다. 처음 결혼했을 때 멜라니는 남편을 깊이 사랑했고, 그와의 관계를 천국 같은 것으로 생각했다. 그리고 그들의 보금자리를 안전하게 보호받는 장소로 여겼다. 그런 식으로 멜라니는 남편과 하나가 되려는 충동에 사로잡혔다.

남편에 대한 자신의 생각이 틀렸고, 자신의 결혼관이 건강하지 않을 수도 있다는 가능성에 대해 생각하는 것조차도 멜라니에게는 너무 끔찍한 일이었다. 한번은 그녀가 "만약 그가 내 생각과 다른 사람이 아니라면, 모든 것이 거짓말이에요"라고 전에 없이 화를 내며 말한 적이 있다.

"저는 믿을 수 없어요. 절대로! 그의 잘못이 아니에요. 이건 모두 제 잘못이에요."

멜라니는 남편이 항상 절대적으로 신뢰할 수 있는 훌륭하고 사랑스러운 사람이라고 믿으려 했다. 그리고 그녀는 자기가 남편을 만족스럽게 해주지 못한다고 생각했다. 사실 멜라니는 자신의 문제를 해결하고 남편에게 더 좋은 아내가 되려는 희망으로 상담을 받으러 왔다. 그녀는 계속 말했다. "제가 더 좋은 아내가 된다면 우리는 예전처럼 살아갈 수 있을 거예요."

3단계 가해자의 세 가지 유형

2단계에 각기 다른 유형의 가해자가 있듯이, 3단계에도 각기 다른 유형의 가해자가 있다. 피해자들은 난폭한 유형의 가해자, 매력적인 유형의 가해자, 선량한 유형의 가해자 중 어떤 유형과 함께 있느냐에 따라 서로 다른 유형의 3단계를 경험한다.

난폭한 유형

멜라니가 남편을 만족시킬 방법을 찾았던 것처럼, 질은 새로운 직장 상사에게 인정받기를 갈망했다. 그녀가 새로운 상사와 일을 시작했을 때, 질은 자신의 재능과 기량을 보여주어 그를 감동시키고 싶었다. 질은 저널리즘 관련 학과의 명성이 높은 학교를 최고 성적으로 졸업했다. 그녀는 업무와 관련해서도 이미 여러 번 표창을 받았다. 그리고 예전 상사에게 열렬한 칭찬과 찬사를 받았다. 질은 열심히 일하고 야심차게 일에 착수한다면 새로운 상사가 분명히 자신에게 감동할 것이라고 생각했다.

그러나 불행하게도 질의 새로운 상사는 그녀에게서 위협을 느꼈다. 질에게 새로운 상사가 조용하고 보수적이고 거의 말을 하지 않는 사람이라는 말을 들었을 때, 나는 혹시 질의 직설적이고 열정적이고 날카로운 접근 방법에 문제가 있는 것이 아닌가 하는 생각이 들었다. 혹은 인종적, 성적인 편견이 있는지도 모른다고 생각했다. 이유가 무엇이든 질의 새로운 상사는 그녀와 일하는 것을 좋아하지 않았다. 그녀가 기대하던 프로젝트도 맡기지 않을 것이라는 사실이 부서를 옮긴 첫날 명백하게 드러났다.

처음에 질은 새로운 상사의 태도를 도전과제로 받아들였다. 예전 상사에게 인정받았던 것처럼 새로운 상사에게도 인정받기를 원했다. 그를 감동시키기 위해 질은 전보다 더 열심히 일했다. 질의 행동은 기본적으로 상사도 그녀와 같은 가치관과 판단을 지녔을 거라는 추측에 근거한 것이었다. 그녀는 자기가 일을 훌륭하게 잘 처리한다면 그도 그것을 알아보고 인정할 것이라고 생각했다. 질은 상사가 너무 비합리적이어서 그녀가 일한 결과를 평가할 수 없거나, 잘한 일에 대해서도 자신과 다른 생각을 할 수 있다는 점을 받아들이지 않았다.

그래서 질은 자신의 아이디어를 설명한 긴 메모를 준비했다. 그리고 그녀가 맡을 일을 결정하기 위해 상사와 1대 1 면담을 하고자 했다. 그녀의 요청을 상사가 피하자 질은 정확하게 '예'나 '아니오'로 대답해줄 것을 요구했다. 질은 그런 것들이 언론인으로 성공하기 위해 가져야 할 태도라고 생각했다. 하지만 상사에게는 뻔뻔한 여성의 버릇없는 행동으로 보였다. 질이 그에게 더 깊은 인상을 남기려 노력할수록 그는 더 뒤로 물러섰다.

그러나 상사는 단순히 질의 요청을 거절하기만 한 것은 아니었다. 그는 질이 일을 잘하지 못한다고 말할 만한 수많은 이유를 찾아냈다. 질이 최근의 아이디어들을 두 쪽 분량의 메모로 적어 제출하면, 그는 '정보가 충분치 않음'이라고 쓴 간단한 이메일과 함께 돌려보냈다. 질이 세 쪽 분량의 메모를 추가해서 다시 제출하면, '너무 길게 쓰여 있음, 요약 바람'이라는 이메일과 함께 돌려보냈다. 질이 그와의 회의를 요구하면, 그녀가 그의 의견에 너무 의존하려는 것 같으니 스스로 일을 처리하라며 거부했다. 또 질이 일을 주도적으로 처리하면, 그녀가 무례하고 제멋대로라고 질타했다. 그러고는 간부회의에서는 질이 팀워크가 부족하다고 비난했다. 질이 상사에게 좋은 평판을 얻으려고 노력하면 할수록 상사는 질에게 관심이 없는 것처럼 행동했다.

질이 필사적으로 상사의 인정을 원하지 않았다면, 그녀는 어떤 일을 하더라도 그를 만족시킬 수 없다는 것을 깨달았을지도 모른다. 그리고 그녀는 다음과 같이 이야기했을지도 모른다.

"확실히 그 사람에게 인정을 받기는 힘들어. 그러니 나는 세 가지 중 하나를 선택할 거야. 이대로 상황이 나아지기를 기다리거나, 바로 이 직장을 그만두거나, 아니면 고용기회균등위원회EEOC에 제소해서 그의 행동을 처벌해달라고 하는 거야."

질이 어느 것에도 만족하지 못했을 수도 있다. 그러나 적어도 그녀는 상황을 직시하고 상황이 더 나빠졌을 때를 대비해 선택할 일들을 준비할 수 있었을 것이다. 하지만 질은 자신을 비난하는 길을 선택했다. 질은 상사의 의견이 옳다고 여기고 있었다.

상사가 그녀를 더 형편없게 취급해도 질은 그에게 좋은 인상을 주기 위해 더욱 열심히 일했다. 그러고 나서 모든 노력이 불가피해지자 자신을 비난하기 시작했다. '훌륭한 언론인이라면 이 사람을 만족시켰어야 했어. 훌륭한 언론인이라면 성격 차이나 그 밖의 다른 문제가 있더라도 극복할 수 있는 방법을 찾았어야 했어.' 그러나 질은 그렇게 하지 못했고, 그래서 훌륭한 언론인이 될 수 없다고 생각했다.

나는 질이 상사에게 얼마나 의존하고 있는지를 일단 인식한다면 상황은 매우 다르게 변할 수 있다는 것을 그녀가 알게 하고 싶었다. 상사의 판단에 따라 자신을 판단하지 않고, 그녀의 생각대로 자신을 판단할 수 있다면, 그래서 상사의 인정을 덜 중요하게 생각할 수 있다면 그녀는 자유로워질 것이다. 하지만 오랫동안 질은 포기하지 않았다. 준비도 돼 있지 않았다. 그리고 마침내 자신의 패배를 인정했을 때에도 여전히 상사를 비난하지 않고 자신을 비난했다. 그녀는 만날 때마다 이렇게 말했다.

"그와 말이 통하지 않는다는 것이 견디기 어려워요. 제가 무슨 말을 하든지, 어떤 행동을 하든지 그가 들으려 하지 않는다는 것이 저를 미치게 만들어요. 제가 얼마나 좋은 사람인지 그는 보려고도 하지 않아요. 제가 아무리 열심히 일해도 그는 관심이 없어요. 제가 마치…."

질이 말을 머뭇거리자 내가 물었다. "마치 뭐죠?"

"마치 제가 쓸모없다는 느낌이 들게 했어요."

질은 마침내 작은 목소리로 말했다.

"제가 지금까지 같이 일했던 사람들을 모두 바보로 만들었던 것 같아요. 그는 정말 저의 의중을 파악하고 있었어요."

유능하고 지적인 사람이라는 자신의 정체감을 상사에게 의존했기 때문에, 질은 그의 견해에 취약했다. 그리고 겉으로는 친절해 보이는 상사로부터 은밀하게 가스라이팅을 당한 리즈처럼, 질은 자신의 상황을 정확하게 보지 못했다. 실현 가능한 일을 하기보다는 자신이 원하는 방향으로만 노력을 계속해왔고, 마침내 충분하게 상황에 적응하지 못한 자신을 비난했다.

리즈의 경우, 상사와의 문제에 계속 신경을 쓰는 2단계까지만 상황이 진행됐다. 하지만 질은 3단계에 접어들었다. 희망도 없고 즐거움도 없는 자포자기 상태였다. 두 사람의 양상은 동일했다. 영향력을 행사하는 상사들은 옳아야 했고, 영향을 받는 그녀들은 그들의 인정을 필요로 했다. 가스라이팅에서 벗어나기위해 리즈나 질 모두 자신의 가치를 깨달을 필요가 있었다. 실제로는 그만두지 않더라도 직장을 그만둘 의지를 가져야 했다. 그런 후에야 그녀들은 가스라이팅에 대항할 수 있었을 것이다. 그래야만 상대방에게 동일시하려는 충동을 억제할 수 있었을 것이고, 자신들이 상사들과 서로 다른 생각과 느낌을 가졌다는 것을 받아들였을 것이다. 따라서 어떠한 희생을 치르더라도 상사에게 인정받겠다는 노력은 포기해야 했던 것이다.

매력적인 유형과 선량한 유형

지금까지 우리는 3단계의 상황에서, 피해자를 모욕하고 무시하는 난폭한 유형의 가해자와 상대해야 했던 멜라니와 질에 관해 이야기했다. 그렇다면 매력적인 유형의 가해자나 선량한 유형의 가해자에게 피해 입은 여성들에게는 어떤 문제가 있을까? 그들에게 3단계의 상황은 어떤 모습일까?

사회복지사로서 이해심 많은 남편과 완벽한 결혼 생활을 영위하고 있는 것처럼 보였지만, 자신의 삶에 즐거움이 없다고 이야기했던 손드라를 떠올려보자. 처음 손드라가 찾아왔을 때, 그녀는 3단계의 중간 정도 상황에 있었다. 그때 그녀는 무엇이 자신을 행복하게 만들 수 있는지 상상조차 하지 못했다.

"저는 삶이 그저 단조롭게만 느껴져요."

그녀는 계속해서 말했다.

"무미건조하고 마비된 느낌이에요."

손드라는 자신의 결혼 생활이 나무랄 데 없이 훌륭하고 남편과 그녀는 모든 것을 분담하고 있다고 주장했다. 그래서 나는 그들 부부가 즐거움을 위해서 무엇을 함께하는지 물었다. 그녀는 집안일과 아이들을 돌보는 일 외에도 할 일이 너무 많다고 말했다. 결혼 초기에 손드라는 둘만의 시간을 많이 가지려고 노력했다. 그러나 그리지 못했다.

"그는 정말 원했고, 저도 역시 원했어요. 하지만 그러고 나서, 모르겠어요. 우리는 그냥 그러지 못했어요."

나는 남편에게 밤에 같이 외출하자고 물어보고 상황이 어떻게 돌아가는지 보자고 손드라에게 제안했다. 다음 만남에서 그녀가 내게 말했다.

"그는 좋다고 했어요. 그리고 아주 좋은 아이디어라고 했어요. 하지만 달력을 보고는, 시간이 없다고 말했어요. 그래서 우리는 다음 주에 다시 생각해보기로 했죠."

그 다음 주에 손드라는 남편이 멋진 데이트를 열심히 준비하는 것 같다고 알려주었다. 그는 알아서 데이트 준비를 했다. 멋진 식당을 어렵게 예약했고 그들이 데이트할 동안 아이를 돌볼 사람도 구했다.

손드라는 기대에 부풀어 있었고 남편이 '정말 좋은 사람'이라는 자신의 판단을 믿을 수 있었다. 하지만 실제로 그날 밤이 되자 손드라는 실망했다. 평상시와 달리 남편은 그날 너무 오래 일을 해서 아주 지쳐 있었다고 손드라가 이야기해주었다. 그들은 남편이 우여곡절 끝에 예약한 식당에 갔다. 하지만 남편은 너무 피곤한 나머지 별로 먹지 못했다. 식사 내내 어떤 생각에 사로잡혀 있는 것 같았다. 그리고 손드라가 고른 영화를 보러 갔을 때, 남편은 마침내 곯아떨어졌다. 모든 것이 계획대로 됐지만 그날 밤 외출은 성공적이지 못했다.

손드라는 선량한 유형의 가해자에게 피해를 받는 전형적인 사례다. 남편은 좋은 사람처럼 보이지만, 실제로는 손드라와 교감을 나누거나 그녀가 원하는 친밀감을 제공하지 않았다. 그의 행동은 손드라에게 불평할 수 없는 불만을 가져다주었다.

"그는 제가 원하는 모든 것을 주었어요. 제가 여전히 행복하지 못한 것은 저의 문제라고 생각해요."

내가 말했다.

"하지만 손드라! 그는 당신이 원했던 것을 준 것이 아니에요. 당신은 남편과의 멋진 저녁을 원했어요. 하지만 실제로 그는 거기 없었어요. 단지 시늉만 했을 뿐이죠. 그것은 당신이 원했던 것이 아니잖아요."

그녀는 무관심한 듯 말했다.

"그랬을지 몰라요. 하지만 제가 어떻게 불평할 수 있겠어요."

물론 그날 밤 손드라와 남편의 만족스럽지 못한 외출이 단편적인 사건이라면 별로 문제가 되지 않을 것이다. 그러나 손드라는 남편이 그녀가 바라는 것을 들어주긴 하지만 자주 불만을 느꼈다. 남편은 그녀와 교감하는 것보다 자신이 좋은 사람이라는 것을 보여주는 데 더 관심이 있었다. 그리고 손드라는 그의 관점에 완전히 지배된 상태였다. 남편이 자신을 좋은 사람이라고 생각하듯이, 손드라도 그를 좋은 사람이라고 생각할 수밖에 없었다.

올리비아 역시 매력적인 가해자와 함께 살고 있었다. 피부색이 짙고 광대뼈가 도드라진 호리호리한 몸매의 올리비아는 한때 모델이었다. 그리고 지금은 백화점의 구매 부서에서 일하고 있다. 이제 40대 초반인 그녀는 부동산 중개업자인 남편과 15년 이상 결혼 생활을 하고 있다. 초기에 올리비아는 남편의 낭만적인 태도와 넉넉한 씀씀이, 매력적인 모습을 사랑했다. 하지만 지금 그녀는 그의 매력이 점점 사라지고 있다고 느꼈다.

"어젯밤 저는 일을 마치고 정말 피곤해서 집에 돌아왔어요. 남편이 '오! 여보 걱정하지 마. 내가 당신이 여태껏 한 번도 받아본 적 없는 아주 근사한 마사지를 해줄 테니까'라고 말하더군요. 하지만 제가 정말 원했던 것은 뜨거운 욕조에 들어가 몸을 담그고, 조용히 저녁 식사를 하고 나서 가볍게 이야기를 나누는 것이었어요. 아니면 아무 말도 하지 않고 조용히 소파에 웅크리고 앉아 텔레비전을 보는 것이었죠. 그런데 그 대신 남편은 마사지 오일을 바르고 향기 나는 양초를 켜놓고 분위기 있는 음악을 틀었어요. 일을 아주 크게 벌였죠. 그는 제가 너무 아름답다고 말하는가 하면, 또 자신이 하는 마사지가 얼마나 기분 좋은 것인지 끊임없이 제게 말했어요. 마치 다른 사람에게 저를 설명하는 것 같았어요. 그가 제게 말을 한다는 느낌이 안 들었어요."

나는 그녀의 기분이 어땠는지 남편에게 이야기했는지 물어보았다. 그녀의 어깨가 움찔거렸다. 그녀는 "남편은 지난 10년간 제가 말하는 것을 한마디도 듣지 않았어요. 그가 지금 와서 제 말을 들으려 할지 모르겠어요."

손드라가 남편의 좋은 행동을 그녀에 대한 배려가 아니라고 느낀 것처럼, 올리비아도 남편의 태도가 그녀를 위해서라기보다 그의 낭만적인 환상을 위한 것이라는 느낌을 자주 받았다. 3단계의 다른 피해자들처럼 올리비아도 자신이 어떤 일을 하든 더 이상 소용이 없다는 사실을 알게 됐다. 그녀가 말했다.

"그는 꿈쩍도 안 해요. 제가 그를 이해시키려 하면 상황이 더 나빠져요. 그는 일주일 내내 토라져 있을 거예요. 저는 그것을 견딜 수 없어요. 그는 저를 죄의식에 사로잡히게 해요. 그는 좋은 남편이 되려고 하는데, 왜 저는 더 이상 즐길 수 없을까요?"

불행을 느끼고 있음에도 불구하고 손드라나 올리비아는 3단계의 상황을 벗어날 준비가 돼 있지 않았다. 다른 피해자들처럼 그들은 문제가 자신에게 있다고 믿었다. 손드라는 너무 요구가 많다고 자신을 비난했다. 다른 여자 같았으면 남편의 노력에 감사할 거라 생각했다. 손드라는 남편의 변화를 시도하기보다는 그와 더 행복하게 지낼 수 있는 방법을 배울 수 있기를 바랐다.

올리비아 역시 문제가 자신에게 있다고 느꼈다. 자신이 더 자발적이고, 낭만적이고, 정력적일 수 있다면 남편과 보조를 맞출 수 있을 거라고 생각했다. 올리비아의 두 자매와 어머니는 불행한 결혼 생활을 했다. 그들의 배우자 중 두 명은 집을 나갔고, 나머지 한 명은 바람을 피웠다. 그래서 올리비아는 헌신적이고, 낭만적인 남편에게 고마움을 느끼지 못하는 데 죄의식을 느꼈다.

손드라와 올리비아는 가스라이팅에 늘 수반되는 감정 폭발을 두려워했다. 손드라는 남편이 미친 듯이 화를 내며 감정을 폭발시키는 것을 두려워했다. 남편은 가끔 분노를 폭발시켰고 손드라는 그가 언제 폭발할지 짐작할 수 없었다. 그렇게 울화를 풀어버리고 나면 남편은 언제 그랬냐는 식으로 행동했다. 손드라가 그 일에 관해 말하면, 남편은 잠시 사과를 하고 화제를 돌려버렸다. 손드라는 남편이 갑자기 화를 내면 그녀가 얼마나 당황스러운지 그는 전혀 이해하지 못한다고 느꼈다. 내가 이 문제를 제기하자 손드라는 이렇게 대답했다.

"어떻게 사과를 계속해서 요구할 수 있겠어요?"

올리비아가 두려워하는 감정 폭발은 남편이 토라지는 것이었다. 그리고 그 결과 그녀가 느끼게 되는 미안한 감정이었다. 특히 그런 갈등이 해소되면 남편은 언제나 큰 선물을 주었기 때문에 올리비아는 남편에게 전보다 더 미안해했다.

매력적인 유형이나 선량한 유형의 가해자와 지내는 여성들은 다른 사람들에게나 스스로에게 무엇이 문제인지 설명하기 어려워한다. 협조적이거나 낭만적인 태도는 일반적으로 좋은 태도로 받아들여진다. 그들에게 무슨 문제가 있단 말인가?

문제는 가해자들이 영향력을 행사한다는 데 있다. 매력적인 유형의 가해자는 피해자를 위해서라고 주장하지만 사실은 자신을 위해 쇼를 하고 있는 것이다. 피해자에게 자신의 낭만적인 태도를 즐기라고 말하지만, 사실은 그녀가 그것을 즐기고 있는지 전혀 신경 쓰지 않는다. 그는 단지 쇼를 벌이고 그녀에게 그것을 즐기도록 강요할 뿐이다.

선량한 유형의 가해자는 피해자에게 자신이 그녀의 방식대로 일한다고 말한다. 하지만 사실은 자신의 방식대로 일을 처리한다. 그리고 자신이 할 수 있는 일을 제대로 하지 않으면서 그녀에게 해줄 수 있는 모든 것을 해주었다고 말한다. 그래서 그녀가 더 이상 바라는 것은 무리라고 생각하게 만든다.

그 결과 피해자들은 외롭고, 혼란스럽고, 실망스러운 느낌을 갖게 된다. 하지만 피해자들은 그 이유를 설명할 수가 없다. 또 피해자들이 상대방의 행동에 이의를 제기하면 가해자들은 감정을 폭발시킨다. 가해자는 고함을 칠 수도 있고, 피해자들을 떠나겠다고 위협할 수도 있으며 비난을 퍼부을 수도 있다. 그리고 나서 사과를 하거나 선물을 안겨주면 피해자들은 더욱 참담한 기분이 된다. 어떤 경우에도 피해자들의 기분은 고려되지 않는다. 하지만 언제나 피해자들은 자신들이 배려를 받는다고 믿을 것을 강요당한다. 그것은 외롭고 실망스러운 상황이다. 그리고 이러한 상황이 오래 지속되면 우울증으로 발전한다.

피해자들은 왜 가해자와의 관계를 유지할까

무엇이 멜라니, 질, 손드라, 올리비아처럼 강해 보이는 여성들을 3단계의 상태에서 고통받게 만드는 걸까? 가해자는 자신의 힘과 자존심을 지키기 위해 자신이 항상 옳다고 믿는다. 그리고 피해자는 그를 이상적인 존재로 생각하며 인정받기 위해 애쓴다. 가스라이팅이 성립되는 이유는 그런 가해자와 피해자의 역학 관계 때문이다.

그러한 기본적인 역학 관계 이외에도, 문제 있는 관계를 유지하게 만드는 네 가지 중요한 이유가 있다.

경제적 불안

솔직히 말하면, 많은 피해자들은 가해자가 가져다주는 경제적 안정과 생활수준을 포기하지 않는다. 자신들이 행복하지 않다는 것을 알지만, 그들은 경제적으로 어려워지면 더 불행해질 수도 있다고 믿는다. 이런 믿음은 옳을 수도 있고 그를 수도 있다. 피해자들은 이혼을 하거나 직장을 바꿀 경우 그들의 아이들이 경제적, 정서적 곤란을 겪을 거라 생각한다. 3단계 피해자 중 일부는 가해자가 좋은 남편은 아니지만 좋은 아버지라고 여긴다. 그리고 어떤 면에서는 걱정되는 부분도 있지만, 아이들이 아버지를 잘 따른다고 생각한다.

물론 이런 잠재적 이익과 장애는 분명치 않다. 피해자들은 문제가 있는 관계에 머무르는 데 따르는 이익을 과장하고, 그 관계를 떠나서 발견할 수 있는 기회를 과소평가한다. 예를 들어 질은 현재 다니는 직장 같은 곳을 결코 찾을 수 없을 거라 확신했다. 그녀는 상사가 자신의 미래를 좌우한다고 느꼈다. 그녀는 가스라이팅을 극복하면서 비로소 자신이 젊고, 능력 있고, 좋은 경력을 가지고 있다는 것을 깨닫게 됐다. 현재의 상사가 추천서를 써주지 않더라도 예전의 상사나 대학 시절의 교수가 추천서를 써줄 것이다. 상사의 도움과는 상관없이 질에게는 여전히 그녀가 선택한 분야에서 성공하기에 충분한 시간적 여유가 있었다.

멜라니도 마찬가지였다. 남편과 헤어질 생각을 했을 때, 그녀가 맨 처음 걱정한 것은 돈이었다. 멜라니는 편모 슬하에서 자랐다. 어린 시절의 기억은 어머니가 돈 때문에 걱정하는 모습들로 꽉 차 있었다. 식당 종업원으로 일했던 어머니보다 시장 분석가로 일하는 자신이 훨씬 많은 보수를 받는다는 사실을 멜라니가 깨달은 것은 어느 정도 시간이 흐른 뒤였다. 남편과 헤어진다면 고급 아파트에 살거나 호화로운 휴가를 가지는 못하겠지만, 그녀의 수입만으로도 생계를 걱정할 필요는 없었다.

때로는 모성애라는 이해관계가 문제 있는 관계를 유지하는데 절대적인 정당성을 부여한다. 언젠가 남편과의 이혼을 고려할 수 있는지 손드라에게 물어본 적이 있다. 그녀는 공포에 질려 얼굴이 창백해졌다. 그녀는 내게 되물었다.

"아이들이 있는데 어떻게 이혼을 할 수 있겠어요? 아이들은 그를 매우 좋아해요."

나 역시 이혼 경험이 있기 때문에 그녀가 무슨 말을 하는지 잘 알고 있었다. 아이들을 아버지와 떨어지게 하는 것은 고통스러운 일이다. 그리고 이혼을 생각하는 여성은 어느 누구라도 아이들의 요구를 고려하고 싶을 것이다. 이혼이 옳은 결정일 수도 있지만, 거기에는 실질적인 손실이 따른다.

마찬가지로 질의 상황이 달랐다면 그녀가 미래에 대해 느끼는 두려움도 정당한 것이었을지 모른다. 예를 들어 그녀가 50대였다면 새로운 직장을 구하기가 어려울 거라는 그녀의 생각이 어느 정도 맞다. 특히 간부급으로 새로운 직장을 구하는 것은 더욱 어려울 것이다. 그런 경우 상사를 떠나는 것이 경력상의 패배를 의미할 수도 있다.

미래가 좋을지 나쁠지는 확신할 수 없다. 이혼이 아이들에게 어떤 영향을 미칠지, 반대로 문제가 있는 관계를 유지하는 것이 어떤 영향을 줄지 미리 알 수 없다. 줄어든 수입으로 사는 기분이 어떨지, 앞으로 어떤 직업을 얻을 수 있을지도 알 수 없다. 단지 우리는 최선의 추측을 할 뿐이다. 헤어질 경우 잃을 가능성이 있는 것과 관계를 유지할 때 지불해야 할 대가, 말하자면 우울하고 즐거움이 없는 삶을 저울질하는 것이다.

3단계의 상태에 있는 대부분의 피해자들은 종종 자신에게 인생의 즐거움이나 다른 많은 것들을 바랄 자격이 없다고 느낀다. 그러나 즐거움은 항상 어딘가에 있고, 피해자들도 그것을 발견할 수 있다. 그리고 모든 사람이 그렇듯이 그들도 즐거움을 누릴 자격이 있다.

버림받고 홀로 남겨진다는 두려움

인간관계를 갖지 않는다는 것은 상상하기 어려운 일이다. 그렇기 때문에 많은 사람들은 낭만적인 관계를 끝낸다는 것을 세상의 종말처럼 여긴다.

사람들은 일반적으로 의지할 사람 없이 혼자 세상에 버려질 수도 있다는 두려움을 느낀다. 이 두려움은 친구나 동료, 직장 상사와의 관계에 이르기까지 인간의 사회적 관계에 영향을 미친다. 어떤 경우든, 헤어진다거나 거리를 둔다는 생각은 가스라이팅보다도 더 고통스럽고 끔찍하게 여겨지는 고독이라는 결과를 가져올 수 있다. 그래서 피해자들은 가해자와의 관계가 얼마나 불쾌하고 불만족스러운가를 직시하기보다, 가해자를 이상화하고 그와의 관계를 유지하기 위해 필사적으로 노력한다.

어떤 사람들은 자신의 정체성을 어떤 관계나 특정한 직업을 중심으로 구성한다. 예를 들어, 멜라니에게 현재의 남편과 결혼하지 않았다면 어떤 기분일지 물어보았다. 그랬더니 그녀는 "저는 아무것도 아닐 거예요. 그가 없다면 저는 아무것도 아니에요"
라고 풀이 죽어 말했다. 질 역시 "이 직장에서 성공하지 못한다
면, 저는 아무것도 할 수 없을 거예요"라며 비슷한 말을 했다.

다시 한 번 말하지만, 우리는 미래가 변할지 모른다는 것을
기억할 필요가 있다. 피해자들이 두려움을 극복하고 가스라이팅
에서 벗어난다면 그들은 커다란 안도감을 느낄지도 모른다. 외
로움 따위는 전혀 느끼지 않고 오히려 활력과 만족감을 느낄지
도 모른다. 헤어진 그를 계속 그리워하더라도 더 행복할 수도 있
다. 어쩌면 정말로 두려워하던 외로움과 불안감이 엄습해 올지
도 모른다. 그러나 그런 고통에도 불구하고 옳은 결정을 했다는
것을 알게 될 것이다.

우리는 일반적으로 건전한 일을 한다면 단순하고 간단하게
행복을 발견할 거라는 믿음을 지니고 있다. 그러나 진실은 더 복
잡하다. 가장 건전한 결정조차도 슬픔과 비판 그리고 두려움을
가져올 수 있다. 그러나 우리가 두려움에 당당히 맞서고 현명하
게 선택한다면, 마지막에는 그 결정에 감사하게 될 것이다.

수치심

일단 3단계의 상태에 도달하면 상대방과의 관계에 문제가 있
음을 인정해야 한다. 상황이 매우 나쁘다는 것을 인정하는 것은
대부분의 사람들에게 받아들이기 힘든 수치스러운 일로 여겨진

다. 헤어지는 것은 실패를 인정하는 것처럼 여겨지는 반면에 관계를 유지하는 것은 문제를 해결할 기회처럼 느껴진다.

멜라니는 자신의 결혼 생활에 대해 그런 식으로 생각했다. 질도 자신의 직업에 대해 비슷한 생각을 했다. 두 여성 모두 자신의 문제를 해결할 힘이 없다는 것을 수치스럽게 여겼다. 멜라니는 건전한 사람이라면 남편 같은 사람과 잘 지낼 수 있을 거라고 생각했다. 그리고 질은 뛰어난 저널리스트가 되려면 비합리적인 상사에게 승리할 수 있어야 한다고 믿었다. 그들은 가해자를 객관적으로 보기보다 묵묵히 노력하기를 원했다. 그러나 그런 힘든 노력을 하는 것보다는 차라리 그들의 실패를 인정하는 편이 나았다. 우리는 진실을 외면하고서는 어떤 문제도 해결할 수 없다.

멜라니에게는 남편을 대할 때 감정에 치우치지 않는 솔직함이 필요했다. 그녀는 비난이 얼마나 공정하지 못하고, 비이성적이며, 깊은 상처를 주는지 알 필요가 있었다. 또한 자신이 얼마나 불행한지, 얼마나 마음이 어수선하고 혼란스럽고 좌절감을 느끼는지 알아야 했다. 그리고 그것이 자신의 결혼 생활이라는 것을 인정할 필요가 있었다. 그녀의 결혼 생활은 상담 치료를 통해 회복할 수 있는 이상적인 천국이 아니었다. 실제로 문제가 있고 우울한 3단계의 상황이었다. 남편과의 관계가 나아질 수도 있었고, 그렇지 않을 수도 있었다. 하지만 멜라니가 진실과 맞서기 전에는 아무것도 개선될 수 없었다.

질은 상사의 행동이 얼마나 터무니없는 것인지 알 필요가 있었다. 그녀의 상사가 비합리적인 편견과 편애로 훌륭한 저널리스트인 그녀를 내보내고 싶어 할지도 모른다는 가능성을 직시했어야 했다. 자신이 이기지 못할 수도 있다는 것을 받아들일 필요도 있었다. 그리고 그런 상황에 처했을 때, 어떻게 할 것인가를 자신에게 미리 물었어야 했다. 열심히 일하고 최선의 결과를 바라는 것만으로는 문제 해결에 도움이 되지 않는다. 그러나 상황을 진실하게 바라보는 것은 문제 해결에 도움이 된다.

그런 수치심과 싸우고 있다면, 스스로를 깊이 동정할 필요가 있다. 그리고 한 번의 실수, 아니 여러 번의 실수조차 창피한 일이 아니라는 것을 받아들여야 한다. 수치심이 주는 아픔은 비참함을 벗어나기 위해 지불해야 하는 최소한의 대가다. 시간은 많은 상처를 회복시켜준다. 이후 더 좋은 직장으로 옮기거나 더 만족스러운 관계를 갖게 된다면 수치스럽게만 생각했던 가해자와의 이별은 먼 과거의 기억이 될 수도 있다.

환상의 위력

많은 피해자들은 가해자와 자신들에 대한 환상 때문에 관계를 유지한다. 피해자들은 가해자를 영혼의 반려자로 본다. 인생 최고의 사랑인 그가 없이는 살 수 없다고 생각하기도 한다. 또는

'영원한 친구'라는 낭만적 개념과 오랫동안 지속돼온 우정에 대한 소중한 기억을 갖고 있다. 직장에서 출세하려는 환상 때문에, 상사를 떠나면 출세와 성공이라는 희망을 포기해야 한다고 느끼는지도 모른다.

가해자가 가족인 경우 환상은 특히 더 큰 영향을 미친다. 많은 사람들은 어릴 때부터 자신을 알고 있는 부모나 형제자매에 대해 깊은 애착을 가지고 있다. 자기가 가진 모든 것을 쏟아왔고 의지할 수 있으며 누구보다도 친밀한 사람으로 생각한다. 독립할 때도 가족의 곁을 떠나기 때문에 상실감을 느낀다고 생각한다. 하지만 그 상실감은 자신을 돌봐주고 무조건적으로 사랑해주는 전지전능한 사람이 곁에 있어야 한다는 환상 때문에 생기는 것이다.

인식하지 못할 수도 있지만, 그런 환상은 문제가 있는 관계에서 더 강한 힘을 발휘한다. 내게 상담을 받았던 피해자들은 가해자들에게 보내는 열렬한 찬사가 있다고 믿었다. 여기 몇 가지 사례들이 있다.

- 우리의 결혼 생활은 매우 행복하게 시작했어요. 그 시절로 돌아갈 수 없다는 것을 믿을 수 없어요.
- 그는 제 영혼의 반려자예요. 그처럼 저를 행복하게 해준 사람은 단 한 사람도 없었어요.

- 저는 항상 그를 생각해요. 그를 너무 사랑해요. 그가 없는 인생은 상상할 수 없어요.
- 그 애는 제 가장 친한 친구예요. 항상 그랬고 앞으로도 그럴 거예요.
- 그 애는 저를 매우 잘 알아요. 누구도 그 친구처럼 저를 잘 알진 못해요.
- 그 애는 제 마음속을 꿰뚫어 봐요. 저에게는 그런 사람이 필요해요.
- 저와 그 친구에게는 아름다운 추억이 많이 있어요. 우리는 많은 것들을 함께했어요.
- 저는 이런 일자리를 다시는 갖지 못할 거예요.
- 누구도 그가 준 것과 같은 기회를 저에게 주지 못할 거예요.
- 그는 매우 재능이 있어요. 틀림없이 성공할 거예요. 저는 기회를 잃고 싶지 않아요.
- 어머니께서는 저를 위해 모든 것을 희생했어요. 제가 어떻게 어머니를 실망시킬 수 있겠어요.
- 저는 언제나 아버지께 기댈 수 있었어요. 아버지께서 고함을 치실 때도 있었지만, 마지막에는 항상 저를 도와주셨죠.
- 누나는 제 가장 친한 친구 같아요. 우리는 많이 싸우지만, 저는 누나에게 의지할 수 있다는 걸 알아요.
- 저는 항상 형을 우러러봤어요. 형이 저를 꾸짖어도 사실은 제 편이라는 걸 알아요.

5_3단계: "모두 내 잘못이야!"

피해자들이 정말 그렇게 믿고 있다는 것을 안다. 하지만 그들의 말이 모두 진실은 아니다. 보통 의식하지 못하지만, 문제 있는 관계를 유지하기로 결정한 사람들은 모든 것을 참을 수 있어야 한다고 생각한다. 그리고 문제를 해결할 힘이 있다고 생각한다.

멜라니는 자신이 친절하고 성숙한 사람이라 믿었다. 혼자서라도 모든 것을 포용하는 사랑으로 행복한 결혼 생활을 만들 수 있다고 믿고 싶었다. 남편이 아무리 형편없이 행동해도 그녀는 결혼 생활을 행복하게 만들기 위해 충분히 사랑할 수 있었고, 또 그렇게 할 것이다. 결혼 생활이 얼마나 불행한가를 직시하는 일은 자신의 이상적인 모습을 포기하는 일이었다. 그것은 단지 사랑의 힘만으로는 남편의 행동을 극복할 수 없다는 사실을 인정하는 것을 의미했다.

마찬가지로 질은 스스로 매우 강하고 재능 있는 사람이라 믿고 싶었다. 그래서 어떤 상사도 자신을 굴복시킬 수 없다고 생각했다. 가장 힘든 상황에 빠져 있을 때조차 일을 잘할 수 있다고 믿었다. 오로지 자신의 능력만으로 형편없는 업무를 훌륭한 과업으로 변화시킬 수 있다고 생각했던 것이다. 그녀가 얼마나 뛰어난지에 대해 상사가 관심이 없다는 것을 인정하는 것은 바로 자아를 포기하는 것처럼 여겨졌다.

이런 것들이 환상의 힘이다. 피해자들은 일을 옳게 처리하기

벗어나기 위해 특별한 것을 정말 포기해야 할지도
이다. 열렬하게 사랑하는, 자기 영혼의 반쪽이라고
람을 다시는 발견하지 못할 수도 있다. 현재 포기하
에 필적하는 멘토나 직업상의 기회를 찾지 못할 수
로에 대해 깊은 관심을 갖고 있고 잘 알고 있지만, 동
화나게 만드는 절친한 친구를 다시는 사귀지 못할

문제가 있는 상황을 벗어나 어떤 대가를 치렀는지
라볼 용기를 갖는다면, 일생을 통해 늘 따라다니며
톨이가 될지도 모른다는 두려움'을 끝낼 수 있다는
시절에는 할 수 없었지만, 충분한 나이가 됐다면
살피는 것이 가능하다. 세상이 사랑으로 충만하다는
있다. 깊이 의존했던 영혼의 단짝이 사라진다 해도,
구들이나 조력자들, 동료들과 같은 잠재적인 삶의
가해자를 대체하기 위해 삶 속으로 들어올 것이다.
아는 다른 사람의 보살핌에 의존하는 것이 아니다.
상 부모를 영웅시하는 무기력한 어린아이가 아니
식한다면, 인생에서 만나는 다른 사람에게서 과거
못했던 좋은 부모의 역할을 기대하진 않을 것이다.
는 그대로의 자연스러운 관계를 가지며 삶을 즐기
이다. 누구나 스스로 자신을 돌보는 부모가 될 수

만 하면 어떤 힘든 상황도 바꿀 수 있다는 식으로 자신에 대한 환상을 만들어왔다. 가해자들에 대한 기대를 포기하고 다음 단계를 밟기보다는, 그들을 변화시킬 수 있다는 것을 증명하기 위해 필사적으로 노력한다. 그리고 자신의 노력이 실패로 돌아갔을 때는 자신은 강하기 때문에 그가 형편없이 행동해도 상관없다고 스스로 다짐한다.

이런 노력은 어린 시절의 경험에 기반을 둔다. 나쁜 부모들은 아이들을 정서적으로 궁지에 몰아넣는다. 아버지가 자신을 보호해주지 못하고, 자기의 요구를 들어주지도 않을 거라는 사실을 깨달았을 때 두 살, 네 살 혹은 열두 살짜리 아이들이 무슨 일을 할 수 있겠는가? 신뢰할 수 없고 사랑해주지 않는 부모를 가진 아이들은 얼마나 불쌍한가! 아이들은 스스로가 자신을 보호하기에 나이도 어리고 힘도 약하다는 것을 잘 알고 있다. 부모가 그들을 돌봐주지 않는다면 누가 돌봐줄까? 그리고 부모가 아이들을 사랑해주지 않는다면, 보잘것없는 그들을 사랑해줄 사람이 어디에 있을까? 그래서 아이들은 상황을 정확하게 보려 하지 않는다. 즉 부모들이 무능하기 때문에 그들을 보호할 수 없고 그들을 사랑할 수 없다는 것을 직시하려 하지 않는다. 그러기보다는 '내 잘못이 틀림없다'고 스스로를 비난하기 시작한다. 가해자와의 관계에서도 마찬가지다. 이들은 나아가 방치와 실망이라는 사실을 보상하기 위해 환상을 만들어낸다. 그리고 그 환상을 통

해 상황을 더 통제할 수 있는 것으로 받아들인다. 아이 스스로 충분히 강하고 영향력이 있다면 부모들이 그들의 요구를 들어주지 못하는 것은 문제가 되지 않는다. 대신 스스로를 돌볼 수 있을 것이다. 작은 소녀는 "엄마가 무엇을 해도 나는 괜찮아"라고 자신에게 이야기할 것이다. 혹은 "아빠가 나를 실망시켜도 상관없어"라고 말할 것이다. 아이들은 자신을 강하고, 참을성 있고 관대하며, 이해심 많고, 너그러운 존재로 보려고 노력한다. 그런 것들은 부모의 실패를 대수롭지 않은 것으로 만들어버린다.

불행히도 이런 소망들에는 슬픔이나 분노, 두려움이 깔려 있다. 그것은 자신을 돌봐줄 수 있고 사랑할 줄 아는 강한 어른이 주변에 없다는 어린아이의 자각이다. 인간은 누구나 다른 사람의 인정과 칭찬, 사랑을 필요로 한다. 그래서 다른 누군가가 이런 것들을 약속하며 다가오면 그에게 끌린다. 그러나 가스라이팅에 취약한 사람들은 단지 다른 사람들에게 끌리는 수준을 넘어, 다음과 같은 세 가지 환상에 빠진다.

• 어린 시절 양육을 담당했던 유일한 사람이 부모였듯이, 이제 가해자가 양육을 담당하는 유일한 사람이다. 오직 그만이 부모가 주지 못했던 믿을 수 있는 사랑을 줄 것이다. 그는 영혼의 반려자이고 완벽한 스승이며, 가장 친한 친구다. 그리고 그 사랑의 증거는 그의 인정을 받는 것이다.

• 그가 필요한 것을 제공
다고 믿는다. 관대함과
모습으로 변화시킬 수
• 그가 아무리 형편없이
수 있을 정도로 자신이
지고 있기 때문이다. 그
행동을 참아낼 수 있을

이들은 가해자가 형편없
그를 더 사랑하려고 애쓴다
할 기회를 얻을 수 있기 때문
복할 수 없었지만 이제 그것
모욕하고 자신의 필요를
노력한다. 사람들과의 관계
은 두려움을 피할 수 있다고
해주지 않을 것이라는, 실망
부터 벗어날 수 있다고 생
사람이고 유능하며 사랑스
가해자의 인정을 받는 데
행동은 피해자들이 스스로
여기에는 나쁜 점도 있

있는 상황
모른다는
생각되는
려고 하는
도 있다. 서
시에 자신
수도 있다.

좋은 점
솔직하게
괴롭혔던
것이다. 어
스스로를
것도 알 수
사랑하는
동반자들이

진정한
자신이 더
라는 것을
에 가져보
그 사람과
기 시작할

있다. 필요나 질망감 때문이 아니다. 가슴속에 사랑과 희망이 있다면 사랑하는 사람과의 관계나 동료들과의 관계, 친구들과의 우정을 유지할 수 있다. 또한 형편없는 취급을 받는다면 아니라고 말할 용기를 지녀야 하고, 그럴 필요가 있다면 확실히 떠날수도 있어야 한다. 그러한 태도를 보일 때, 정당한 대우를 받을수 있는 가능성이 훨씬 높아진다.

내 경험에 의하면, 문제가 있는 관계를 정리한 사람들은 어떤 관계가 자신들을 가장 두려워하던 것으로부터 구해준다거나 그 관계에 불가사의한 힘이 있다고 여기는 일을 되풀이하지 않으려 한다. 그래서 더 평범한 삶을 살아가게 된다. 과거의 슬픔을 치유할 필요가 없어지면 대인 관계는 평범하고 만족스러워질 것이다. 아마 흥분감은 사라질지도 모른다. 하지만 그것은 큰 문제가 아니다.

새로 사귀는 남자의 이름이 입력된 전화번호를 보고 심장이 뛰는 대신에 가슴 깊이 미소를 짓는 것이 어떨까? 함께 있을 때, 신경이 예민해져서 음식을 삼킬 수조차 없게 되는 대신에 편안함과 평화를 느끼는 것은 어떨까? 사랑이 더 이상 짜릿하고 위태로운 모험이거나 당혹스러운 수학 문제 같은 것이 아니라 단지 편안하고 즐거운 친구 관계를 가져다주는 것이라면 어떨까?

가스라이팅이 가져온 환상을 포기한다고 해도 여전히 흥미있는 대화를 할 수 있고 만족스러운 성관계가 가능하며 깊은 우정을 나눌 수 있고 직장에서 중요한 인간관계를 맺을 수 있다. 필요에 의해서 연결되는 관계가 주는 강렬함은 없을 수도 있다. 새로운 관계에서는 인생을 구해주었다거나 혹은 세계를 바꿔주었다는 느낌은 찾을 수 없을 것이다. 그러나 마음 졸일 일도 없을 것이다. 전화가 울릴 때마다 아니면 울리지 않을 때, 가슴이 조여드는 것 같은 느낌을 갖지 않을 것이다. 어떻게 행동을 바꾸면 상대방을 행복하게 만들 수 있는가를 생각하며 밤에 잠을 설치지도 않을 것이다. 때로는 외로울 수도 있고 때로는 사랑받을 수도 있다는 것을 아는 성인으로서 살아갈 수 있다. 그리고 어떤 경우라도 다시는 다른 사람에 의해 형편없이 취급당하는 것을 허용하지 않을 것이다.

새로운 세계 창조하기

마지막으로 심리분석가 프랑크 라흐만과 함께 연구했던 특별한 시각화 훈련을 소개하고 싶다. 다른 사람에게 자기가 원하는 것보다 더 많이 양보한다고 느낄 때나 혹은 자신의 정체성이나 소망이 불분명하다고 느낄 때 이 훈련을 한다. 이 훈련은 일상적인 삶에 매우 유용할 것이다. 특히 3단계 상황의 지치고 혼란스러운 상태를 벗어나는 데 도움이 될 것이다.

집 상상하기

예쁜 울타리로 둘러싸인 아름다운 집에 산다고 상상해본다. 주변 환경, 방과 가구의 모습처럼 이 집의 세부적인 모습을 잠시 머릿속에 그려본다. 또 울타리의 모습을 떠올려본다. 울타리가 무엇으로 만들어져 있는가? 그 높이는 얼마나 되는가? 상상 속에서 이 울타리를 아주 튼튼하게 만든다. 아무도 부수지 못하게 아주 튼튼하게 만든다.

문지기 돼보기

이제 손님이 들어올 수 있도록 울타리에서 틈이나 현관, 대문을 찾아본다. 당신은 문을 지키는 유일한 사람으로, 누가 들어오고 누가 들어오지 못하는가를 결정하는 권한을 가지고 있다. 누구라도 들어오게 할 수 있고, 누구라도 이유를 말할 필요 없이 들어오지 못하게 할 수 있다. 잠시 그 힘이 어떠한 것인지 느껴본다. 들어오게 하고 싶은 사람의 얼굴과 들어오지 못하게 하고 싶은 사람의 얼굴을 마음속에 떠올려본다. 집을 지키는 문지기로서의 힘을 느껴본다.

손님 초대하기

당신에게 친절하고 당신의 기분을 고려해주는 사람만 들어오도록 결정했다고 상상해본다. 그리고 이미 들어온 사람이라도 당신에게 못되게 굴고 당신을 방해하면 그는 집에서 나가야 한다. 그리고 당신에게 호의적으로 대할 준비가 되기 전까지는 다시 돌아올 수 없다. 어떤 때는 못되게 굴다가 다른 때는 잘해주었던 사람에 대해 진력이 났을 수도 있다. 그들이 현재 아무리 잘하고 있더라도 그런 사람들은 못 들어오게 하는 것이 좋다.

불청객 거절하기

집과 벽, 대문을 적어도 15분 동안 계속해서 머릿속에 그려본다. 들어오고 싶어 하는 사람은 누구이며 그들 중 누구를 들이고 싶은지, 집에 들어오는 것이 허락된 사람과 거절된 사람의 반응을 생각해본다. 그리고 그들의 반응에 대한 당신의 반응을 생각해본다.

돌이켜보기

나중에 원한다면, 이러한 경험을 통해 무엇을 배웠는지 몇 분간 글로 써본다. 벽으로 둘러싸인 집은 원하면 항상 존재하는 성역으로 이용할 수 있다는 것을 명심한다.

・・・

    지금까지 무엇이 가스라이팅의 함정에 빠뜨리는지 살펴봤다. 다음 장에서는 어떻게 가스라이팅을 차단할 수 있는지 살펴볼 것이다.

6장

가스라이팅
차단하기

THE GASLIGHT EFFECT

케이티는 나와 함께 남자친구의 가스라이팅을 차단할 방법을 찾기 시작했다. 처음에 케이티는 남자친구와의 관계가 좋아질 거라고 낙관했다. 그리고 자신이 좋은 여자친구이자 충성스러운 애인이며, 남자들에게 경박하게 구는 여자가 아니라는 사실을 남자친구에게 확신시키려 했다. 그런 노력은 오히려 남자친구의 가스라이팅을 더 심하게 만들었다. 케이티는 남자친구의 감정 폭발이 악화됐다는 것을 알게 됐다. 남자친구의 반응이 두렵고 당황스러웠으며 새로운 시도를 포기하고 싶었다.

케이티는 혼신의 힘을 다하지 않으면 가스라이팅을 차단할 수 없다는 것을 이해할 필요가 있었다. 가해자와 실제로는 헤어지지 않더라도 그를 기꺼이 떠나겠다는 의지가 있어야만 관계를 변화시킬 수 있다. 가해자와는 다른 생각을 자신도 가질 수 있다는 인식에 익숙해져야 한다. 그래야만 가해자의 부정적인 생각에 나의 생각을 양보하지 않게 된다. 또 자신을 좋게 생각하도록 가해자를 납득시킬 필요가 없어진다. 피해자가 떠날 의지를 가지고 있다는 것을 알기 전에는 가해자는 행동을 바꾸려 하지 않을 것이다.

1 문제를 확인하자.

2 스스로를 동정하자.

3 희생을 각오하자.

4 자신의 감정과 통하자.

5 자신에게 힘을 부여하자.

6 자신의 삶을 개선하기 위해 우선 한 걸음 내딛자.

관계를 정리할 각오

앞서 이야기한 것들을 더 살펴보자. 가해자를 떠나겠다는 의지를 가질 때만 그 관계를 변화시킬 수 있다. 물론 떠나지 않고도 문제를 해결할 수 있는 상황도 많이 있을 수 있다. 때로는 문제가 조금씩 고개를 쳐들다가 다시 문제가 없었던 예전 상태로 돌아가기도 하고, 가해자가 불안하다고 느낄 때만 가스라이팅을 하는 경우도 있다. 이런 경우에는 단순하게 상대방과의 충돌을 거부하고, 다툼의 중요한 원인이 되는 말이나 행동, 상황 등을 피함으로써 문제를 해결할 수 있다. 상대방이 문제가 있음을 인성할 의지가 있다면, 커플 상담을 받을 수도 있다. 또는 상황을 새롭게 인식하는 것만으로도 충분히 상황을 변화시킬 수 있다. 어떤 가해자들과는 관계를 단절하지 않더라도 피해를 줄일 수 있을 것이다.

하지만 피해자가 떠나겠다는 의지를 갖지 않는다면 변화는 일어나지 않는다는 점을 명심해야 한다. 케이티의 경우처럼 모든 것이 순조롭게 진행된다고 해도 상대방이 예전과 같은 상태로 되돌아오는 시점이 있기 때문이다. 그게 인간의 본성이다. 사람은 하루아침에 바뀌지 않는다. 고함치는 것에서 절규하는 것으로, 가끔 비난하던 것에서 항상 비난하는 것으로, 일시적인 냉대에서 며칠간 말하지 않는 것으로 감정 폭발의 정도를 더욱 격렬하게 함으로써 가스라이팅 수위를 더욱 높일 수 있다. 이 과정에서 가해자는 예전의 상태로 두 사람의 관계를 되돌리기 위해 온갖 방법을 동원할지도 모른다.

변화하는 데 문제가 있는 쪽은 가해자만이 아니다. 피해자들도 새로운 관계 설정 과정에 의문을 품는다. 피해자들은 가해자와 하나가 되려는 생각에 휩쓸리거나 가해자에게 인정받으려는 열망에 압도될 수 있다. 피해자들은 예전의 나쁜 기억을 모두 잊어버리고 좋은 기억만 떠올리려는 유혹에 빠질 수도 있다. 그것역시 인간의 본성이다. 대부분의 사람들은 변화가 얼마나 어려운 것인지 깨닫게 된다.

모든 것을 예전과 같은 상태로 유지하려는 거대한 힘에 무엇으로 저항할 수 있을까? 피해자나 가해자나 모든 것을 예전처럼 유지해야 한다고 강하게 느끼고 있다면, 무엇이 피해자를 다르게 행동하게 만들 수 있을까?

관계를 변화시킬 수 있는 유일한 방법은 스스로 원하는 삶을 만들겠다는 다짐, 가스라이팅을 배제하려는 노력이다. 그런 노력을 계속 유지하기 위해서는 모든 것을 떨쳐버리겠다는 의지가 필요하다. 사랑하는 사람과 헤어지거나 가장 친한 친구와 절교하거나 이상적인 직장을 그만두겠다는 의지가 필요하다. 자신의 견해를 가해자의 견해에 양보하는 것도 그만두어야 한다. 나의 생각을 지키고, 가해자의 생각은 그 나름대로 허용하겠다는 의지를 가져야 한다. 상대방을 존중하지 않거나 다른 견해를 가졌다는 이유로 응징을 당한다면 관계를 유지할 수 없다는 것을 피해자와 가해자 둘 다 알 필요가 있다.

다시 이야기하지만 반드시 실제로 상대방과 헤어질 필요는 없다. 하지만 헤어질 각오를 하지 않는다면, 앞으로 전개될 험난한 길을 헤쳐나갈 수 없을 것이다. 결정을 내리기가 어렵다면 아래의 지시에 따라보자.

• 다음 주의 자기 모습을 머릿속에 그려본다. 가능한 한 아주 자세히 그려본다. 어떤 옷을 입고 있는가? 표정은 어떤가? 상대방의 표정

은 어떤가? 그는 무엇을 이야기하는가? 그의 이야기를 들을 때 당신은 어떤 기분이 드는가?

- 내년의 모습을 머릿속에 그려본다. 다시 한 번 자신의 모습을 가능한 한 아주 자세히 그려본다. 어디에서 일하고 있는가? 자신을 행복하게 해주는 것이 무엇인가? 상대방과 함께 있는 자신을 생각해본다. 서로 어떤 이야기를 하고 있는가? 두 사람은 각기 어떤 모습인가? 두 사람을 상상했을 때 어떤 기분이 드는가?
- 3년 후의 모습을 머릿속에 그려본다. 두 사람의 관계는 어떤 것 같은가? 그 삶은 어떤 모습인가? 스스로 원하는 삶의 모습인가?
- 이제 현재의 관계가 원하는 미래를 가져다줄 것으로 여겨지는지 스스로에게 물어본다. 현재의 상태를 계속 유지해나가면 미래가 어떻게 될 것 같은지 스스로에게 물어본다. 현재의 관계를 유지하기 위해 희생해야 하는 것이 무엇인지 또한 원하는 삶을 얻기 위해 기꺼이 희생해야 하는 것이 무엇인지 스스로에게 물어본다.

명심할 사항이 몇 가지 있다. 첫째, 관계를 개선하는 데 최선을 다하기 위해, 앞서 제시한 여섯 가지 방법이 여러 길들 중 하나를 선택해야 하는 여행과 같다는 점을 명심해야 한다. 적당하다고 느껴지면 순서에 관계없이 여섯 가지 아이디어를 시도할 수 있다. 뒤에 설명할 과정을 따르는 것이 더 유용할 거라 생각하지만, 단계를 뛰어넘어도 된다. 괜찮다고 생각되면 그 과정이 적당한 길인 것이다. 동시에 여러 방법을 시행하는 것도 괜찮다.

또한 당장은 그 과정이 마음에 들지 않을 수도 있다는 것을 알아야 한다. 케이티의 경우처럼 당황스럽고 외롭고 슬퍼질 수도 있다. 케이티는 남자친구의 가스라이팅에 맞서는 동안 그와 헤어진다면 얼마나 외로울까 하는 생각으로 잠도 잘 이루지 못했다. 심장이 뛰고 위가 마비되는 것을 느끼기도 했다. 남자친구와의 관계를 변화시키려 애쓰면서 그를 만나기 전에 얼마나 외로웠는지, 그를 만난 첫 주가 얼마나 행복했는지를 생각하니 갑자기 눈물이 쏟아질 것 같았다. 그녀를 바라볼 때 빛나던 그의 얼굴과 발 마사지를 해주던 모습이 떠올랐다. 그리고 그가 없는 예전의 생활로 어떻게 되돌아갈 수 있을까 생각했다.

하지만 케이티는 그녀를 비난하던 남자친구의 방식을 얼마나 증오했던가를 생각했다. 그와 싸우는 것을 얼마나 싫어했고, 그가 고함칠 때 얼마나 무서웠던가를 기억해냈다. 그에게나 자신에게나 존중받기를 원하며 생각이 다르다는 이유로 부당한 일을 당하고 싶지 않다는 의지를 분명히 드러내면서 남자친구에게 당당히 맞섰을 때, 얼마나 기분이 좋았는지 생각해냈다. 그녀는 여전히 슬프고 근심에 싸여 있으며 외로웠지만 단호하게 결심했다.

상황이 얼마나 달라질 수 있는지를 깨닫기 시작하면, 예전에는 느끼지 못했던 분노와 실망감을 느끼기도 한다. 흥분된 상태였다가 곧 우울해지기도 한다. 변덕스럽고 예측할 수 없는 기분일 것이다. 변화를 추구할 때 감정이 복잡해지는 것은 정상이므로 너무 심각하게 생각하지 말아야 한다. 단지 그 기분을 경험하고 지나가게 내버려두어야 한다. 들뜬 기분이나 행복감과 환희를 경험하더라도 그것 역시 곧 지나간다는 것을 깨닫고 가능한 한 그 기분을 만끽하도록 한다. 모든 감정이 정리되는 데에는 시간이 걸린다. 그러므로 인내를 갖고 버텨야 한다.

현재의 관계를 유지할 수 있을지 없을지는 모른다. 하지만 변화는 현재 함께하고 있는 사람이나 미래에 함께할 새로운 사람과의 관계를 건강하고 행복하고 만족스럽게 만드는 데 큰 도움이 된다. 행동의 변화가 삶의 전반에 끼치는 영향은 놀랄 만한 것이다. 다른 사람의 영향력을 차단하려는 노력은 직장에서의 업무, 친구들, 배우자, 가족들 그리고 자신이 살아가는 세상을 전반적으로 개선할 것이다. 그러므로 비록 포기한 것 때문에 슬프더라도 얻은 것에 대해서는 축하하고 고맙게 여겨야 한다.

마지막으로, 가스라이팅을 차단하고 자신의 힘을 발휘하기 위해서는 오랜 시간이 걸린다는 것을 깨달아야 한다. 짧은 시간 안에 놀라운 변화가 생길 수도 있지만, 몇 주가 지나도 아무런 변화가 없을 수도 있다. 어느 정도 변화를 보였다가도 다시 문제가 되풀이될 수도 있다. 분명히 좋은 날도 있고 나쁜 날도 있을 것이다. 어떤 때는 예전으로 되돌아갔다가도, 얼마 지나지 않아

6_가스라이팅 차단하기

변화가 거의 이루어졌다는 확신마저 생길 것이다. 상황이 어떻든 잠시 숨을 돌리고 자신에게 동정심을 가져야 한다. 신뢰하고 사랑하는 사람들 곁에 머물러야 한다. 변화를 위해 전념한다면 결국에는 목표에 다다를 것이다.

- 하루에 한 번씩 믿을 만한 친구나 사랑하는 사람들과 대화한다. 아니면 적어도 일주일에 한 번 상담을 받는다.
- 가해자와 나누었던 최근 세 번의 대화를 기록한다. 그리고 그런 상황이 다시 펼쳐지면 어떻게 행동하고 싶은지 생각하고 그 기록을 잘 정리해서 보관한다.
- 마지막으로 즐거웠던 때가 언제였는지 기억해본다. 그 즐거웠던 순간을 글로 기록하거나 그 기억을 되살릴 수 있는 그림을 찾아보거나 직접 그린다. 자신이 원하는 새로운 삶이 생각나도록, 그 글이나 그림을 매일 볼 수 있는 곳에 걸어둔다.

가스라이팅을 차단하는 여섯 단계

문제를 확인하기

앞서 보았듯이 매력적인 유형의 가해자나 선량한 유형의 가해자와의 관계에서는 문제가 무엇인지 자신에게도 설명하기가 어렵다. 매력적인 유형의 가해자를 남편으로 둔 올리비아는 상황을 전혀 이해하지 못하는 친구와 실망스러운 대화를 했다.

"그가 네가 원하지도 않는 선물을 주었다고? 넌 목욕을 하고 싶었는데 남편이 마사지해주려 했다고? 그게 네가 화가 난 이유라고? 너 어떻게 된 거 아니니?"

올리비아는 문제를 분명하게 밝히려 애썼다. 남편이 선물한 주름 장식이 달린 블라우스와 솜털이 푹신푹신한 나이트가운, 섹시한 속옷은 자신을 위한 것이 아니라 상상 속의 여자를 생각하고 준비한 것이라고 여겨졌다. 올리비아는 맞춤 정장과 수수한 속옷을 입었고, 잠을 잘 때는 옷을 벗고 자는 습관이 있었다. 그리고 남편의 거창한 마사지는 항상 큰 소동을 일으키기 때문에 올리비아는 긴장이 풀린다고 느낀 적이 한 번도 없었다.

앞서 보았듯이 올리비아는 남편의 낭만적인 태도를 고마워하지 않는 것에 대해 죄의식을 느꼈다. 상담 초기에 나는 왜 남편의 선물이 관심과 사랑을 받는다는 느낌보다 그녀를 지치게 하고 좌절감을 느끼게 하는지 밝히려 애썼다. 내가 물었다.

"선물과 낭만적인 행동에 대해 당신이 어떻게 생각하는지 남편에게 말한 적 있나요?"

"있어요. 그런 셈이죠. 마사지를 정말 좋아하지 않는 것 같다고 말했어요. 저는 단지 그와 함께 소파에 앉아서 텔레비전을 보고 싶다고 했어요. 하지만 그랬더니 그의 눈에 눈물이 고이더군요. 상처를 받은 것처럼 보였어요. 제가 정말 그를 실망시켰다고 느꼈어요."

"그가 당신을 위해 해준 것에 대해 고마워하지 않은 것이 그를 실망시켰다는 거군요."

"그래요."

"올리비아, 그런 상황에서 남편의 행동은 스스로를 기쁘게 하려는 것인가요? 아니면 당신을 기쁘게 하려는 것인가요?"

그녀는 나를 믿을 수 없다는 듯이 쳐다보았다. 확실하게 올리비아는 상황을 그런 식으로 생각해본 적이 없는 것 같았다. 마침내 올리비아는 자신의 문제를 확인할 수 있었다.

"남편은 저를 위해 멋진 일을 많이 하지만, 그게 저와는 상관이 없는 일 같아요. 저는 그의 행동이나 선물이 저를 기쁘게 한다기보다는 그를 기쁘게 한다는 느낌을 자주 받아요. 그의 선물을 좋아하지 않는 제가 뭔가 잘못됐다는 느낌을 갖게 되는 건 더욱 우울한 일이죠."

자신의 문제를 확인한 올리비아는 기대하지 않았던 안도감을 갖게 됐다. 그녀는 마침내 왜 단절되고 불만족스러운 느낌을 가졌는지 이해하게 됐다. 그녀는 단지 남편이 좋다 나쁘다를 떠나서 자신의 상황을 설명할 수 있는 방법을 찾았다. 무엇이 자신에게 맞지 않는지에 대한 분별력을 갖게 됐다.

문제를 확인할 때는 상대방이 어떤 행동을 하는가를 확인하는 동시에 자신이 어떤 행동을 하는가도 확인해야 한다.

- 남편은 자주 나의 문제점을 거론하고, 나는 스스로 형편없는 인간이라는 느낌을 갖게 된다. 전에는 이 문제를 가지고 남편과 다투었지만 지금은 그럴 가치도 없다고 생각한다. 나는 남편이 지적하는 것들이 듣기 싫고 항상 우울하게 지내는 것이 싫다.

   나를 조종하기 위해 그가 하는 것: 모욕을 주는 것
   피해자인 내가 하는 것: 예전에는 말다툼을 했으나 지금은 받아들이고 기분 나빠할 뿐임

- 친구와 오랜 시간에 걸쳐 언쟁을 벌였지만 아무것도 해결된 것이 없다. 나는 항상 왜 좋은 친구가 못 되는가를 고민한다. 스스로에 대해 나쁜 생각을 갖는 것도 지겹다. 다른 친구들은 내가 그런 생각을 갖게 만들지 않는다.

   나를 조종하기 위해 그가 하는 것: 나쁜 친구라고 비난하는 것
   피해자인 내가 하는 것: 그와 말다툼을 하고, 내가 나쁜 친구가 아니라고 그를 설득하는 것

6_가스라이팅 차단하기

- 상사는 나를 좋아하는 것 같지만, 직장에서 의심스러운 일이 벌어지고 있다. 그녀는 예전에 내가 참석했던 중요한 회의에 나를 참석시키지 않는다. 중요한 거래처와의 접촉도 차단한다. 그녀는 아무런 문제가 없다고 했지만, 나는 그녀가 거짓말한다는 것을 안다. 나는 무슨 일이 벌어지는지 모르는 상황이 싫다.

나를 조종하기 위해 상사가 하는 것: 나를 고립시키고 거짓말하는 것
피해자인 내가 하는 것: 상사를 믿고 있는 것처럼 행동하는 것, 혹은 믿으려고 노력하는 것

- 어머니는 내가 잘못을 저질렀다고 생각하게 만드는 데 능숙하다. 어머니가 나를 칭찬하는 말을 들어봤으면 좋겠다. 하지만 그런 기대를 하는 것이 싫다. 마치 어머니에게 기어가서 '착한 아이'라는 말을 들으려는 것 같다. 내가 왜소하고 바보처럼 느껴진다.

나를 조종하기 위해 어머니가 하는 것: 내가 무엇인가를 잘못했다는 식으로 행동하는 것
피해자인 내가 하는 것: 잘못한 것이 없음을 보여주기 위해, 칭찬받기 위해 애쓰는 것

스스로를 동정하기

누구나 형편없는 대우를 받으면 마음에 상처를 입는다. 그중 최악의 상황은 자신이 그런 대우를 받을 만한 짓을 했다고 여기는 것이다. 가해자와의 파멸적인 관계에 스스로 어떻게 맞장구 쳤는지 이해하고 책임을 져야 할 부분을 찾다 보면, 자신이 상대방으로부터 형편없는 대우를 받아 마땅하다고 느끼게 된다. 결국 그 관계에 동참한 것은 자신이다. 가해자와 말다툼하거나 복종하거나 그가 어떠한 행동을 해도 상관하지 않겠다는 메시지를 보낸 것도 자신이다. 상황을 나름대로 개선하려고 노력해왔거나 아니면 거기에 안주했다. 따라서 가해자처럼 그 상황에 책임이 있다.

하지만 이런 생각이 옳을까? 그렇지 않다. 이 과정의 목적은 자신을 꾸짖거나 죄의식을 갖거나 혹은 책임을 나누는 데 있는 것이 아니다. 이 과정의 유일한 목적은 상황을 더 낫게 변화시키는 것이다. 그렇게 하기 위해서, 자신이 문제에 어느 정도 역할을 했는지, 어떻게 해야 그런 역할을 하지 않을 수 있는지 알 필요가 있다. 하지만 이것이 책임을 져야 한다거나 비난을 받아야 한다는 뜻은 아니다.

화를 잘 내고 신뢰할 수 없는 어른이 한 명 있다. 그는 다른 사람과의 접촉을 꺼린다. 그런데 한 어린 소녀가 그와 같이 놀고 싶어 한다. 이 상황을 어떻게 받아들이겠는가? 그 어린 소녀는

6_가스라이팅 차단하기

다른 사람들을 받아들이려 하지 않는 그 사람과 접촉하려고 갖가지 시도를 하며 자꾸 다가가려 한다. 소녀가 처음에 몇 번 접근하려고 했을 때, 그는 화를 내거나 때리거나 소리를 질렀다. 이를 어떻게 생각하는가? 어떤 조언을 소녀에게 해줄까? 그 조언에 어떤 뜻을 담을까?

못되게 행동하는 그 남자를 가까이하지 말라고 소녀에게 충고를 해줄 테지만, 여전히 그 소녀가 불쌍하게 보일 것이다. 어린아이에게 혹은 친구나 사랑하는 사람들에게 보였던 것과 동일한 동정심을 자신에게도 갖기를 권하고 싶다. 자신의 정체성과 자신이 했던 일들을 아직 완전히 이해하진 못하고 있겠지만 스스로에 대한 사랑과 자신의 진가를 깨닫기 위해서는 그런 동정심을 자신에게도 보여주어야 한다. 자신에 대해 동정심을 갖는 일은 때로는 아주 어려운 일이다. 그러나 내 경험에 의하면 진정한 변화는 흔히 자신에 대한 동정심에서 시작된다.

희생할 각오하기

돌아갈 길은 없다. 가스라이팅을 벗어나기 위해서는 무엇인가를 지불해야 한다. 그리고 가해자와 헤어질 각오를 한다는 것은 비록 실제로 헤어지지 않더라도 상당한 손실이 예상되는 일이다. 상담을 받는 사람들은 이렇게 말한다.

"다시는 그런 남자를 만나지 못할 거예요. 그 사람처럼 저를 들뜨게 만들고, 제 비위를 잘 맞추고, 섹시하고 완벽한 짝을 다시는 만나지 못할 거예요." 혹은 "이렇게 좋은 직장을 다시는 구하지 못할 거예요. 저의 재능과 능력, 목표, 이상에 이렇게 딱 맞아떨어지는 자리를 다시는 찾지 못할 거예요"라고 말한다. 또는 "그 친구처럼 저를 잘 알고, 저와 많은 것을 함께한 사람을 다시는 만나지 못할 거예요"라고 말하기도 한다. 아니면 "어머니(또는 아버지, 형제, 작은어머니, 작은아버지, 사촌)와 말을 하지 않는다면 우리 가족이 어떻게 될지 상상할 수 없어요. 명절은 어떻게 되겠어요? 누가 제 생일을 축하해주겠어요? 어떻게 제 아이들에게서 친척을 빼앗을 수 있겠어요?"라고 말한다.

앞서 보았듯이, 피해자는 잃어버릴 것에 대해 과장되게 생각하는 경우가 있다. 다른 사람을 만날 수도 있을 것이다. 또 다른 일자리를 구할 수도 있다. 예전의 친구가 주던 즐거움을, 아니 그보다 더한 즐거움을 줄 수 있는 다른 친구를 사귈 수도 있을 것이다. 가족과 등지게 되는 경우에도 현재보다 훨씬 더 만족스러운 상황을 가져올 수 있는 다른 해결책이 있을 것이다. 시간이 지나면 다른 것을 더 가치 있게 생각할 수도 있고, 결과적으로 항상 원했던 것 이상을 얻을 수도 있을 것이다.

물론 피해자들의 걱정이 옳을 수도 있다. 상대방과 헤어짐으로써 다시는 갖지 못할 것을 정말 잃을 수도 있을 것이다. 하지만 요점은 미래가 어떻게 될지는 아무도 모른다는 것이다. 현재

6_가스라이팅 차단하기

확실한 것은 영혼을 훼손시키고 즐거움을 앗아가는, 문제가 있는 관계에 매달려 있다는 것이다. 아무것도 하지 않는다면 상대 방과의 관계는 개선되지 않을 것이 분명하다. 유일한 희망은 피해자 스스로 다른 식으로 행동하는 것이다. 그리고 그렇게 하려면 커다란 가치를 지닌 무엇인가를 희생할 각오가 있어야 한다.

변화를 꾀하는 것은 과연 가치가 있을까? 어떤 결과가 나올지, 어떤 위험을 실제로 감수해야 하는지, 어떤 결실을 실제로 얻을 수 있을 것인지는 미리 알 수 없다. 모험을 할 각오가 돼 있는가? 이런 질문에 답할 수 있는 유일한 사람은 바로 나 자신이다. 언젠가 내게 상담받았던 한 여성은 가해자와 헤어진 이유에 대해 인상적인 이야기를 했다. "저는 다음에 어떤 일이 생길지 몰랐어요. 단지 이렇게 기분이 나쁜 상태가 계속되는 것을 원치 않았을 뿐이에요." 이것이 피해자가 알아야 할 모든 것이다.

Checklist 도움이 되는 질문

- 오늘 자신에 대해 만족스럽게 생각되는 결정을 했는가? 그것이 무엇인가?
- 오늘 자신에 대해 불만족스러운 결정을 했는가? 그것이 무엇인가?
- 자신의 가치에 맞는 성실한 삶을 살고 있는가?
- 그렇지 않다면, 자신의 가치에 맞추기 위해 필요한 것이 무엇인가?

- 자신이 만들 수 있는 최고의 삶에 대한 비전은 무엇인가?
- 그런 삶을 성취하기 위해 무엇을 해야 하는가?

자신의 감정과 통하기

사람들은 자주 자신의 감정과 단절된다. 다른 사람의 영향력을 차단하기 위해서는 자신의 감정을 살려야 한다.

자신의 감정과 다시 연결되기 위해 다음과 같은 연습을 해본다. 종이와 연필을 가까이에 두고, 아래 질문들에 대한 답을 적어보자. 문장이나 간단한 메모, 그림, 도식 등 적당하다고 생각하는 것은 다 좋다.

1 자신에게 정서적인 영향을 끼친 가장 최근의 일을 회상하자. 사랑하는 사람의 질병과 같이 커다란 사건일 수도 있고, 은행 직원과의 마찰과 같은 작은 사건일 수도 있다. 그 사건을 설명해보자.
2 무엇을 느꼈는가?
3 무엇을 생각했는가?
4 무엇을 했는가?

처음 이 연습을 했을 때 케이티는 다음과 같이 답했다.

1 카페에 커피를 사러갔을 때, 지불해야 할 액수의 잔돈을 빨리 찾을

6_가스라이팅 차단하기

수가 없었다. 점원은 매우 화가 난 것처럼 나를 지켜보다가 마침내 말했다. "줄을 막지 말고 비켜서세요."

2 내가 형편없고, 우둔하다고 느꼈다. 잔돈을 빨리 꺼냈어야 했다.

3 내가 너무 느리다고 생각했다.

4 나는 그에게 미소를 짓고 미안하다고 했다.

케이티가 연습한 것을 글로 적어 가져왔을 때, 나는 그녀가 감정을 표현하는 단어를 사용하지 않았다는 것을 일깨워주었다. '내가 우둔하다고 느꼈다'는 사실 감정이라기보다는 생각을 표현한 문장이었다. 지불해야 할 액수의 돈을 빨리 찾을 수 없었던 것이 자신이 우둔한 사람임을 의미한다고 생각했던 것이다. '잔돈을 빨리 꺼냈어야 했다' 역시 그녀가 했어야 하는 것에 관한 생각을 표현한 문장이다. 나는 케이티에게 '슬픈, 화난, 좌절한, 괴로운, 걱정되는, 불안한, 겁먹은, 창피한, 자랑스러운, 흥분한, 행복한'과 같은 단어들처럼 사고가 아닌 감정을 표현하는 단어를 이용해 다시 연습할 것을 요구했다.

케이티는 "부끄러운 느낌이 든 것 같아요"라고 말했다. 그러고는 머리를 흔들었다. 그녀는 물었다. "어리석지 않은가요? 왜 제가 이처럼 부끄러워해야 하나요?"

자신의 감정을 더듬어 보면서 케이티는 감정을 느끼게 됐다. 그리고 그 감정이 사라지게 내버려두었다. 케이티가 인식하지 못했다면, 그녀는 그 수치심을 자신도 모르게 오랫동안 간직했을 것이다. 나는 케이티에게 전체 과정을 모두 다시 연습해보라고 했다. 그녀가 연습한 두 번째 답변은 다음과 같다.

1 가게에서 집으로 돌아오는데 다른 남자가 나에게 미소를 보낸 것 때문에 남자친구가 나에게 화를 냈다. 그는 나에게 소리를 질렀다. 나는 "또 그런다"라고 말했다. 그는 더 크게 소리를 질렀다. 나는 침실로 들어가 문을 닫았다.

2 그가 소리를 지를 때 겁이 났다. 그를 뒤로 하고 걸어 나온 것이 자랑스럽다. 한편 부끄러운 느낌도 든 것 같다.

3 그가 나에게 소리를 지르지 말아야 한다고 생각했다. 그냥 가만히 있었어야 했다고 생각했다. 또 앞으로 나아가야 한다고 생각했다.

4 침실에서 그가 고함치는 것을 그치기를 기다렸다. 그러고는 부엌으로 가서 저녁을 준비했다.

케이티는 이 연습을 매우 마음에 들어 했다. 자신이 동일한 사건에 대해 얼마나 다른 감정들과 생각들을 가지고 있는지 알 수 있었기 때문이었다. 그녀는 자신의 무지를 인정했다. "저는 자랑스럽다는 것을 깨닫지 못했어요. 기분이 좋아요."

Checklist 자신의 감정을 묻어버린다는 단서들

- 무감각하고, 활기 없고, 무관심하고, 지루하다.
- 예전에는 즐거웠던 것도 이제는 즐겁지 않다.
- 성생활이 끝났다는 느낌이 든다. 성관계를 즐길 수도 없고, 매력적인 사람에게도 끌리지 않는다.
- 한 달에 대여섯 번 이상, 편두통이 생기거나 속이 불편하거나 허리가 아프거나 감기 몸살을 앓는다. 또는 부상을 당하기도 한다.
- 꿈 때문에 자주 잠을 깬다.
- 중요하지 않은 것을 감정적으로 대하는 자신을 발견한다. 예를 들어 텔레비전 광고를 보고 눈물을 흘린다든지, 가게 점원에게 울화통을 터뜨린다.
- 식습관이 바뀐다. 과식하거나 반대로 식욕이 없다.
- 잠자는 패턴이 바뀐다. 더 오래 잠을 자거나 또는 잠드는 데 어려움을 겪는다. 때로는 두 가지 경우를 모두 경험한다.
- 뚜렷한 이유 없이 긴장되고 흥분된다.
- 뚜렷한 이유 없이 지친다.

자신에게 힘 부여하기

가스라이팅 상태에서는 마치 아무것도 할 수 없을 것처럼 무기력해진다. 또 자신이 무능하다는 느낌을 갖게 된다. 자신의 힘

올 깨닫고 되찾는 것은 변화의 결정적인 부분이다.

질에게 특히 그런 과정이 도움이 됐다. 앞서 보았듯이, 질은 자신의 성실과 재능을 상사에게 인정받지 못하자 굴욕감을 느꼈다. 그녀는 자주 이런 말을 되풀이했다. "저는 이전에는 제가 유망한 사람이라 생각했지만 사실은 아무것도 아닌 것 같아요." 또는 "제가 이 일에 성공할 수 없다면, 저는 정말 아무것도 아니에요"라고 말하기도 했다.

그녀는 상사에게 인정받기를 간절하게 원했다. 그래서 그녀는 상사에게 그녀의 자아를 완전히 통제할 수 있는 힘을 부여했다. 그녀가 일을 잘하고 있다고 상사가 말한다면 그녀는 잘하는 것이다. 그녀가 무능하다고 상사가 말한다면 그녀는 무능한 것이다. 이처럼 많은 것을 좌우하는 상사와의 관계에 그녀가 어떻게 도전할 수 있겠는가?

나는 직업과 무관하게 그녀가 자신의 능력과 장점, 재능을 깨닫게 하기 위해 노력했다. 질에게 자신의 장점을 열거해보라고 요구하자 그녀는 자신에게 아무런 장점이 없다고 단언했다. 그래서 나는 세 명 이상의 친구들을 만나서, 각 친구에게 적어도 다섯 가지씩 장점을 알려줄 것을 부탁하라고 했다. 친구들이 말해준 자신의 장점들을 가지고 질이 다시 나를 찾아왔을 때 그녀는 울기 시작했다. 상사가 장기간에 걸쳐 서서히 자신을 무너뜨려왔다는 사실을 갑자기 깨달은 것이다. 그리고 서러움을 느낀

것이다. 질은 상사에게 그녀의 정체성을 좌우하도록 허용했던 것을 후회했다. 친구들이 그녀에게서 다른 모습을 보고 있다는 사실은 그녀가 자신의 본질을 확인하는 데 도움이 됐다.

다른 사람들이 그녀의 장점이라고 인식하는 것들이 무엇인지 확인하고 나서, 질은 스스로의 단점을 인정할 수 있는 용기도 갖게 됐다. 질은 나중에 이렇게 말했다. "저는 아무것도 아닌 것 같았고 그만이 저를 가치 있게 만들 수 있을 것 같았어요. 그러나 제가 의미 있는 존재라는 것을 깨달았을 때 그는 필요하지 않았어요. 그러고 나서 마침내 그와 저의 관계가 잘못됐다고 생각할 수 있었어요. 그전에는 그럴 여유가 없었어요."

Checklist 나에게 힘을 부여하는 방법

- 자신의 장점을 열거하자.
- "나는 별로야" 혹은 "나는 결코 행복하지 못할 거야"와 같은 비판적이거나 부정적인 생각을 버려라.
- 유능하다는 느낌을 받을 수 있는 일을 하자.
- 자신에 대해 부정적인 생각을 가졌거나 힘들게 하는 사람을 피하자.
- 자신의 장점을 인정해주고 지지해주는 사람과 교류하자.
- 자신의 장점을 살리고 문제를 해결하는 데 그 장점을 이용하자.

행동을 취하는 것은 매우 큰 힘을 가지고 있다. 어떤 행동이라도 좋다. 아주 작은 행동조차도 인생을 더 훌륭하게 만들 수 있다. 자신의 행동이 현재의 문제가 있는 관계와 무관하게 보일지라도, 행동을 취하는 것만으로도 가스라이팅을 차단하는 데 도움이 된다.

홍보 회사에서 일하고 있는 한 피해자는 업무와 관련이 있는 미술관 개관식, 극장에서 하는 행사, 칵테일 파티, 영화 시사회 등의 사교 모임에 자주 초대받았다. 그럴 때면 그녀의 남편도 항상 함께 초대받았지만 남편은 모임에 참석하는 것을 좋아하지 않았다. 그는 그녀와 집에서 시간을 보내는 것을 좋아했다.

하지만 사교 모임에 초대받는 일은 그녀에게 삶의 질을 향상시키는 행동을 취하기 위한 작지만 중요한 첫걸음이었다. 사실 그녀는 그런 초대를 즐겼고, 그 즐거움은 남편으로부터 이기적이라고 비난받는 것을 감수할 만큼 크다고 느꼈다. 그녀는 남편과 직접적으로 대립하지는 않았지만 그녀는 변화의 첫걸음을 내딛었다.

또 다른 피해자는 평생교육 과정의 일환으로 미술 강좌를 수강하고 있었다. 그녀는 누드화를 민망하게 여겼지만, 누드를 그리는 것을 좋아했다. 그리고 그것이 그녀에게는 취미로 삼을 만한 재능을 발전시킬 좋은 기회로 생각됐다. 그녀는 남편에게 미술 강좌에 대해 전혀 언급하지 않았다. 그리고 일주일이 지나 남편이 그것에 관해 알았을 때 그도 특별한 관심을 두지 않았다. 하지만 스스로 주도권을 가지고 한 이 행동은 그녀에게 자신감을 주었다. 그리고 나중에 남편과의 관계를 변화시키기 위해 다른 일들을 시작했을 때도 도움이 됐다.

가스라이팅을 차단하기가 어려운 이유는 오랫동안 가해자의 조종을 받다 보면 가해자와의 관계를 시작하기 전에 갖고 있던 강한 자아를 피해자가 더 이상 가지고 있지 않은 경우가 많기때문이다. 따라서 자아를 회복하고 그 자아에 행동할 기회를 주는 것은 가스라이팅을 차단하기 위해 전력을 기울이는 데 강력한 무기가 된다.

가스라이팅을 차단하는 의식의 전환

이제 관계를 변화시키는 데 전력을 다하고 있는가? 그렇다면 가스라이팅을 차단할 시간이 됐다. 여기에 기본적인 처방이 있다. 다섯 가지 작은 의식의 전환이 당신과 상대방 사이의 역학 관계를 바꾸는 데 도움이 될 것이다. 순서대로 해야 할 필요는 없다. 반드시 다섯 가지를 모두 해야 하는 것도 아니다. 우선 가장 그럴듯하다고 느껴지는 것부터 시작하자. 그리고 어떤 일이 일어나는지 보자.

왜곡과 진실을 구분하기

가해자들이 어떤 사건에 대해 하는 이야기를 들어보면, 피해자가 완전히 잘못한 것으로 돼 있다. 그 이야기에는 단지 약간의 진실만 담겨 있는데, 바로 그 약간의 진실이 전체를 진실로 생각하게 만든다. 진실에 근거한 것과 왜곡된 것을 구분하는 것은 가해자의 영향력을 차단하는 첫걸음이 될 수 있다.

이런 접근법은 특히 리즈에게 도움이 됐다. 그녀의 상사는 거짓말을 하며 리즈를 방해하려고 했다. 리즈가 반발을 하면 그는 항상 그럴듯한 변명을 늘어놓았다. 더 이상 함께 일하고 싶지 않다고 적은 리즈의 메모를 받았다는 고객의 말을 들었을 때, 그녀가 어찌 된 일인지 상사에게 물어보았다면 그는 그 고객이 거짓말을 하고 있다고 주장했을 것이다. 리즈가 고객이 받은 메모를 복사해서 누가 이것을 보냈냐고 물어보았다면 상사는 조직 개편에 관한 복잡한 설명으로 화제를 돌리거나 혹은 부서에 있는 다른 사람을 비난하거나 아니면 어깨를 움츠리고 전혀 모르는 일이라는 표정을 지었을 것이다.

그는 항상 온화하고 호의적이며 안정돼 보였다. 그래서 그가 잘못을 저질렀다고는 생각할 수 없게 만든다. 소리를 지르는 법도 없었고 욕을 하지도 않았으며 눈에 띄는 불쾌한 행동을 한 적도 없었다. 그렇기 때문에 오히려 리즈가 좌절감을 느꼈을 수도 있다. 리즈를 제외한 회사의 모든 사람들이 그를 매력적이라고 생각하고 있었다. 그렇기 때문에 리즈와 상사 사이에 문제가 생길 때마다, 항상 침착한 상사에 비해 자신은 점점 거칠어진다는 사실이 리즈를 더욱 괴롭게 했다.

리즈가 왜곡과 진실을 구분하면서 상황은 바뀌기 시작했다. 리즈는 상사를 비난하거나 자신을 방어하기보다 침착하게 진실에 입각해 상황을 살폈다. 그러자 자신의 생각이 극도로 맑아지는 것을 발견했다.

그녀는 언젠가 나에게 말했다. "마치 천장에 거꾸로 매달려 있는 것 같았어요. 저는 제 자신에게 말했어요. '리즈! 무슨 생각 하는 거야?'라고 말이에요. 문자 그대로 제 자신을 느낄 수 있었어요. 세상이 다시 똑바로 돌아오는 느낌이었죠."

물론 리즈의 상사가 신뢰할 수 있고 도움이 되는 사람이었다면, 그의 말과 그녀의 말이 같았을 것이고 두 사람은 모두 진실하고 거짓이 없었을 것이다. 그러나 실제로는 상사가 상황을 조작했다. 가해자의 말이나 억양, 몸짓, 느낌만 가지고 상황을 제대로 판단할 수는 없다. 때때로 자신이 정말 무엇을 생각하는지 스스로에게 물어보아야 한다. 가슴 깊이 느껴지는 진실을 따라야 한다. 만약 내가 틀렸다는 것을 발견했다면 그것을 인정하고 잘못을 고치면 된다. 만약 내가 옳다면 기운을 내서 계속 나아가면 된다. 어떤 경우에도 출발점은 가해자의 이야기가 아니라 내가 느끼는 진실에 있다. 가해자를 이상화하고 그를 호의적으로 생각한다면, 나의 느낌보다는 그의 이야기를 진실이라 믿고 싶은 유혹을 느낄 것이다. 하지만 그렇게 하면 결국 그의 의견에 장단 맞추는 일을 시작하게 될 것이다.

대화가 힘겨루기인지 판단하고 대화를 피하기

가스라이팅이 모르는 사이에 진행되는 이유는 피해자들이 가해자와의 대화가 실제로 무엇에 관한 것인지 항상 제대로 알고 있는 것은 아니기 때문이다. 케이티가 남자들에게 경박하게 행동했는지에 대해 남자친구와 말다툼을 벌이는 방식을 다시 살펴보자. 이 말다툼에서 실제로 무슨 이야기가 오가고 있을까?

남자친구 오늘 밤 널 바라보던 저 녀석 보여? 도대체 어떤 놈이야?

케이티 나는 그가 별 뜻 없이 그랬다는 걸 알아. 단지 내게 호의적이었을 뿐이야.

남자친구 와, 너 정말 순진하구나. 그는 단지 호의적이었던 것이 아니야. 케이티, 그는 네게 흑심이 있었다고.

케이티 그렇지 않았어. 그는 결혼반지를 끼고 있었어.

남자친구 오, 결혼반지를 끼면 괜찮은 모양이지? 그리고 왜 그 남자를 이모저모 뜯어본 거야? 왜 그가 결혼반지를 끼고 있나 안 끼고 있나 관심을 가졌던 거야? 그 남자에게 관심이 있었던 게 틀림없어.

케이티 나는 그에게 관심이 전혀 없어. 나에겐 네가 있잖아.

남자친구 저 녀석은 내 앞에서 널 유혹할 정도로 저질이야. 이제 다른 남자들도 한번 확인해보시지. 내가 없어지기도 전에 다른 남자를 사귀어야 할 정도로 참을성이 없어?

케이티 난 다른 사람을 사귈 생각이 없어. 내겐 너만 있으면 돼. 난 널 선택했어. 제발 나를 믿어줘. 내가 원하는 사람은 바로 너야. 나는 절대 널 속이지 않아.

남자친구 넌 내게 솔직하지 못했어.

케이티 아니야. 나는 언제나 네게 정직해. 내가 널 얼마나 생각하는지 모르겠어?

남자친구 네가 나를 정말 생각한다면, 저 녀석에게 관심이 있었다고 인정해. 솔직하게 저놈에게 관심이 있었다고 털어놔.

케이티 하지만 난 그런 적 없어. 어떻게 나에게 그런 심한 말을 할 수 있어? 난 널 정말 사랑하고 있어. 제발 내 말을 믿어줘.

남자친구 내게 거짓말하지 마, 케이티. 내가 참을 수 없는 게 바로 그거야.

남자친구는 자신이 옳다는 것을 증명하기 위해 더욱 화를 내고 심한 말을 했다. 반면에 케이티는 그의 생각을 바로잡기 위해 더 필사적으로 노력했다. 말다툼은 한 시간 이상 계속됐다. 케이티는 그에게 확신을 주지 못하는 것은 자신이 나쁜 여자이고 불성실한 여자라는 것을 의미한다고 느꼈다. 그리고 자신이 좋은 여자친구이며 성실한 애인이자 사랑스러운 사람이라는 것을 자신과 그에게 증명해야 한다고 생각했다.

가스라이팅이라는 수렁에 빠져, 남자친구나 케이티 모두 실제 사건에 관해서는 이야기하지 않았다. 남자친구에게 다툼은 자신이 옳다는 것을 입증하기 위한 힘겨루기였다. 그리고 케이티에게도 이 대화는 힘겨루기였다. 자신이 좋은 여자라는 것을 남자친구가 인정하도록 애썼다. 그러면 그의 비난이 사실인지 아닌지에 대해 걱정할 필요가 없기 때문이다.

그렇다면 힘겨루기와 진정한 대화와의 차이는 무엇일까? 진정한 대화에서는 비록 감정적일지라도 양측 모두 진정으로 상대방의 관심사에 대해 듣고 말한다. 여기 한 쌍의 연인이 다른 방식으로 상황에 대처한 사례가 있다.

남자 네가 저 남자에게 꼬리 쳤다는 걸 믿을 수가 없어!

여자 하지만 저 남자와는 단순히 호의적인 대화만 했을 뿐이야! 아무것도 아니라고.

남자 확실히 뭔가 있었던 것처럼 보였어. 그렇지 않다면 어떻게 내가 그런 이야기를 할 수 있겠어?

여자 그렇게 이야기하면 안 돼. 맹세컨대 내게는 너밖에 없어. 나와 함께 집으로 돌아갈 사람은 오직 너뿐이야. 그리고 내가 원하는 유일한 사람은 너야.

남자 말은 그럴듯하게 들려. 하지만 그 녀석을 바라보는 네 눈빛을 보았을 때, 난 미치는 줄 알았어.

여자 그게 널 그렇게 괴롭힐 줄 몰랐어. 정말 미안해. 하지만 이건 이야기해야겠어. 내가 항상 남자들에게 꼬리 친다고 네가 생각한다고 해서 다른 사람과 마음 놓고 이야기할 수조차 없다면 난 미쳐버릴 거야.

남자 너무하는군! 넌 내가 어떠한 심정인지 전혀 상관없다는 거야?

여자 상관있어. 나는 정말 이런 일에 대해서만큼은 의견의 일치를 보고 싶어. 어떻게 우리가 이 일을 매듭지을지 더 생각해보기로 해.

이 대화에도 흥분된 감정은 담겨 있지만, 가스라이팅을 행사하려는 의도는 없다. 그들은 단지 어떤 기분이고 무엇을 원하는 지를 말한다. 남자는 여자에게 그녀가 경박하게 행동하는 것을 보면 어떤 기분을 느끼는지 이야기하고 있다. 여자는 다른 사람들에게 자유롭게 이야기하지 못한다면 자기가 어떤 기분이 될지 이야기하고 있다. 남자는 자신이 옳다고 증명하려 하지 않는다. 그리고 여자도 마찬가지다. 그들은 단지 어려운 문제를 해결하려고 애쓸 뿐이다. 서로 다른 것을 원할 때, 어떻게 둘 다 만족할 수 있는지 문제를 해결하려는 것이다.

Checklist 힘겨루기 대화를 하는지 판단하는 방법

- 두 사람의 대화에 서로를 모욕하는 표현이 많다.
- 똑같은 이야기를 계속 반복해야 한다.
- 한쪽이 혹은 양쪽 모두 화제와는 상관없는 것을 끌어들인다.
- 예전에도 같은 문제로 여러 번 말다툼을 한 적이 있고 제대로 해결된 적이 없다.
- 당신이 무슨 말을 하더라도 상대방이 같은 반응을 보인다.
- 상대방이 단순히 시비를 걸고 있다고 느껴진다.

두 사람이 정말 해결책을 찾으려 한다면, 모든 수단을 동원해야 한다. 오랜 시간 동안 이야기하거나 여러 차례 이 문제에 대

해 대화를 해야 한다. 두 사람 모두에게 중요한 것이라면 앞으로 몇 년에 걸쳐 이야기하게 될 것이다. 부부가 항상 의견이 일치해야 할 필요는 없다. 어떤 부분에서는 영원히 의견이 다를 수도 있다. 하지만 서로 대화하고, 상대방의 의견에 귀를 기울이는 한 문제는 없을 것이다. 물론 가끔은 고통스럽고 두려울 수도 있다. 힘겨루기가 진행되고 있다는 판단이 들면 가장 먼저 할 일은 그것을 확인하고 거기서 벗어나는 것이다. 그렇게 하지 않는다면 상대방에게 보조를 맞추게 될 것이다.

내게 상담을 받은 마리아나와 그녀의 친구가 힘겨루기를 한 사례를 살펴보겠다. 문제는 간단해 보였다. 마리아나와 친구 모두 서로 자기 집 근처에서 만나기를 원했던 것이다. 하지만 그들은 실제 문제를 제쳐놓았다. 그리고 가스라이팅을 행사하려 했다.

마리아나 다음 주에 네가 이리로 오는 게 어때?

친구 네가 우리 집 근처로 오는 게 좋겠어.

마리아나 네 집 근처로 가는 건 불편해. 네가 이리로 와.

친구 네가 알고 있는지 모르겠지만, 우리는 항상 네 집 근처에서 만났잖아.

마리아나 그렇지 않아.

친구 솔직히 우리가 일곱 번 만난다면 다섯 번은 네 집 근처에서 만났어. 이제 그쪽으로 가는 것도 귀찮아.

네가 내 생각을 전혀 안 한다고 느껴져. 너는 네가 이 세상의 중심이라고 믿는 것 같아. 정말 속상해.

마리아나 네 마음을 상하게 하려 한 적 없어! 어떻게 나한테 그런 말을 할 수 있어?

친구 내가 어떻게 달리 생각할 수 있겠어? 너는 직장 생활 때문에 다른 사람들이 너에게 맞추어야 한다고 생각하는 것 같아. 하지만 너도 알듯이 나도 내 생활이 있어. 내 생활은 중요하지 않다고 생각하는 거니?

마리아나 물론 중요하다고 생각해. 너는 좋은 친구야. 제발 나에게 화내지 마. 네가 원한다면 네 집 근처에서 만나도록 해.

친구 하지만 난 네가 할 수 없이 그러는 건 싫어. 지금 네가 이기적이고 교활하다는 느낌이 들어. 너는 내가 원하는 대로 하려고 하지만 나에게 대가를 치르게 만들 거야. 네가 한 수 위라는 생각이 들어. 모든 일에서 너는 내 머리 꼭대기에 있어.

마리아나 제발 그런 생각하지 마. 우리 우정은 내게 매우 중요해. 네가 그런 말을 하면, 듣기 불편해.

친구 너는 그렇게 이기적으로 행동할 때 무슨 생각을 하는 거니? 내가 중요하게 생각하는 것이 너에게는 상관없다는 느낌이 들어. 우리 잠시 서로 만나지 않는 것이 좋을지도 모르겠어.

마리아나 제발 그런 말 하지 마. 내가 어떻게 하면 좋겠니?

마리아나와 그녀의 친구는 어디서 만날 것인지에 관심이 없는 것이 확실하다. 친구가 불만을 표시하는 데는 그럴 만한 이유가 있을 수도 있다. 하지만 두 사람 모두 현재 상황이나 실질적인 계획을 세우는 데는 관심이 없다. 그들은 누가 더 영향력을 가지고 있는가를 밝히고 싶을 뿐이다. 그녀의 친구가 더 영향력을 가지고 있다면 마리아나의 생각을 바꾸게 하고 마리아나가 나쁜 친구라는 것을 인정하게 만들 수 있다. 반대로 마리아나가 더 영향력을 가지고 있다면 친구의 생각을 바꾸게 하고 마리아나가 정말 좋은 친구라는 것을 인정하게 만들 것이다.

마리아나는 스스로의 생각은 포기하고 친구로 하여금 자신을 평가하게 만들었다. 친구는 항상 마리아나를 심판하는 판사이자 배심원이었고, 마리아나는 좋은 판결을 기다리는 피고였다. 그 결과 친구와의 언쟁에서 이기더라도 마리아나는 무력감을 느꼈고 지쳐버렸다. 마리아나는 자신이 진정으로 추구했던 좋은 사람, 좋은 친구라고 인정받을 수 없었다. 단지 친구의 일시적인 무죄 판결을 받을 뿐이었다. 그것도 다음 재판이 시작되자마자 무효가 되는 판결이었다. 가끔 마리아나는 친구의 부정적인 말을 취소하게 만들어 일시적인 승리를 얻을 수 있을지도 모른다.

하지만 결코 친구로 하여금 마리아나를 좋은 친구라고 완전하게 인정하는 영구적인 승리는 얻을 수 없다.

마리아나의 친구는 그녀가 어떤 일을 하더라도 항상 마리아나를 판단하는 영향력을 쥐고 있었다. 사실 친구에게 마리아나를 판단할 힘을 갖게 해준 사람은 마리아나 자신이었다. 그녀는 친구가 자신을 좋은 사람으로 판단하는 데 그 힘을 이용할 것이라는 희망을 갖고 있었다. 그렇게 되면 마리아나는 자신의 모습을 확인할 수 있을 것이었다. 친구의 결정이 무엇이든 마지막에 가서는 항상 마리아나가 친구에게 동의하게 되는 이유가 그것이었다. 마리아나는 자신의 가치를, 스스로 결정하기보다는 친구가 결정해주기를 원했던 것이다.

힘겨루기가 시작되면 친구를 이기기 위해 전력을 다할 것이 아니라 거기서 벗어나야 한다는 것을 마리아나는 깨달았다. 언쟁에서 이기려 하는 것은 마리아나 스스로 심판대에 올라가 좋은 판결을 받고자 애걸하는 일이었다. 친구와의 언쟁에서 벗어나는 것은 영향력을 차단하는 것이었다. 그리고 자신의 정체성과 행동 지침, 좋고 나쁨을 스스로 판단하는 것이었다. 마리아나는 친구와의 언쟁에서 벗어나기 위해 몇 개의 문장을 사용하기 시작했다.

- 우리가 서로 의견이 다르다는 것을 인정해.

- 나는 우리가 할 수 있는 모든 이야기를 했다고 생각해.
- 골치가 아파. 난 계속하고 싶지 않아.

친구의 반응은 여러 가지였다. 어떤 때는 마리아나의 의견을 존중해 두 사람은 화제를 더 가벼운 것으로 옮겼다. 때로는 발끈해서 전화를 끊어버리고는 나중에 사과했다. 하지만 적어도 마리아나는 친구에게 자신을 판단하는 힘을 주거나 이길 수 없는 힘겨루기에 빠져 드는 대신 자신을 판단하는 데 스스로의 영향력과 책임을 강화할 수 있었다.

Checklist 힘겨루기 대화를 피하는 문장들

- 당신 말이 옳아요. 하지만 나는 이 일에 대해 계속 말다툼하고 싶지 않아요.
- 당신 말이 옳아요. 하지만 나는 그런 식으로 말하고 싶지 않아요.
- 욕을 하지 않고도 대화를 계속할 수 있어서 다행이에요.
- 대화가 편치 않은 방향으로 진행되네요. 나중에 다시 이야기해요.
- 대화 내용이 다소 지나친 것 같다고 생각해요.
- 지금은 건설적인 대화를 할 수 있다고 생각하지 않아요. 나중에 다시 이야기해요.
- 서로 의견이 다르다는 것을 인정해야 한다고 생각해요.

- 언쟁을 계속하고 싶지 않아요.
- 지금은 언쟁을 하고 싶지 않아요.
- 당신이 하는 말을 듣고 있어요. 그것에 대해 생각해보겠어요. 하지만 지금은 이야기하고 싶지 않아요.
- 대화를 계속하고 싶지만 더 유쾌한 분위기가 아니라면 내키지가 않아요.
- 지금 느끼는 이런 식의 기분은 싫어요. 그래서 대화를 계속하는 것도 내키지 않아요.
- 내가 현실을 모른다고 당신이 말했던 것을 기억하지 못할 수도 있어요. 그리고 유감스럽게도 나는 그 말에 동의하지 않아요. 당신을 사랑하지만, 그것에 대해서는 당신과 이야기하지 않겠어요.
- 서로의 마음을 털어놓는 대화가 좋아요. 하지만 나를 헐뜯는 대화는 싫어요.
- 당신에게는 나를 헐뜯을 의사가 없었는지도 모르지만, 당신이 나를 깎아내린다는 느낌이 드는군요. 이 대화를 계속하지 않겠어요.
- 그것에 대해 이야기하기에는 시기가 좋지 않아요. 적당한 시간에 다시 이야기하기로 해요.
- 제발 그런 투로 내게 말하지 말아요. 난 그런 말투가 싫어요.
- 당신이 고함을 치면, 무슨 말을 하려는 것인지 알아들을 수 없어요.
- 당신이 나를 모욕하면, 무슨 말을 하려는 것인지 알아들을 수 없어요.
- 당신이 고함을 치면, 나는 대화하고 싶지 않아요.

- 당신이 나를 모욕하면, 나는 대화하고 싶지 않아요.
- 지금 당장 이 말다툼을 그만두겠어요.
- 내 생각에는 당신이 현실을 왜곡하고 있어요. 나는 그런 것을 정말 좋아하지 않아요. 내 마음이 안정되면 나중에 이야기하겠어요.
- 내 감정을 상하게 할 의사는 없었겠지만, 나는 지금 너무 화가 나 있어요. 그런 상태에서는 이야기할 수 없어요. 그건 나중에 이야기 하겠어요.

가스라이팅을 유발하는 계기가 무엇인지 양쪽에서 찾아내기

자신이 가해자와 함께 상황을 만들어간다는 사실을 명심해야 한다. 문제 상황을 시작하게 만드는 계기는 피해자와 가해자 모두에게 있을 것이다. 문제의 계기가 되는 일을 확인할 수 있다면, 문제 상황을 피할 확률을 높일 수 있다.

하지만 이것은 확실하게 해두자. 가스라이팅에 대한 책임이 피해자에게 있다는 말은 아니다. 그렇다고 그 책임이 피해자를 끌어들인 가해자에게 있다는 말도 아니다. 두 사람 모두 문제를 일으킬 수가 있고, 두 사람 모두 특정한 상황에서 문제를 일으키는 경향이 높다는 것을 이야기하는 것이다. 창피해하거나 비난하지 말고 다음 제안들을 따라야 한다. 문제를 일으키는 계기가 확인되면 문제 해결에 착수할 수 있다.

먼저, 가스라이팅이 시작되는 계기, 화제, 상황을 파악해야 한다. 가스라이팅은 스트레스에 대한 반응이다. 사람들은 위협을 느낄 때 가해자가 되거나 피해자가 된다. 가해자의 영향력 행사를 유발하는, 스트레스를 주는 사건이나 상황을 열거하면 다음과 같다. 다음과 같은 사건이나 상황에서 두 사람 사이에 문제가 생기는지 자문해보자.

- 돈
- 섹스
- 가족
- 휴일
- 휴가
- 서로 다른 의견
- 살아가는 데 필요한 의사결정, 예를 들어 결혼·이사·이직 등
- 규칙, 예를 들어 저녁 식사에 초대받았을 때 무엇인가를 가져가야 한다거나 넥타이를 매지 않고 공식적인 행사에 참석할 수 없다거나 하는 것들

트리시와 남편은 돈이 문제될 때 가스라이팅이 시작됐다. 남편은 돈과 부채에 대해 매우 예민하고 신경질적이다. 그렇기 때문에 청구서가 도착하거나 생각하지 않은 지출이 발생하면 자주 가스라이팅을 행사한다. 트리시는 이 사실을 염두에 두고 있었다. 그래서 남편이 그녀의 능력에 대해 왈가왈부하는 상황에 처하지 않기 위해, 돈이 쟁점이 됐을 때 문제가 없도록 특별히 조심하기로 했다.

올리비아는 남편이 성적인 문제에 대해 특별히 더 영향력을

행사한다는 것을 깨달았다. 그녀가 어떠한 방식으로든 성적으로 그를 거부하면, 그는 성적 매력이 있는 사내로 보이기 위해 촛불을 켜고 분위기 있는 음악을 틀어놓는 등 낭만적인 작업을 시작했다. 매력적인 유형의 가스라이팅을 행사하기 시작하는 것이다. 올리비아는 원하지 않을 때는 그와의 잠자리를 거부했지만, 되도록이면 좋은 방식으로 거절하려고 했다. 그러고는 거절에 따르는 남편의 가스라이팅을 조심했다.

완벽한 결혼 생활을 누리는 것으로 보였던 손드라는 가족 문제가 선량한 유형의 남편으로 하여금 영향력을 행사하게 만드는 것임을 감지했다. 남편은 처가 식구나 시집 식구가 개입될 때 가스라이팅하는 경향이 있었다. 반면에 손드라는 아이들 문제를 걱정할 때 특히 남편에게 비판적이었다. 그녀의 비판은 남편이 영향력을 행사하도록 만들었다. 따라서 손드라의 비판도 역시 문제가 되는 상황이었다.

손드라는 친정 식구들을 덜 만나면 결혼 생활이 개선될 것인지를 오랫동안 곰곰이 고민했다. 하지만 그녀는 친정 식구를 만나는 횟수를 줄이고 싶지 않았다. 그래서 남편 없이 홀로 가는 것도 괜찮겠다고 생각했다. 그리고 그녀의 걱정과 비판에 대해 남편이 불안감을 느낀다는 것을 깨달았다. 손드라가 화를 내거나 불만을 터뜨리면, 남편은 자신이 무능하고 무익하다고 느꼈다. 왜냐하면 그는 항상 배우자를 기쁘게 할 수 있어야 좋은 남편이라고 믿었기 때문이다. 무능함을 느끼면 남편은 자신의 능력을 회복하기 위해 다시 영향력 행사를 시작했다.

그가 옳고 손드라가 옳지 않다는 것을 증명한다면, 그녀의 불만은 자신의 잘못이 아니라 손드라의 잘못인 것이었다. 그러면 그는 자신이 강하다고 느낄 수 있었고, 기분도 좋았다. 손드라는 남편의 그런 태도가 자기에게 책임이 있는 것은 아니라는 것을 이해하고 있었다. 하지만 그녀의 불안과 비난은 남편이 영향력을 행사하는 데 원인을 제공했던 것이다. 그래서 손드라는 단도직입적으로 남편에게 말했다.

"우리가 아이들에 관해서 이야기할 때 내가 너무 걱정을 많이 한다는 것을 깨달았어요. 그리고 나는 당신이 아이들에 대해 제대로 할 수 있는 것이 아무것도 없다는 듯이 행동했어요. 하지만 나는 당신이 좋은 아버지라 믿고 있어요. 내가 당신에 대해 다른 인상을 갖고 있는 것처럼 보였다면 미안해요. 고치도록 노력할게요. 하지만 나는 또 지나친 걱정을 하게 될지도 몰라요. 그때는 당신이 지적해주었으면 좋겠어요."

놀랍게도 남편은 손드라의 제안을 받아들였다. 물론 남편의 행동을 변화시킨 것도, 그가 가스라이팅을 완전히 그만둔 것도 아니다. 하지만 손드라가 행동을 바꾸자 가스라이팅이 현저하게 줄어들었다. 그가 손드라의 지나친 걱정을 나무랐을 때, 그 일에 대해 이야기하면서 그녀는 "이제 저는 아이들에 대한 걱정을 정말로 줄여야 해요"라고 농담처럼 말했다. 하지만 나는 그녀의 주된 감정이 안도감이라는 것을 알 수 있었다. 두 사람 모두 서로의 합의에 만족해했다. 아직 해야 할 일들이 남아 있었지만, 손드라는 시작이 좋다고 느꼈다.

그다음, 가스라이팅을 만드는 자신의 말이나 행동을 파악하자. 그전에 다시 한 번 확실하게 밝혀두고 싶다. 나의 말이나 행동이 가스라이팅을 시작하게 만들었다고 하더라도, 내가 그 책임을 져야 하는 것은 아니다. 또한 가해자의 화를 피하기 위해 그에게 굴복해야 하는 것도 아니다. 하지만 말이나 행동을 잘 선택함으로써 두 사람의 관계를 더 좋게 만들 수 있다.

예를 들어 어떤 남자들은 여성이 울기 시작하면 그 여성이 자신을 조종하고 있다고 느낀다. 그래서 방어적이어야 한다는 생각을 갖는다. 우는 것 그 자체로는 확실히 잘못된 것이 없다. 하지만 우는 행동이 가스라이팅을 유발하지는 않는지 생각해야 한다. 상대방이 눈물에 위협을 느낀다고 여겨지는가? 눈물을 그치게 만들기 위해 가해자가 가스라이팅을 시작하는가? 눈물이 상대방의 감정을 폭발시키지는 않는가? 눈물이 가스라이팅을 촉발한다고 판단되면, 눈물을 감추거나 자리를 떠남으로써 우는 모습을 보이지 말아야 한다.

어떤 사람들은 특정한 말에 아주 예민하게 반응한다. 예를 들어 남편은 손드라가 "당신은 내 마음에 상처를 주었어요"라고 말하는 것을 참지 못했다. 그녀가 그런 말을 할 때마다, 남편은 그녀의 현실감각을 흐리게 하고 자신이 얼마나 잘하고 있는가를 납득시키기 위해 영향력을 행사했다. 단순히 "다른 방식으로 말해주었으면 좋겠어요"라고 말하면 남편은 특별한 반응을 보이지 않았다. 하지만 "당신은 내 마음에 상처를 주었어요"와 같은 말은 그를 자극했다. 손드라는 자신이 원하는 말을 할 수도 있었지만, 말에 약간의 변화를 줌으로써 커다란 차이를 만들 수 있었다.

올리비아의 남편은 "나를 화나게 해요"라는 말에 예민한 반응을 보였다. 올리비아는 남편이 그녀를 행복하게 해준다는 느낌을 원한다는 것을 깨달았다. 그는 올리비아를 행복하게 해주지 못했다는 것을 느낄 때, 그녀가 모든 것이 잘되고 있다는 것을 받아들이도록 영향력을 행사했다. 올리비아는 자신의 슬픈 감정을 남편에게 숨기려고 하지는 않았다. 하지만 그녀는 자신의 슬픈 감정을 남편이 실제보다 더 심각하게 받아들인다는 것을 이해하게 됐다. 그녀는 슬픔을 느낄 때, 남편에게 위로받기로 결정했다. 왜냐하면 그는 그녀를 위해 무언가를 할 수 있을 때, 가스라이팅을 덜 행사하는 경향이 있었기 때문이다. 하지만 슬픈 영화를 보거나 멀리 떨어진 친구의 마음 아픈 이야기를 들었을 때와 같이 자신과 직접적으로 관련이 없는 슬픈 감정을 느꼈을 때는 친구를 만나 해소했다.

많은 가해자들은 그들이 할 수 없는 것을 해달라는 요구를 받을 때 문제를 느낀다. 예를 들어 케이티는 남자친구와 처음 사귀기 시작했을 무렵, 그에게 이사하는 것을 도와달라고 부탁했다. 그런데 공교롭게도 케이티가 이사를 하기로 한 날은 남자친구가 업무상 출장을 가기로 한 날이었다. 그는 출장 일정을 변경할 수 없었다. 남자친구는 케이티의 이사를 도와줄 수 없다는 것에 화가 났다. 케이티는 남자친구 대신 자신의 남동생에게 이사를 도와달라고 부탁했다. 남자친구의 스트레스와 좌절은 초기의 가스라이팅을 가져왔다. 그는 자신에게 시위하기 위해 남동생을 이용했다고 케이티를 비난했다. 그리고 그녀의 남동생이 자신을 좋아하지 않을 거라고 억지를 부렸다.

이 상황이 남자친구의 가스라이팅을 유발했다는 것을 케이티가 깨달았다면, 그녀는 이 상황을 더 잘 처리했을 것이다. 별 생각 없이 남동생이 이사를 도와줄 거라고 말해서 기나긴 언쟁에 휘말리는 대신 그녀는 이렇게 이야기했을 수도 있다.

"네가 얼마나 날 도와주고 싶어 하는지 알아. 그리고 네 그런 마음을 사랑해. 그리고 내가 정말 널 필요로 한다면, 넌 나를 위해 일정을 바꿀 수도 있을 거야. 하지만 나는 정말 네가 그러는 것을 바라지 않아. 잘 설명할 수는 없지만 네가 나를 돕고 싶어 한다는 것 자체로 나는 사랑받고 보호받는 느낌이 들어. 걱정마. 이 상황을 해결할 다른 방법을 찾을 거야."

케이티는 남자친구가 자신의 이야기를 곰곰이 생각할 시간을 갖게 하고는 지나가는 말로 남동생이 그 대신에 자신을 도와줄 거라고 이야기할 수 있었을 것이다. 이러한 접근 방식이 남자친구의 가스라이팅을 막았을 수도 있고 그렇지 못했을 수도 있다. 하지만 적어도 케이티는 최선의 대응을 할 수 있었을 것이다. 그리고 남자친구의 영향력 행사에 보조를 맞추는 일은 피할 수 있었을 것이다.

상대방을 생각해보자. 그가 예민하게 영향력을 행사하게 만드는 특정한 상황이 있는가? 가해자의 스트레스와 가스라이팅을 줄일 수 있는 어떤 방법이 있는가? 언제 그런 상황이 일어나는가? 가스라이팅에 참여하지 않도록 특별히 조심할 수 있는가?

세 번째로, 가스라이팅을 유발하는 힘겨루기나 그것을 조종하는 행동이 무엇인지 확인하자. 이제 더 예민한 부분을 다루어야 한다. 자신이 상대방에게 그다지 좋은 모습을 보이지 않았던 상황들을 생각해보자. 상대방에 대해 지나치게 비판적이거나 많은 것을 요구함으로써 그의 가스라이팅을 유발한 것은 아닌가? 상대방을 무시하고 그의 약점을 거론한 것은 아닌가? 상대방을 화나게 하는 말이나 행동을 하지는 않았는가?

이런 종류의 힘겨루기를 상대방에게 전혀 한 적이 없다고 말한다면 놀라운 일이다. 우리는 모두 가끔 남을 속이고 영향력을 미치려는 행동을 한다. 하지만 자신이 가스라이팅을 유발하는

6_가스라이팅 차단하기

데 일익을 담당한 과정을 확인할 수 있다면, 이제 변화를 시도할 좋은 시기가 된 것이다.

예를 들어 돈 때문에 남편과 항상 다투는 트리시는 자신이 남편을 약 올리기 위해 가난하게 자란 그의 성장 배경을 자주 들먹인다는 사실을 깨달았다. 그녀는 무심결에 그를 비꼬았던 것이다. "가난하게 자란 사람이 어떻게 좋은 와인에 대해 많이 알고 있는지 놀랍다"고 말하거나, 초라한 복장을 하고 지나가는 여성을 가리키며 "당신 어머니가 저 모자를 좋아할 거라고 생각해요?"라고 말했다. 남편도 트리시가 부유한 환경에서 자란 것에 대해 비판적이고 무시하는 듯한 태도를 보였기 때문에 한때 트리시는 이런 조그만 힘겨루기가 정당하다고 느꼈다. 하지만 그런 말들이 남편의 가스라이팅을 유발한다는 것을 깨달은 트리시는 그런 말을 하지 않기로 마음을 고쳐먹었다. 가스라이팅을 유발하는 힘겨루기를 하고 있지는 않은가? 그만두어야 한다고 생각되는 것들이 있는가?

마지막으로 상대방에게 인정받거나 그의 확신을 얻으려는 방식을 확인하자. 다른 사람을 통해 스스로를 확인하려는 욕구가 어떤 것인지 알고 있다. 상대방의 인정만이 안도감과 자신이 유능하고 사랑스럽고 좋은 사람이라는 확신을 준다는 것이 어떤 기분인지도 알고 있다. 상대방을 통해 자신을 확인하려 하고, 불안을 줄이기 위해 그에게 의존하려 하는 것은 그를 더욱 불안하

게 만들 수 있다. 그리고 그로 인해 아이러니하게도 그의 영향력
행사는 더 잦아진다.

케이티의 경우가 그랬다. 그녀는 자신이 좋은 여자친구이며,
충실한 애인이라는 것을 남자친구가 믿게 하려고 노력했다. 그
러나 그럴수록 남자친구의 모욕적인 언사에 더 상처만 입게 됐
다. 남자친구는 더 화를 냈고, 그의 가스라이팅 수위를 높였다.
남자친구의 생각에는 케이티를 보호하고 행복하게 해주는 것이
자신의 임무였다. 그는 그녀가 불안하고, 겁을 내고, 비참하다고
느낄 때, 특히 그 이유가 그에게 있다고 느껴질 때 커다란 위협
을 느꼈다. 그리고 그럴 때 영향력을 행사하기 시작했다. 물론
그로 인해 케이티는 더욱 불안해지고 두려워지고 비참해졌다.
최악의 순환 고리인 셈이다.

그래도 긍정적인 것은 케이티가 이런 순환 고리를 깰 힘을 가
졌다는 것이다. 그녀가 자신의 감정을 통제할 수 있다면, 문제
상황을 피할 수 있을 것이다. 이런 방식이 적용되는 상황을 보기
로 하자. 여기서도 케이티는 그녀가 남자들에게 경박하게 굴었
다고 주장하는 남자친구와 말다툼을 벌이고 있다.

남자친구 저 녀석 보여? 도대체 어떤 놈이야?

케이티 (그가 옳지 않다고 말하면 그는 자신이 옳다는 것을 증명
하려 할 것이라는 사실을 케이트는 알고 있다.)

와! 내가 보지 못한 것을 봤군. 그것에 대해 더 자세히 이야기해봐.

남자친구 그가 널 보는 눈빛이나 너에게 가까이 다가가려 했던 행동들에 대해 말하자면 끝이 없어. 그걸 못 보았다니 믿을 수가 없군. 넌 너무 순진해.

케이티 (케이티는 남자친구가 자신을 순진하다고 해서 매우 화가 났지만, 화를 내면 남자친구가 영향력을 행사할 것이라는 것을 알고 있다. 그래서 따지는 대신 농담을 던졌다.)
이런, 내가 이 세상에서 가장 연약한 여자란 걸 몰랐다니 내 자신에 대해 걱정 좀 해야겠는걸.

남자친구 뭐라고?

케이티 넌 내게 순진하다고 했어. 하지만 나쁜 뜻으로 그런 건 아니지? 내 멋진 남자친구가 칭찬이 아닌 말을 내게 했다고는 생각하지 않아.

남자친구 물론 신경 쓸 것 없어.

상황이 얼마나 다른지 보자. 케이티는 힘겨루기에서 긴장을 완화하는 방법을 발견했다. 그녀는 남자친구와 말다툼을 하지 않았고 그의 말에 화를 내지도 않았다. 그런 것들은 남자친구로 하여금 영향력을 행사하게 만드는 것들이었다. 그 상황에서 대안적인 행동을 선택함으로써, 케이티는 상대방에게 장단을 맞추는 것을 피할 수 있었다. 나아가 가스라이팅을 차단하는 일을 시작할 수 있었다.

<u>**Checklist**</u> 문제의 계기를 찾았을 때 대안

- 농담("이런 내가 이 세상에서 가장 아름다운 여자인 줄 몰랐네요.")
- 질문("오! 당신은 내가 우둔하다고 생각하나요? 당신은 이 상황에서 내가 보지 못한 것을 본 것이 틀림없어요. 당신이 본 것에 대해 이야기해줄 수 있어요?")
- 재확인("지난번에 당신은 어머니 집에 저녁을 먹으러 가야 하는 것에 화가 났다고 말했어요. 지금도 비슷한 상황인가요?")
- 동정("그렇게 힘들다니 미안해요. 내가 도와줄 수 있는 게 있나요?")

옳고 그름 대신 느낌에 초점을 맞추기

흔히 가해자는 실제로 피해자가 잘못한 것에 대해 비난한다. 파티에서 다른 남자에게 조금 지나칠 정도로 친근하게 행동했다면, 파트너에게 사과를 해야 할지도 모른다. 파티에서는 파트너와 사이가 좋지 않은 멋진 남성과 이야기하게 될 수도 있다. 가해자가 피해자의 부주의한 행동을 주시하고 있다는 것을 알면 피해자는 움츠리게 된다.

그리고 가해자는 거기서 한 발짝 더 나아간다. 예를 들어 케이티의 남자친구는 그녀가 의도적으로 자신을 창피하게 만들었다고 억지를 부렸다. "넌 공개적으로 내 기를 꺾었어. 그렇지?" 그는 계속 되풀이했다. "왜 그렇다고 인정하지 않는 거야?"

케이티는 어리둥절해하며 항변할 것이다. "하지만 인정할 수 없어. 그건 사실이 아니야!" 그녀는 반성해볼 것이다. 하지만 자신이 그런 일을 한 적이 없음을 안다. 아마도 기껏해야 조금 둔했던 모양이라고 생각할 것이다. 하지만 오랜 시간에 걸친 남자친구의 비난은 그녀로 하여금 남자친구가 옳을지도 모른다고 생각하게 만들었다. 그는 확신을 갖고 있는 듯했고, 다른 일에는 그가 그렇게 확신했던 적이 없었다. 그리고 그녀는 자신이 잘못했다고 생각하게 됐다.

마찬가지로, 마리아나의 친구는 마리아나의 결점을 찾아내는 데 뛰어났다. 친구는 마리아나의 결점을 정확하게 지적해냈기 때문에, 마리아나를 평가할 완벽한 힘을 갖게 됐다. 마리아나는 친구가 결점을 지적하면 무기력해지곤 했다. 마리아나는 친구에게 저항할 수 없었고, 더욱이 친구가 내리는 자신에 대한 평가에 매달리게 됐다.

이런 함정에서 벗어나는 유일한 길은 누가 옳은지에 대해 걱정하지 말고 자신의 감정에 초점을 맞추는 것이다. 양심의 가책을 느낀다면 사과하고 잘못을 만회하기 위해 최선을 다하면 된다. 하지만 당혹스럽거나 공격당했다거나 유린당했다거나 위협

받았다는 느낌이 든다면 무엇인가 수상한 일이 벌어지고 있는 것이다. 자신이 어떤 행동을 했든, 설사 잘못한 일이 있더라도 상대방이 가스라이팅을 시작하면 그 대화에서 즉시 벗어나야 한다.

마리아나가 어떤 남자와의 데이트 때문에 친구와 만나기로 한 약속을 바로 전날 취소한 사건은 그들의 관계에 하나의 전환점이 됐다. 마리아나는 다음 날 전화 통화 중 다음과 같이 힘겨루기에서 벗어났다.

친구   너 어떻게 나에게 그럴 수 있어? 내가 너를 만나려고 얼마나 기다렸는지 알잖아! 우리는 만나기로 약속을 했어. 그런데 너는 남자하고 데이트를 하려고 마지막 순간에 약속을 취소한 거야?

마리아나   알고 있어. 미안해. 네가 화를 낼 이유가 충분해. 그는 멋진 남자야. 그리고 나는 몇 달 동안 데이트를 못했어. 하지만 네가 옳아. 그건 이유가 안 돼. 내가 어떻게 너에게 보상하면 되겠니?

친구   나한테 보상한다는 게 무슨 뜻이야? 너는 의도적으로 내가 보잘것없고, 네가 잘났다는 것을 보여주려고 그런 거야? 나는 남자친구가 있는데 너는 없는 것을 항상 질투했지. 이게 네가 보복하는 방법이니?

마리아나 화제가 본론에서 벗어난 것 같아. 내가 우리 약속을
　　　　　취소하지 말았어야 했어. 하지만 나는 그러지 않았
　　　　　어. 나는 단지 그 남자와 정말 데이트를 하고 싶었
　　　　　을 뿐이야.

친구　　　나는 네 말을 믿을 수가 없어. 네가 더 잘 알 거야.
　　　　　너는 나에게 보복을 하고 싶었어. 인정하시지!

마리아나 (평상시 같으면 이 시점에서 마리아나는 자신을 변명했을
　　　　　것이다. 하지만 이제 마리아나는 친구의 영향력을 차단하
　　　　　기로 했다. 그래서 대화를 중단하기로 했다.)

　　　　　약속을 취소해서 미안해. 약속을 지키지 않은 것에
　　　　　대해 어떻게 보상할 수 있는지 말해주면 좋겠어. 하
　　　　　지만 그 외에는 더 이상 다른 할 말이 없어.

친구　　　더 이상 할 이야기가 없다니 무슨 소리야? 네가 나
　　　　　를 모욕했을 뿐 아니라 이제는 나를 상대하지도 않
　　　　　으려고 하는구나!

마리아나 말한 그대로야. 대화가 이러한 식으로 계속된다면
　　　　　더 이상 이야기하고 싶지 않아.

친구　　　믿을 수가 없군! 이게 나에게 보복하는 또 다른 방
　　　　　식이니?

마리아나 그건 아니야. 그리고 나는 사과했어. 이제 다른 일
　　　　　때문에 가봐야 해. 그리고 계속 이런 식으로 이야기

한다면 이제 전화를 끊겠어.

<u>Checklist</u> 말다툼에서 벗어나는 법

- 친구와 역할극을 해보자. 상대방이 말할 것 같은 대사를 친구에게 연습시켜 상대방의 역할을 담당하게 한다. 그리고 그에게 하는 것처럼 말하는 연습을 해본다. 준비된 새로운 표현을 활용하는 기분이 어떤지 생각해본다.

- 상상 속의 대화를 글로 써보자. 상대방이 할 것 같은 말과 나의 반응을 상상해본다. 소리를 내어 연습할 수도 있다. 만약 그가 "이런 멍청이"라고 한다면, 나는 "여보, 나는 그런 말을 듣고 싶지 않아"라고 말할 것이다. 만약 그가 "나는 내가 원하는 식으로 이야기할 거야"라고 한다면, "그러면 나는 집에 가겠어"라고 말할 것이다.

- 새로운 말에 초점을 맞추어라. 당신의 목적은 말싸움을 확대시키는 것이 아니라 벗어나는 데 있다는 것을 명심한다. 한두 개의 도움이 되는 표현을 선택해 단지 그 말만 되풀이하거나 침묵을 지키도록 한다. 상대방은 자신이 옳다는 생각에 깊이 빠져 있기 때문에 그의 마음을 고치지는 못할 것이다. 하지만 그의 행동을 당신이 싫어한다는 것을 보여줄 수 있다. 그리고 그런 일이 여러 번 되풀이되면, 그의 변화를 유도할 수도 있다.

- 결과를 미리 결정하자. 상대방에게 이야기할 내용을 미리 결정한

다. 당신이 준비하지 않은 내용은 이야기하지 않도록 한다. 당신의 목표는 위협하는 것이 아니다. 단지 최대한 당신에게 유익하게 행동하는 것이다("다음에 20분 이상 늦으면, 나는 식당을 떠날 거예요. 당신이 고함을 지르면 난 세 번 경고할 것이고, 그러고도 중단하지 않으면 방에서 나갈 거예요").

- 상황을 끝낼 전략을 세워라. 상대방이 말싸움을 끝내려 하지 않는다면 전화를 끊거나, 밖으로 나가거나, 화제를 바꾸거나, 4장에서 트리시가 했듯이 상대방에게 차를 마실 것을 제안함으로써 당신이 말싸움을 끝내야 한다. 어떻게 대화를 끝낼 수 있는가를 알게 되면, 설사 이 계획을 실행하지 않더라도 당신은 처음부터 자신감을 가지고 대화를 시작할 수 있을 것이다.

내가 옳더라도 타인의 생각을 지배할 수 없다는 것을 명심하기

내가 전 남편과의 관계에서 범한 가장 큰 실수는 내가 옳다는 것을 인정하게 만들려던 것이었다. 자신이 세 시간이나 늦은 것은 괜찮다고 생각하면서, 나의 과민 반응에 문제가 있다고 생각하는 그를 나는 참을 수가 없었다. 그래서 그와 끝없이 말다툼을 벌였고 그의 생각을 변화시키려 노력했다. 이제 나는 그가 내 생각을 조종하려고 했던 것처럼 나도 그의 생각을 조종하려고 애썼다는 것을 알게 됐다.

예를 들어 그가 세 시간 늦게 집에 돌아오고 내가 거기에 이의를 제기하면, 그는 전력을 다해 나를 납득시키려 했다. 그는 내가 비합리적이고 부자연스럽고 지나치게 자신을 통제하려 한다고 했다. 그리고 나도 마찬가지였다. 내 좌절감이 정당한 것이라고 그를 납득시키려 했다.

15년이 지난 지금, 나는 여전히 내가 옳고 그가 틀렸다고 생각한다. 물론 내 좌절감은 타당한 것이었다. 그러나 요점은 그것이 아니다. 전 남편과 문제가 계속됐던 이유는, 내가 무엇을 하더라도 남편은 그의 방식대로 세상을 볼 것이라는 사실을 수용할 수 없었기 때문이었다. 그가 나를 비합리적이라고 생각하기를 원했다면, 내가 그렇지 않다고 아무리 열심히 주장하고 화를 내도 그는 나를 비합리적으로 보았을 것이다. 그가 자신의 사고에 관해 누구의 영향력도 받지 않는다는 것을 깨달은 순간 나는 그로부터 자유로워질 수 있었다. 나는 그 어떤 말과 행동으로도 그의 생각을 변화시킬 수 없다는 것을 알았다.

옷 때문에 어머니와 갈등을 빚은 미첼은 유사한 경험을 가지고 있다. 나는 그의 어머니가 자신이 원하는 대로 그를 볼 자유가 있다는 것을 미첼에게 깨닫게 하는 데 많은 시간을 쏟았다. 미첼이 할 일은 어머니의 의견을 바꾸는 것이 아니라 어머니가 생각하는 것에 신경을 쓰지 않는 일이었다. 어머니를 이상화하고 그녀에게 인정받으려는 생각을 버릴 수 있었다면, 미첼에게 모욕을 주고 죄의식을 유발하는 어머니의 태도는 더 이상 영향력을 발휘하지 못했을 것이다.

오랫동안 미첼은 자신이 어머니의 생각을 변화시킬 수 없다는 것을 받아들이려 하지 않았다. 그의 어머니는 그에게 칭찬과 사랑을 퍼붓다가도, 어떤 때는 차갑고 무관심하고 거의 잔인하기까지 한 모습을 보였다. 미첼은 어머니의 극단적인 반응에 기가 죽었다. 미첼은 어머니의 행동이 어떻게든 자신과 관계가 있다고 믿고 싶었다. 어머니의 차가운 반응은 자신의 단점 때문이고, 어머니의 애정은 자신의 장점 때문이라고 생각했다. 미첼은 어머니의 불안정한 행동이 그의 행동에 달린 문제가 아니라 어머니의 성격 때문이라는 생각을 하고 싶지 않았다.

아이들은 부모의 안정된 사랑과 인정을 받을 권리가 있다. 그런 점에서 미첼의 문제는 특히 가슴 아픈 일이다. 부모는 아이들의 특정한 행동에 대해 칭찬은 하지 않더라도 아이들에게 기본적인 관심은 보여주어야 한다. 하지만 미첼의 어머니는 관심을 보여주지 않았다. 미첼은 어머니에게 인정받기를 간절하게 원했다. 그리고 어머니의 관심을 얻지 못할 거라는 생각을 받아들이기 어려웠다.

미첼이 어머니의 가스라이팅에서 벗어날 수 있는 유일한 방법은 그가 어머니의 생각을 변화시킬 수 없다는 것을 받아들이는 것이었다. "아무리 제가 옳다고 하더라도 저는 어머니의 생각을 변화시킬 수는 없어요"라는 문장은 미첼의 새로운 생활 지침

이 됐다. 치음에 미첼은 외롭다는 느낌을 두려워했다. 하지만 점차 독립적이고 자유롭다는 느낌을 좋아하게 됐다. 어머니의 생각을 변화시키기 위한 노력을 포기함으로써 미첼은 자신의 생각을 찾아냈다. 그리고 자신의 생각대로 행동하는 새로운 자유를 얻었다.

다음 단계로 나아가기

가스라이팅을 차단하기 시작하면, 상대방의 다양한 반응과 마주한다. 손드라의 경우처럼 피해자와 가해자 모두가 만족할 수 있는 새로운 방법을 찾기 시작할 수도 있다. 멜라니처럼 가해자가 변화를 완전히 거부할 수도 있다. 아니면 케이티처럼 가능한 것과 가능하지 않은 것에 대해 어떻게 느끼는가를 구분해보려고 노력할 수도 있다.

이미 다음에 어떻게 할 것인지 결정했을 수도 있다. 하지만 아직 결정하지 않았다면, 다음 장이 도움이 될 것이다. 다음 장에서는 관계를 계속 유지해야 하는지 아닌지의 여부를 결정하는 문제에 관해 이야기할 것이다.

7장

이 관계를
유지해야 할까

THE GASLIGHT EFFECT

케이티는 혼란스러웠다. 그녀는 전력을 다해 소유욕이 강한 남자친구의 가스라이팅을 차단하려고 노력해왔다. 그리고 어느 정도 성과가 있다고 느끼고 있었다. 그녀가 남자친구에게 장단 맞추는 것을 벗어나려 할 때마다, 즉 그에게 언쟁하고 싶지 않다고 말하거나 그의 비난을 듣지 않기 위해 방을 떠날 때마다 그는 대부분 한풀 꺾이는 모습이었고 때때로 사과도 했다. 또한 케이티는 남자친구의 생각에 동조하려는 유혹을 잘 참아내고 있다는 것을 느꼈다. 그녀는 남자친구와 서로 다른 견해를 가지고 살아나갈 의지가 있었고 남자친구에게 인정받고자 하는 욕구에서 자유로워지고 있었다. 점차 그녀는 남자친구가 그녀를 어떻게 보든 간에 자신이 좋은 사람이라는 느낌을 회복하고 있었다.

그럼에도 불구하고, 케이티는 나에게 남자친구가 변화에 전혀 관심이 없는 것 같다고 말했다. 케이티가 그의 영향력을 차단하면 그는 한발 물러섰다. 하지만 그는 예전과 마찬가지로 가스라이팅을 다시 시작했다. 이는 케이티가 항상 대비하고 있어야 한다는 의미였다. 그녀가 자신을 방어하는 데 조금이라도 느슨해지거나 자신이 하지 않았다고 생각하는 일을 사과할 때면, 그는 다시 예전의 경향을 보이는 듯했다.

그녀는 나와 함께 노력한 지 3개월이 지나자 이런 말을 했다.

"모든 변화를 혼자서 해야 한다는 느낌이에요. 남자친구가 아무것도 변한 것이 없다는 이야기는 아니에요. 하지만 그렇다고 그가 도움이 많이 되지도 않아요. 그는 마치 커다란 바위 같아요. 저는 오르막 비탈길에서 그를 힘들게 밀어올리고 있어요. 제가 정말 힘들게 노력하면 어느 정도 성과가 있어요. 하지만 제가 멈추기라도 하면 그는 다시 굴러 내려와요. 그 바위는 더 무거워지지는 않을지 몰라도 더 가벼워지지도 않아요."

그래서 케이티는 다음에 무엇을 해야 할지 확신이 서지 않았다. 그녀는 아직 남자친구를 사랑한다. 그리고 그와 헤어진다는 생각은 하기도 싫다. 그러나 그녀는 그의 끊임없는 비난과 세상이 위험하고 괴로운 곳이라고 보는 그의 사고방식에 점점 좌절하게 됐다. 남자친구에게서 어느 정도의 변화를 기대할 수 있을까? 그녀는 강한 의문이 들었다. 어떠한 기대가 현실적이고 어떠한 것이 소망에 불과할까? 그리고 가장 중요한 것은, 그들의 관계를 유지하기 위해서는 얼마나 많은 변화가 필요할까?

• • •

리즈는 이대로 더 이상 가만히 있을 수 없음을 깨닫기 시작했다. 그녀는 너무 많은 시간과 정력을 상사에 대해 고민하는 데 허비하고 있었다. 가끔 리즈는 상사가 인생에서 가장 중요한 사람이라는, 심지어는 남편이나 친한 친구 혹은 가족들보다 더 중요한 사람이라는 착각에 빠졌다.

예전의 삶을 되찾을 수 있게 회사를 떠나느냐 혹은 그녀가 도달하기 위해 열심히 노력했던 회사 내의 지위에 그냥 머물러 있느냐 하는 것이 리즈의 고민이었다. 그녀는 현직에 머물면서 상사와 부딪히지 않는 방법이 있는지 알고 싶었다. 아니면 그녀의 상사는 최소한의 접촉만으로도 언제나 영향력을 행사할 정도로 그녀를 자극하고 상황을 조작하는 데 뛰어난 것인가?

리즈는 자신이 가지고 있는 선택의 여지들을 심각하게 생각하기 시작했다. 우선, 직업상의 해결책을 생각해보았다. 다른 광고 회사로 옮기는 것과 상사의 진면모를 발견할 수 있도록 자신을 도와줄 수 있는 다른 사람을 찾는 것을 생각해보았다. 그녀는 오랫동안 상사의 계획이 무엇일까 생각해보았다. 자신을 제거하려는 것일까 아니면 회사 내에서 고립시키려는 것일까? 상황이 바뀌도록 자신이 할 수 있는 일이 있을까, 아니면 그는 자신을 몰아내려고 이미 결정했을까?

또한 상사와의 관계에서 자신의 역할에 관해서도 깊이 생각해보았다. 그녀가 여태껏 해온 대로 그를 만족시키기 위해 안절부절못하는 대신, 상사의 자극에 대응하지 않겠다는 생각이 현

7_이 관계를 유지해야 할까

실적인가? 상사에게 대응하는 방식을 바꾸는 노력에 지나치게 힘을 소모하다가 현재 하고 있는 일의 즐거움마저 빼앗기는 것은 아닐까? 상사와의 관계를 변화시키려 노력하는 것이 의미가 있는가 아니면 포기하는 것이 나을까?

미첼은 어머니의 가스라이팅에 대한 느낌이 정리된 후, 몇 주 동안 매우 우울하게 보냈다. 그가 살아오면서 피하려 했던 슬픔과 분노, 무기력함에 사로잡힌 느낌이었다. 그리고 일시적으로 완전히 압도된 느낌을 받았다. 그는 이런 말을 되풀이했다.

"다시는 어머니를 보고 싶지 않아요. 저는 어머니가 필요 없어요! 저를 그렇게 취급하는 사람을 위해 왜 제가 무언가를 해야 되나요?"

미첼은 어머니와 모든 접촉을 끊겠다는 생각이 아주 중대한 결정이라는 것을 깨달았다. 그리고 나에게 그 문제에 대해 어떻게 생각하는지 물었다. 나는 가능한 한 가족들과는 관계를 유지하는 것이 좋다고 말했다. 하지만 그 관계가 정말 회복할 수 없을 정도로 악화됐거나 우리가 인생을 개척해가는 데 방해가 되거나 혹은 너무 고통스러워서 삶의 나머지 부분에도 부정적인 영향을 미친다면, 문제가 되는 사람을 우리의 삶에서 차단할 수 있을 것이다.

미첼은 자신의 인생에 영향을 미치는 어머니와의 관계를 처음부터 끝까지, 예를 들자면 옷을 고르는 문제부터 여자친구에 이르기까지 전반적으로 생각해보기 시작했다. 그의 마음 한구석에는 어머니와의 관계를 간단하게 단절하고 싶은 생각도 있었지만, 그는 다른 해결책을 생각했다. 명절에만 어머니를 만나러 가거나 매주 한 번씩 가는 대신에 한 달에 한 번만 가거나 여자친구나 다른 친구와 함께 가는 것이었다. 그는 앞으로 마음이 바뀔 수 있으므로 천천히 결정하기로 했다. 미쳴은 이미 어머니와의 관계를 변화시켜야 한다는 것을 알고 있었다. 하지만 오랫동안 자신이 어떤 방식의 변화를 원하는지를 결정하지 못했다.

결단을 위한 시간 가지기

가스라이팅에서 벗어나기로 결정하고 이를 위해 노력하고 있다면, 상대방과의 관계를 계속 유지할 것인지 아니면 포기할 것인지를 결정할 시기가 온다. 앞서 말했듯이, 가스라이팅에서 벗어나는 유일한 방법은 그 관계를 포기할 각오가 돼 있는 것이다.

더 이상 선택의 여지가 없음을 느끼는 순간이 올 것이다. 이 경우 자신을 보호하고 행복해지기 위해 가해자를 떠나야 한다. 여러 가지 선택의 여지가 있더라도 헤어지는 것이 최선인 경우도 있다. 다시 말하면 상황이 절박할 수도 있고 절박하지 않을

7_이 관계를 유지해야 할까

수도 있지만, 관계가 끝났다고 깨닫는 특정한 순간이 있다. 반대로 관계를 유지하기로 결심할 수도 있다. 그와의 관계를 개선할 수 있다고 느끼거나 아니면 고통과 좌절에도 불구하고 그와 관계를 유지할 타당한 이유가 있다고 생각할 수도 있다.

결정이 무엇이든지 간에, 당신은 아직 가해자에 대해 좋은 감정을 가지고 있을 것이다. 남편을 미치도록 사랑하고 있을 수도 있고 친구를 정말 좋아하고 있을 수도 있다. 가족 내의 가해자는 사랑, 분노, 슬픔, 좌절, 애정, 혼란이라는 복합적인 감정을 유발한다. 그리고 가해자가 직장 상사나 동료와 같이 가족 외의 인물인 경우, 현재 위치에 그대로 있는 것이 더 이익이 된다고 생각할 수 있다. 심지어 가해자를 이해하고 존경하고 또한 그에 대해 호의적일 수도 있다.

가해자에 대한 좋은 감정이 반드시 환상은 아니라는 것을 강조하고 싶다. 인간은 모순적이고 복잡한 존재다. 그리고 완벽한 사람은 없다. 가해자가 정말 문제가 많고 못되게 굴었을 수 있다. 하지만 그들은 사랑, 애정, 관심, 충고, 모험, 훈련, 보호라는 좋은 점도 제공한다. 그들은 우리 인생의 중요한 부분을 차지하고 있는 것이다. 그리고 우리가 혼자라면 감당하지 못할 일들을 할 수 있도록 도와준다. 또 그들이 가스라이팅 외의 측면은 나무랄 데가 없는 사람일 수도 있고 아니면 별 근거도 없이 우리가 그냥 조종당했다고 느낄 수도 있다.

시람들은 학대당했거나 형편없는 대우를 받았다는 것을 알았을 때 극단적인 반응이 필요하다고 느낀다. 사람들은 가해자가 그 대가를 지불하기를 원하고, 자신들이 받은 상처를 보상할 수 있는 정의나 복수를 원한다. 현재 위험하고 파괴적이라 생각하는 사람에 대해 예전에는 좋은 감정을 가졌다는 것을 믿기 어려워하기도 한다. 그리고 이러한 사람을 우리의 삶에서 완전히 배제하고 싶어 한다.

이러한 감정은 자연스러운 것이고 우리를 앞으로 나아가게 할 수도 있다. 하지만 그렇지 않을 수도 있다. 가해자(특히 그 사람이 가족인 경우)에 대한 강한 반발은 부분적으로 우리들 자신에 대한 좌절감에서 온다. 어떻게 그렇게도 안목이 없었을까? 어떻게 그러한 형편없는 대우를 받고 살아왔을까? 왜 나는 강하고 독립적인 사람으로 살지 못한 것일까? 왜 나는 더 강하고 유능하지 못했을까? 가해자와의 관계에서 우리가 책임을 져야 할 부분을 자세히 살펴보면, 수치심과 원한, 분노, 슬픔이 섞인 복잡한 심정을 느낄지도 모른다.

이러한 모든 반응을 알아채고 느끼는 일은 매우 중요하다. 그것들은 우리에게 무슨 일이 일어났고 그것에 대해 어떻게 하기를 원하는가를 깨닫는 데 도움이 된다. 때로는 즉각적인 행동을 하는 길잡이가 되기도 한다. 그러한 반응들은 우리에게 "여기에서 벗어나라. 이 상태가 하루라도 더 지속되게 하지 말라"고 말해준다. 때로는 그러한 긴급함에 귀를 기울이는 것이 우리가 할 수 있는 최상의 방안이다.

하지만 때로는 행동을 취하기 전에 감정을 가라앉히고 긴장을 풀 필요가 있다. 특히 오랜 시간을 함께했거나 협력 관계에 있거나, 아이들을 함께 키우고 있다면 의사를 결정할 때 심사숙고할 시간을 가져야 한다. 우리는 이혼보다는 별거를 선택하거나 모든 접촉을 완전히 끊기보다는 잠시 떨어져 있는 등 영구적인 단절보다는 임시변통을 원할 수도 있다. 상대방에게 어떻게 행동하겠다고 선언하지 않고 그와의 관계를 잠시 보류할 수도 있을 것이다. 그렇게 함으로써 영구적인 결정을 하기 전에 생각해볼 시간과 공간을 확보할 수 있다.

마리아나는 친구와의 관계에 점차 실망하게 됐다. 그녀는 항상 판단을 받고 통제당한다고 느끼게 하는 그들의 격앙되고 감정적인 대화를 몹시 싫어하게 됐다. 하지만 고등학교 때부터 친구로 지내왔던 그녀를 다시 못 본다는 것은 생각하기도 싫었다. 마리아나는 그들 사이에 무엇인가 변화가 있어야 한다는 것을 알았지만, 친구와의 관계를 끝내기 원하는지 아니면 잠시 유보하고자 하는 것인지 그것도 아니면 관계를 개선하기 위한 길고 어려운 노력의 과정을 견디기 원하는지 확신하지 못했다.

마리아나가 친구에게 두 사람 사이에 휴식기가 필요하다고 직접적으로 말한다면, 그것 때문에 그녀가 피하고 싶어 하는 또 다른 싸움이 일어나리라는 것도 알고 있었다. 마리아나는 잠정적으로, 또한 비공식적으로 친구와의 접촉을 제한함으로써 자신이 어떻게 느끼는지, 이후 어떻게 할 것인지 생각해볼 여유를 갖기로 했다.

나에게 물어야 할 질문들

다음에 해야 할 일을 어떻게 알 수 있을까? 다음에 무엇을 해야 할지 결정하는 데 도움이 되는 네 가지 질문이 있다.

나는 이 사람을 다르게 대할 수 있을까?

계속 이야기해왔듯이, 가해자와의 관계는 당신이 다르게 행동하지 않고서는 변하지 않을 것이다. 가스라이팅을 차단하기 위해서는 그와 정신적으로 분리돼야 하고, 감정을 폭발시키며 위협할 때는 대화를 중단하거나 방을 나와야 한다. 이 말은 곧 상대방과 의견을 일치시키겠다는 생각을 버리고, 설사 그의 생각이 옳지 않다는 것을 알더라도 그의 견해를 기꺼이 인정해줄 의지가 있어야 한다는 것을 의미한다. 또한 당신이 불안하거나 외롭거나 불안정하다고 느낄 때 그런 감정들을 상대방과 공유하지 않을 수 있다는 것도 의미한다. 왜냐하면 바로 그러한 감정들이 상대방으로 하여금 영향력을 행사하도록 만들기 때문이다. 가해자는 자신이 그 불안이나 외로움 등을 감소시켜주지 못할 때 능력이 없다고 느끼게 되고 결국 자신의 힘과 통제력을 유지하기 위해 영향력을 행사하게 된다.

여기 변화하고자 하는 의지가 얼마나 강한지 묻는 질문들이 있다. 질문들과 함께 케이티, 리즈, 손드라가 여기에 어떻게 대답했는지 보자.

상대방이 가스라이팅을 시작하면, 당신은 그와의 대화에서 벗어날 수 있는가? 아니면 당신이 옳다는 것을 그에게 증명해야 한다고 느끼는가?

케이티 저는 옳다고 증명할 필요성을 별로 못 느껴요. 저는 남자친구와의 대화에서 벗어날 수 있다고 생각해요. 어려운 것만은 아니에요.

리즈 상사가 사실을 왜곡하는 것을 들으면 미칠 것 같아요. 비록 그에게 소리 내어 말하지는 않지만, 머릿속에서 그 대화를 몇 번이고 되풀이해요. 저는 그가 거짓을 말할 때 도저히 듣고 있을 수가 없어요.

손드라 처음으로 남편과의 말다툼에서 벗어났을 때, 정말 화가 나더라고요. 하지만 몇 개월 동안이나 벗어나는 훈련을 해왔어요. 그다지 어렵지 않더군요. 이제 그 일을 비교적 쉽게 할 수 있다고 생각해요.

가스라이팅이 자신이나 두 사람의 관계를 불안하게 만든다고 느끼면, 그에게 마음의 위로를 받으려고 하는가? 아니면 스스로 진정시킬 수 있는가?

케이티 이게 저에게 어려운 부분이에요. 저는 남자친구에게 기댈 수 있었으면 좋겠어요. 남자친구에게 마음의 위로를 받고 싶은 걸 억제할 수 있다고 생각하지 않아요. 사실은 이런 저 자신이 변화되기를 원하고 있는지도 모르겠어요. 그를 화나게 하지 않고 저에게 마음의 위로를 해달라고 요구할 수 있었으면 좋겠어요.

리즈 물론 저는 그에게 의존하지 않을 수 있어요. 저는 모든 것이 잘 돼간다는 그 사람의 위로 따위는 필요 없어요! 저는 단지 그가 형편없이 행동하는 것만 멈추면 돼요.

손드라 저는 남편에게 의존하지 않을 수 있다고 생각해요. 제가 화난 것을 남편이 눈치 채면, 그는 "당신 괜찮아?" 하고 물을 거예요. 때때로 그는 정직한 대답을 원해요. 그리고 때로는 또 다른 가스라이팅이 시작돼요. 자신은 모든 것을 잘했기 때문에 제가 화낼 이유가 없다는 것을 증명하려고 해요. 그래서 저는 그가 정말 진심으로 말하는 것인지 아니면 단지 저를 떠보는 것인지를 판단할 거예요. 하지만 그에게 의존하지 않고 저 자신을 진정시킬 수 있다고 생각해요.

소리를 지르면 방을 나가겠다거나 20분 이상 기다리게 하면 식당을 떠나 겠다는 것처럼, 만약 특정 행동을 취하겠다고 상대방에게 말하면 자신이 말한 것을 그대로 실행할 수 있는가?

케이티   저는 이 부분이 싫어요. 저는 할 수 있다고 생각하지만 그렇게 하는 것이 싫어요.

리즈   저는 할 수 있어요. 문제없어요. 하지만 그게 먹혀들지 모르겠어요. 제가 무엇을 하더라도 그의 행동은 변하지 않을 것 같아요.

손드라   네, 할 수 있어요. 저는 아이들을 키우면서 이런 연습을 해왔어요.

케이티, 리즈, 손드라가 이 질문들에 답을 한 다음 나는 그들에게 각자 자신에 관해 무엇을 알게 됐는지 요약해보라고 했다. 앞서의 대답을 참고하며, 그들이 다음과 같은 더 포괄적인 질문에 어떻게 대답했는지 살펴보자.

케이티   아마 할 수 있을 것 같아요. 하지만 지금은 제가 원하는지 확신하지 못하겠어요. 걱정을 함께 나누거나 위로를 받지 못한다면 남자친구를 사귈 이유가 어디 있어요? 결국 저는 이것을 원하지 않는 것이 분명해요.

리즈　이 사람과 함께 일할 수 있거나 그가 저에게 하는 행동에 괴로워하지 않을 방법이 있다고는 생각하지 않아요. 가능하다는 생각도 하지 않아요.

손드라　네, 저는 다르게 행동할 수 있다고 생각해요. 이런 변화를 주는 것이 저 자신에게도 좋을 거예요.

상대방이 나를 다르게 대할 수 있을까?

사람들은 위협을 느끼거나 스트레스를 받으면 영향력을 행사하려 한다. 그리고 자신이 옳다는 것을 증명하는 것으로 그 스트레스에 반응한다. 가해자들은 이런 방식으로 자신이 강하다는 것을 확인하며 자신의 존재감을 느낀다.

어떤 사람들은 자신의 자아에 대해 마음 깊은 곳에서 느끼는 불안감 때문에 가스라이팅을 행사한다. 그들은 약해진다고 느끼게 되면 영향력과 통제력을 확인하기 위해 다른 사람의 마음을 조종할 모든 기회를 이용하려 한다.

어떤 사람들은 특정한 관계에서는 영향력을 행사하지만 다른 관계에서는 그렇지 않다. 그들은 아마 배우자에게는 영향력을 행사하지만 고용인에게는 그렇지 않을 것이다. 아니면 상사로서 부하 직원들에게는 영향력을 행사하지만 반면에 배우자에게는 상냥하고 사랑스러운 모습을 보일 수도 있다.

또 다른 사람들은 스트레스가 있을 때만 영향력을 행사한다. 이러한 유형의 남자와 결혼한다면, 몇 주 혹은 몇 개월 동안 아무 일 없이 지나갈 수도 있다. 그러다가 갑자기 돈 때문에 큰 싸움을 하거나 그와 아이 사이에 문제가 생기거나 그의 직장에 문제가 있거나, 그의 어머니가 병원에 입원하는 등의 일이 생기면 갑자기 가스라이팅을 행사한다. 가해자에 대해 먼저 이 점을 생각해보자.

그의 가스라이팅은 어느 정도인가?

케이티　저는 솔직히 모르겠어요. 어떤 때는 심한 것 같아요. 끊임없이 그런 행동을 하니까. 또 다른 때는 제가 변하면 그는 가스라이팅을 그만둬요. 이 질문에 답을 못하겠어요.

리즈　그는 완전히 영향력을 행사하고 있어요. 적어도 저에게는 말이에요. 그는 항상 옳아야 하고 자신의 방식대로 해야 하는 유형의 사람이에요. 그는 무엇이든 시키는 대로 하는 것을 보고 즐기고 있어요. 제가 사무실을 나갈 때 그가 미소 짓는다는 걸 알아요. 그를 바꾸게 할 수 있다고 생각하지 않아요.

손드라　남편은 언제나 스트레스를 느낄 때 영향력을 행사한다고 생각해요. 하지만 저는 그의 영향력을 차단하려고 노력해왔어요. 그리고 그게 먹혀들고 있어요. 우리는 이 문제를 이야기할 수 있고 둘 다 변화를 원하고 있어요. 비록 남편이 영향력을 행사하는 경향이 있지만, 습관적으로 한다고 말할 순 없어요.

리즈와 손드라는 이 질문에 어떻게 대답할지 알고 있다. 하지만 케이티는 확실하게 아는 것 같지 않다. 만약 당신도 확신하지 못한다면 연습해볼 것을 권한다. 우선 일주일 동안 가스라이팅을 차단할 수 있는 모든 노력을 해보자.

그에게 보조를 맞추는 일을 단 하나도 해서는 안 된다. 그의 영향력에서 벗어날 수 있는 조그마한 기회도 놓치지 마라. 상대방을 조율하거나 상대방에게 설명하고자 하는, 상대방을 분석하고 상대방을 이상적으로 생각하며 상대방과 협상하고 싶은 모든 유혹을 뿌리쳐라. 어떠한 시점에서 상대방은 확실하게 당신을 예전의 관계로 끌어들이려 할 것이다. 그럼에도 당신이 계속 거부한다면 어떤 일이 일어나는지 지켜보자.

아직 상대방이 지금까지와 다른 식으로 행동할 수 있는가에 확신하지 못한다면, 스스로에게 "그는 나를 얼마나 배려할 수 있는가?"라는 질문을 던져보자. 가스라이팅이라는 문제를 떠나서, 그는 당신을 존중하고 사랑하며 이야기에 귀를 기울이는 등 당신을 독립적인 인격체로 보고 있다고 느끼는가? 아니면 그는 자신이 옳고 좋은 사람이라는 것을 내세우거나 자신이 얼마나 낭만적인지를 과시하는 등 항상 자신이 더 중요하다고 여기고 있는가? 그와 마음이 통한다고 느끼는가?

상대방이 당신의 기대를 만족시키는 방식으로 행동하려 노력한다면, 그의 가스라이팅이 사라지거나 적어도 견딜 수 있는 수준으로 줄어들 거라고 기대할 수 있다. 상대방과 많은 부분에서 교감이 없거나 만족스럽지 못하다고 느낀다면, 상대방은 어떠한 식으로든 당신을 고려하지 않고 행동하는 것이라 할 수 있다. 비록 상대방이 적극적으로 영향력을 행사하지는 않더라도, 최소한 그가 친밀하게 다가오며 당신을 존중한다고 말할 수는 없을 것이다. 그러한 경우 당신이 노력하면 가스라이팅을 줄일 수는 있겠지만, 여전히 가해자와의 관계가 만족스럽지 못하다는 사실을 발견할 것이다.

케이티　모르겠어요. 처음 만났을 때, 저는 그가 완벽한 남자 친구라고 생각했어요. 그는 저를 보호해주고 사랑해주었어요. 그리고 그와 함께 있으면 안정감을 느꼈어요! 하지만 이제 의문이 들기 시작해요. 그는 아마 자신이 강하고 여자를 보호해주는 남자라는 것을 증명하려고 했을 거예요. 그리고 그렇게 하지 못했다고 생각하자 저에게 영향력을 행사했어요. 그래서 진정한 의미에서 그는 제 입장을 고려해줄 수 없다고 생각해요.

리즈 그가 다른 사람들과는 어떤지 몰라요. 하지만 그는 확실히 제 입장을 생각하지는 않아요. 모든 일들이 자신을 위한 것들이에요. 일종의 힘겨루기죠. 저를 마치 장기판의 졸처럼 생각해요.

손드라 남편도 역시 자신의 일이나 다른 문제들에 사로잡히면 가끔 저를 하나의 인격체로 생각하지 않아요. 그게 바로 그가 저에게 영향력을 행사하는 때예요. 그는 자신이 얼마나 좋은 사람인지 증명하고 싶어 해요. 그리고 그럴 때면 저는 그에게 실제 존재하는 사람이 아니라 단지 그의 청중이죠.

하지만 그가 저에게 정말 관심을 갖는 때가 있어요. 제가 화가 나 있을 때면 그것을 알아채고 저에게 이야기하라고 요구하죠. 그러고는 정말 도움이 되는 조언을 해줘요. 그리고 제가 피곤해할 때면 그것을 알아채고는 "오늘 밤은 내가 아이들을 재울 테니 편하게 쉬어"라고 말하죠. 심지어 제가 친정에 다녀오면 그는 저녁 준비를 해요. 왜냐하면 자신은 제 친정에 가는 일에서 해방됐기 때문이에요. 그러니 이 질문에 대해서 "네"라고 말해야겠네요. 저는 그가 매우 깊이 저를 배려할 수 있다고 생각해요. 어떤 때는 아니지만 대부분의 경우 그는 저를 배려할 수 있어요.

나는 다시 케이티와 리즈, 손드라에게 상대방에 관해 무엇을 알게 됐는지 물었다. 그들은 "상대방이 나에게 지금까지와는 다르게 행동할 수 있겠는가?"라는 더 포괄적인 질문에 다음과 같이 대답했다.

케이티 모르겠어요. 지금으로서는 그렇지 않다고 생각해요.
리즈 물론 아니죠.
손드라 네. 그는 그럴 수 있어요. 항상은 아니지만 충분한 만큼은요.

Checklist 가해자가 바뀔 수 있는지 체크하는 법

- 그가 당신의 견해를 이해하고 존중해줄 수 있다고 여겨지는가?
- 그는 가끔 당신의 기분과 요구에 부응하는가?
- 그는 가끔 당신의 기분과 요구를 자신의 것보다 우선적으로 생각하는가?
- 그는 당신에게 상처준 것을 후회하고 자신의 행동을 바꾸려 하는가?

• 그는 당신을 기쁘게 하거나 자신이 좋은 사람이라는 것을 보여주기 위해서가 아니라, 실제로 자신의 의지로 상황을 변화시키는 데 관심을 보이는가?

나에게 관계를 변화시키려고 노력할 의지가 있을까?

가스라이팅은 매우 강한 힘을 가지고 있기 때문에 그 역학 관계를 깨기란 어렵다. 이러한 관계는 악순환의 고리를 가지고 있어서, 가해자의 공격적인 행동은 피해자의 방어적인 반응을 일으키고 다시 그 방어적인 반응은 더욱 심한 가해자의 공격적 행동을 촉발한다.

예를 들어 케이티는 자신과 남자친구 사이에 형성된 역학 관계 때문에 남자친구의 가스라이팅이 1단계에서 2단계로, 나아가 3단계로 진행되는 것을 알게 됐다. 케이티가 불안해하고 결핍됐다고 느낄 때, 남자친구는 자신이 그녀를 도울 수 없다는 사실을 깨닫고는 힘이 있다고 느끼려고 영향력을 행사하기 시작했다. 사실 남자친구는 케이티가 불안해하거나 결핍됐다고 느낄 필요가 없다는 점을 확신시켜주려 했다. 하지만 그가 화를 내면 낼수록 상황은 더욱 악화돼 케이티는 더욱 불안해지고 방어적이 되고 결핍됐다고 느꼈다.

그래서 처음으로 경박하게 행동한다고 비난받았을 때, 그녀는 남자친구가 잘못 알고 있다고 확신하고, 거기에 맞는 반응을 보였다. 즉, 그녀는 "나는 경박하게 행동하지 않았어!"라든가 "넌 엉뚱한 데가 있어. 저 사람은 단지 내게 호의를 보였을 뿐이야" 혹은 "넌 걱정할 게 하나도 없어. 왜 그걸 보지 못하는 거야?" 같은 반응을 보였다. 하지만 남자친구의 비난이 계속되자 케이티는 자신감이 사라지는 것을 느꼈고, 점점 더 불안해졌다. 그녀는 "제발 그만해!"라든가 "아무것도 아니었어. 넌 나를 믿어야 해!" 또는 "네가 나를 형편없이 생각한다는 것을 참을 수가 없어. 이제 나는 정말 화가 나!" 같은 말을 하며 그를 회유하기 시작했다.

남자친구는 불안하고 불안정한 남자였다. 하지만 그는 괴물은 아니었다. 케이티가 화내는 것을 볼 때 남자친구는 정말 불행했다. 그렇지만 그는 자신이 거기에 책임이 있다고 느끼지 않았다. 케이티는 점차 자신감을 잃어가면서 남자친구에게 더 의존했고, 그럴수록 점점 더 결핍돼 있다고 느끼며 남자친구의 사랑을 확인하고 싶어 했다. 한편, 남자친구는 케이티의 열망을 자신이 부족한 탓으로 받아들였다. 그리고 그렇게 생각할수록 무기력한 자신을 느꼈고, 그것을 싫어했다. 그래서 케이티가 열망할수록 남자친구는 더욱 신랄해지고 비난과 부정적인 태도로 일관하게 됐다. 그리고 그들의 관계는 2단계로 옮아갔다.

2단계에서 남자친구의 모욕과 비난은 케이티를 한층 더 불안하게 만들었고, 자신에 대한 남자친구의 좋은 감정을 확인하고 싶은 케이티의 열망은 그를 한층 더 무기력하고 통제할 수 없게 만들었다. 그는 계속 갈등했다. 왜 나는 케이티를 행복하게 해줄 수 없을까? 왜 나는 케이티와의 관계를 원활하게 만들 수 없을까? 내게 무슨 문제가 있는 것일까? 그럴 리가 없다. 내가 약하고 무기력할 리가 없다. 내가 그렇게 나쁜 애인이나 실패한 남자일 리 없다. 나는 강해야 한다. 그러니 그녀에게 무엇인가 문제가 있는 것이 틀림없다. 남자친구는 절박하고 불안정하게 느낄수록, 자신은 옳고 강하지만 케이티가 잘못됐고 나쁘다는 것을 그녀가 인정하게 만들려고 애썼다. 그리고 케이티에 대한 비난과 공격의 수위를 점점 더 높여갔다. 그래서 마침내 그들의 관계는 3단계로 접어들었다.

Checklist 가스라이팅을 악화시키는 행동

- 깎아내릴 것을 예상하고 스스로 먼저 깎아내린다.

"내가 멍청하다는 것 알아요."

"제발 용서해주세요. 내가 정말 자아도취에 빠지기도 한다는 것을 당신은 알잖아요."

"내가 얼마나 이기적이었는지 믿을 수가 없어요."

- 인정해줄 것을 애원한다.

"내가 엉망이라도 당신은 아직 나를 사랑하지요. 그렇지 않나요?"

"나는 지금 너무 외로워요. 여보, 내가 당신을 얼마나 필요로 하는지 모르겠어요?"

"당신에게 상처를 줄 생각은 없었어요. 아직 화났어요?"

• 그가 당신을 형편없이 대할 것이라고 미리 가정한다.

"이제 다시는 화내지 말아요."

"제발 질투하지 말아요. 그럴 이유가 없다는 것을 알잖아요."

"나를 멍청하다고 생각할 거라는 것을 알아요. 나도 어쩔 수 없어요. 됐어요?"

자신의 반응이 남자친구를 더 불안하게 만들고 소유욕도 더욱 강해지게 만들었다는 것을 깨달았을 때, 케이티는 두려워했다. 비록 자신이 그의 행동에 책임질 필요는 없었지만, 그녀는 자신의 행동이 그들이 함께 만들어놓은 역학 관계의 일부였다고 보았다. 그녀는 어느 날 나를 찾아와 "저는 제가 그에게 좋은 사람이라고 생각하고 싶었어요. 하지만 지금은 제가 그에게 최악의 것을 가져다주었다고 생각해요. 그가 저에게 최악의 것을 가져왔듯이 말이에요"라고 말했다.

가스라이팅은 진실과 왜곡을 판단하는 능력을 저해한다. 따라서 가스라이팅을 차단하기 위해서는 현실에서 어떠한 일이 일어나고 있는가를 알도록 도와줄 수 있는 친구나 사랑하는 사람들, 상담자 등의 지원 체제가 필요하다. 이와 관련해 케이티, 리즈, 손드라에게 "가해자에 대해 정말 솔직하게 이야기할 수 있는 사람, 진실을 이야기해줄 수 있는 사람이 배우자, 친구, 형제자매, 상담자 중 적어도 한 사람 있는가?"라고 질문했다.

케이티 저는 친구들에게 남자친구와의 관계에 대해 이야기하기가 불편해요. 하지만 신뢰할 수 있는 상담자가 있어요.

리즈 물론이에요. 남편, 친구들, 상담자 등 여러 사람들이 저를 지원하고 있어요. 하지만 그들은 제 직장 이야기에 점점 질리고 있어요.

손드라 네. 저에게 좋은 이야기를 해줄 만한 사람들이 많아요. 저는 그들이 마지못해 말하는 것은 듣고 싶지 않지만 그들이 항상 정직하게 이야기하리라는 것을 알아요.

그다음은 스스로 정한 경계선을 고수할 자제력이 있는지 확인해봐야 한다. 우리는 상대방을 통제할 수는 없어도 스스로의 반응은 통제할 수 있다. 상대방과의 관계를 변화시키기로 결심했다면, 비록 때때로 잘못됐다고 느낄지라도 스스로 설정한 경계선을 고수할 필요가 있을 것이다.

7_이 관계를 유지해야 할까

그에게 "여보, 나는 당신이 늦는 데 지쳤고, 또 그 문제로 말다툼하는 데에도 지쳤어. 다음에 20분 이상 늦으면 그냥 가겠어. 지금부터 그렇게 할 거야"라고 이야기한다고 가정해보자. 여기까지는 좋다. 당신은 경계선을 설정했고 자신의 입장도 분명하게 밝혔다. 그리고 상대방이 가지고 있는 문제와 맞섰다. 이제 어려운 부분이 남아 있다. 당신이 좋아하는 식당에 예약을 했고, 이 저녁 시간을 일주일 내내 기다려왔다. 그런데 남편이 20분 늦게 왔다. 식당을 떠날 자신이 있는가? 다음에 또 이러한 일이 일어나면 어떻게 할 것인가? 그리고 그다음에는? 또 그다음에는? 자신이 정한 원칙을 지킬 힘이 없다면(물론 그렇다고 해서 누구도 비난하지는 않는다), 상대방과의 관계를 진정으로 바꿀 수 없을지 모른다.

> **케이티** 저는 할 수 있어요. 하지만 제가 그걸 원하는지는 확신할 수 없어요.
>
> **리즈** 이 경우는 제게 해당되지 않아요. 만일 제가 상사에게 그런 종류의 경계선을 설정한다면, 그는 저를 간단하게 해고해버릴 거예요. 사실, 가끔 그는 제가 그런 행동을 하게끔 만들어서 해고할 구실을 만들려고 저를 자극해요.
>
> **손드라** 저는 이런 방식을 사용하고 있어요. 그리고 효과가

있어요. 쉽지는 않지만 분명히 해볼 가치가 있어요.

나아가 자제력뿐만 아니라 "그만둬요"라고 말할 에너지도 가지고 있어야 한다. 상대방에게 소리치는 것을 싫어한다고 말했다고 가정해보자. 그래서 다음에 또다시 그가 소리를 치면 상황이 어떻든 전화를 내려놓거나 방을 나가겠다고 말했다.

당신은 이러한 방법을 말다툼이 있을 때 몇 차례 시도했고 효과가 좋았다. 당신이 방을 나가고 상대방은 진정돼 고함치는 것을 멈추었고, 당신은 아무 일도 일어나지 않았던 것처럼 다시 그와 자리를 함께했다. 때로는 심지어 그가 사과까지 하고, 마침내 상황이 바뀌기 시작한 것 같아 당신은 아주 기분이 좋아졌다.

그러던 어느 날 당신의 친척들과 그의 친척들이 모두 모여 저녁 식사를 하고 있는데 그가 당신에게 소리를 질렀다. 그러면 당신은 밖으로 나갈 것인가? 침대에 누워서 편히 쉬고 싶은 어느 늦은 밤에 이러한 일이 일어났다면 어떻게 할 것인가? 잠자리에서 일어나 소파에서 자겠는가, 아니면 모텔로 갈 것인가? 일하러 갈 준비로 분주한 어느 이른 아침에 이러한 일이 있다면 어떻게 할 것인가? 이번 한 번만 소리 지르는 것이 끝나기를 기다려 공연한 소란을 피할 것인가?

당신은 문제를 알고 있다. 이러한 종류의 변화를 위해서는 깊이 몰입해야 하며 일관성 있게 행동해야 한다. 그러나 어느 누구도 그러한 종류의 노력을 계속할 수 있는 에너지를 가지고 있지는 않다. 노력한 만큼의 결과가 없을 수 있다는 것을 알면서도, 상대방과의 관계를 유지하기 위해 그러한 노력을 기꺼이 할 것인가? 혹은 간단하게 이러한 관계를 떠나서 당신을 존중해줄 수 있는 사람을 찾는 것이 더 현명하다고 생각하는가?

케이티 저는 자제력이 있어요. 하지만 에너지를 가지고 있는지는 모르겠어요.

리즈 역시 저에게는 적용되지 않아요. 이런 종류의 저항을 할 수 없어요. 왜냐하면 그는 저의 상사이니까요. 그가 원하는 것을 하지 않는다면 해고될 거예요.

손드라 하루 종일 직장 일과 아이들 일로 시달리고 나면 기운을 차리기가 힘들어요. 이 일은 전체 과정 중 제게 가장 힘든 부분이에요. 솔직히 말하자면, 저는 그런 일이 싫어요. 하지만 저의 결혼 생활을 구하기 위해서라면 기꺼이 할 용의가 있어요.

기꺼이 희생을 감수할 의지가 있는지도 생각해보자. 가해자에게 맞서는 어려운 길을 택한다는 것은 낭만적인 저녁 식사나 가족 파티 혹은 집에서 보내는 평화로운 시간을 포기할 수도 있다는 의미이다. 때로는 상대방과의 관계를 즐겁고 가치 있게 만드는 것들을 포기한다고 느끼게 될 것이다. 아이러니하게도 관계를 구하기 위한 노력이 그것을 파괴하는 셈이다.

경계선을 지키려는 노력은 당신을 유머감각이 없고 화를 잘 내고, 조금만 괴롭히거나 실수해도 용서하지 않는 나쁜 인간처럼 보이게 할 수 있다. 다른 사람들이 당신을 완고하고 편협한 사람으로 보는 시각을 기꺼이 받아들일 용의가 있는가?

케이티   저는 할 수 있지만, 제가 그렇게 하기를 원하지 않는다는 생각이 들기 시작했어요.

리즈   글쎄요. 저의 경우는 이 질문이 이렇게 적용되네요. 그의 가스라이팅을 차단하기 위해 그동안 공들여 쌓아온 이 자리를 포기할 용의가 있는가? 터무니없는 상사가 저의 삶을 비참하게 만들고 있기 때문에 이 좋은 직장을 그만둘 것인가? 저는 그만둘 수도 있다고 생각하기 시작했어요. 하지만 그것은 희생이에요.

손드라   이 질문은 제가 가장 싫어하는 부분이에요. 하지만 해야 한다면 할 수 있어요. 그리고 저는 여전히 제 결혼 생활이 지속할 가치가 있다고 생각하고 있어요.

나는 다시 한 번 케이티, 리즈, 손드라에게 스스로 "지금의 역학 관계를 변화시킬 수 있는 노력을 기꺼이 할 용의가 있는가?"

라는 포괄적인 질문에 답해보라고 요구했다.

> **케이티** 이제 어떤 일을 해야 하는지 알았어요. 저는 그 모든
> 일들과 모든 희생을 기꺼이 감수할 용의가 있는지 확
> 신이 서지 않아요. 남자친구를 위한 일이라면 무슨
> 일이라도 하겠다고 생각했어요. 하지만 이 일을 위해
> 그런 희생을 감수해야 한다면, 저는… 모르겠어요.
>
> **리즈** 제가 무엇을 하든 상관이 없어요. 이 관계는 변하지
> 않을 겁니다.
>
> **손드라** 저는 우리의 결혼 생활을 회복할 수 있는 기회가 꽤
> 있다고 생각해요. 네, 저는 필요한 노력을 기꺼이 할
> 용의가 있어요.

현실적으로 내가 최선을 다한다면 우리 사이가 행복해질까?

이 질문은 당신이 무엇을 하고 싶어 하는지 확실하게 말해준
다. 현실적으로 당신은 누구고 상대방은 누구며, 두 사람 사이의
역학 관계를 변화시키기 위해 무엇을 해야 할 것인가를 생각해
보자. 그러한 변화가 당신에게 가치가 있는가? 그러한 모든 노
력에 상응하는 충분한 보상을 얻을 수 있는가? 아니면 열심히
노력해봤자 얻을 수 있는 것이 보잘것없기 때문에 차라리 헤어
지는 것이 나은가?

이 질문을 보고 바로 생각난 것이 무엇인가? 3장에서 살펴보았던 '위험을 알려주는 신호들'이 여기에서도 유용하다. 마음속으로 이미 관계를 유지하거나 헤어지겠다는 결정을 했는가? 스스로 결정한 것이 만족스러운가? 관계를 유지하기로 생각했을 때, 부정적인 반응으로 위장이 조여드는 것 같은 느낌이 드는가? 친구가 눈이 휘둥그레지거나 머리를 흔들며 다른 곳을 쳐다보는가? 헤어지는 것을 생각할 때, 공포를 느끼는가 아니면 불안이 감소하는가? 친구들이 겁에 질리는 것 같은가 아니면 안도하는 것 같은가? 위험을 알리는 신호들을 읽는 데 다소 시간이 필요할 것이다. 하지만 그 신호들에 주목하고, 그것들이 무엇을 말하고 있는지 귀를 기울여라. 그것들이 당신을 잘못된 길로 인도하지 않을 것임을 약속할 수 있다.

아직 그 답을 찾지 못했다면, 시간을 더 가져도 좋다. 질문에 대해 더 생각해보자. 어떠한 생각이 떠오르는가? 어느 날 아침, 자리에서 일어났을 때 무엇을 해야 할지 깨닫게 될지도 모른다. 아니면 스스로 시한을 정하고 이 문제에 대해 전반적으로 조용히 심사숙고할 시간을 가질 필요가 있을 것이다.

그래도 어떻게 할 것인가를 결정하지 못했다면, 마지막으로 5장의 시각화 훈련을 다시 한 번 해보자. 그리고 스스로에게 물어보자. 당신은 가해자를 이 세계에 들어오게 허용할 것인가? 그 생각을 할 때 기분이 밝아진다면, 그와의 관계를 유지하기를 원

　　　　　　　　　　7_이 관계를 유지해야 할까

하는 것이다. 기분이 가라앉거나 위가 조여오거나 혹은 감각이 마비되거나 기운이 빠지는 느낌을 갖기 시작한다면, 그와 헤어지기를 원하는 것이다. 그러고도 정말 결정할 수 없다면 한시적인 별거를 고려해보자. 떨어져 있는 시간을 통해 두 사람의 문제가 분명하게 밝혀질 수 있을 것이다. 케이티, 리즈, 손드라가 이 질문에 어떻게 대답했는지 살펴보자.

케이티　모르겠어요. 하지만 저는 그 문제에 대한 대답은 "아니오"라고 생각하기 시작했어요. 우리 관계가 개선될 수 있다는 것을 알아요. 이미 나아지고 있어요. 그러나 남자친구와 저의 관계는 정말 최악이었어요. 그런 기억들이 사라지게 해야 할 것 같아요. 앞으로 몇 주간 그 생각을 더 해봐야겠어요. 그리고 그다음에 어떤 기분인지 보겠어요.

리즈　제가 이루어온 모든 것을 포기하려니 미칠 것 같아요. 하지만 더 이상 나아질 수 없다는 것을 알아요. 그리고 저는 이렇게 살 수 없어요. 제 삶을 모두 빼앗아갔어요. 저는 이 문제를 해결하고 싶었어요. 하지만 할 수 없었죠.

손드라　남편과 저는 우리 결혼 생활을 더 나아지게 할 기회가 있다고 생각해요. 그리고 우리 가족을 하나로 유지할 방법이 있다면, 저는 기꺼이 할 것입니다. 그래서 저는 계속 노력하려고 해요. 힘은 들지만 적어도 제 노력이 결실을 맺고 있어요! 네, 저는 그렇게 생각해요. 앞으로 우리 관계는 행복해질 거예요.

당신은 현재의 관계를 유지할지 아니면 헤어질지 결정했다. 이제 당신의 삶에서 가스라이팅을 배제한다는 새로운 도전이 기다리고 있다. 현재의 관계를 유지하면서 변화를 꾀하거나 가스라이팅을 제한하거나 그것도 아니면 헤어지거나, 무엇을 선택하든 앞으로 해야 할 일들이 있다. 8장에서 이 부분을 알아보자.

8장

가스라이팅에서
자유로운 삶

THE GASLIGHT EFFECT

가스라이팅에 당신도 책임이 있다는 것을 알았고, 그것을 피하기 위한 방법들도 새로이 발견했다. 가스라이팅을 차단하는 방법도 배웠고, 아마 어느 정도 연습할 기회도 있었을 것이다. 그러고 나서 상대방과 헤어지거나 관계를 유지하면서 가스라이팅을 제한하거나 또는 변화를 시도하는 것 중 하나를 결정했다.

다음엔 무엇을 해야 할까

첫 단계는 목표를 정하는 것이다. 현재의 친밀함을 유지하면서, 또는 더 친밀해지면서 상대방이 영향력을 행사하는 현재의 관계를 변화시키고 싶은가? 아니면 친밀함을 희생해서라도 가스라이팅에서 해방되고 싶은가? 혹은 아예 상대방과의 관계에서 벗어나려고 하는가? 각기 다른 선택은 거기에 맞는 마음 자세와 행동을 필요로 할 것이다.

이미 상호 역학 관계가 굳어진 상태에서 변화를 꾀하는 경우

이미 굳어진 관계를 변화시키는 일은 어려운 도전이다. 특히 가스라이팅이 일정 기간 동안 계속돼 왔다면 더욱 그렇다. 영향을 주는 사람과 받는 사람이 함께 이미 강한 역학 관계를 형성해놓았기 때문에 그 역학 관계를 바꾸려면 많은 노력과 책임이 필요할 것이다. 여기에 이미 굳어진 관계를 변화시키기 위해 해야 할 일들이 있다.

첫째, 솔선하자. 상대방과의 역학 관계를 바꿀 수 있는 유일한 방법은 스스로 먼저 변하는 것임을 명심하자. 물론 혼자만의 변화로는 충분하지 않다. 상대방도 역시 다르게 행동하겠다는 의지가 있어야 한다. 하지만 자신의 행동을 먼저 변화시키지 않고서 상대방의 행동을 변화시키기는 현실적으로 불가능하다.

둘째, 상황을 깨달아라. 당신이 다르게 행동할 수 있는 유일한 방법은 자신의 감각과 반응에 귀를 기울이는 것이다. 물론 감정에 따라 행동하라고 이야기하는 것은 아니다. 불안, 슬픔, 분노, 외로움 등은 단지 느끼는 것뿐이지, 실제로 우리의 삶을 반영하고 있지는 않다는 것을 깨달은 경험이 모두 있을 것이다. 희망, 흥분, 낭만적인 희열 같은 것이 우리 삶의 전부가 아닌 것과 같은 맥락이다. 하지만 특정한 감정이 지속된다면, 그것이 우리에게 무엇을 의미하는지 귀를 기울이는 것이 중요하다. 특히 희망과 절망, 즐거움과 슬픔, 불안과 안도감과 같은 서로 상반되는 감정을 동시에 가지고 있다면 더욱 주의를 기울여야 한다. 상대방과의 관계를 유지하고 싶을 때는 나쁜 것은 무시하고 좋은 것에만 주의를 집중하는 경향이 있다. 하지만 가스라이팅을 차단하기 위해서는 좋은 것만이 아니라 나쁜 것에도 귀를 기울여야 한다.

셋째, 솔직하자. 때때로 우리는 문제에 직면하는 동안은 그것을 인식하지만 일단 문제가 사라지면 쉽게 잊어버린다. 어떠한 경우에는 잊어버린다는 것이 평온과 기쁨을 가져다주는 매우 효과 있는 처방이지만, 가스라이팅을 차단하려고 한다면 장기적인 안목으로 문제를 인식하려고 노력해야 할 것이다.

매일 밤 그날 겪은 일들을 가스라이팅에 초점을 맞추어 몇 개의 단어나 문장으로 적어놓아라. 한 달이 지난 후 기록해둔 문장을 긍정적, 부정적 그리고 중립적인 항목으로 구분해 만든 도표에 옮겨 적어라. 어떠한 항목이 가장 높은 빈도를 보였는가? 도표에 나타난 한 달 동안의 경향이 어떠한가? 상대방과의 관계나 자기 자신의 변화에 진척이 있었는지 혹은 후퇴했는지에 대해 솔직하게 어떠한 결론을 내릴 수 있는가?

넷째, 자신에게 엄격하자. 가스라이팅 관계는 매우 뿌리가 깊은 관계로, 두 사람을 모두 일정한 방향으로 치우치게 만든다. 특히 내가 단언하건대, 가스라이팅이 몇 주 동안 지속되고 있다면 그 상황에서 벗어나기 위해 여러 차례 예전의 방식으로 되돌

8_가스라이팅에서 자유로운 삶

아가고 싶은 유혹을 느낄 것이다. 아마 어떠한 유혹도 뿌리치기 힘들 것이다. 만약 그럴 수 있는 사람이 있다면 초인이다. 하지만 상대방의 행동을 변화시킬 수 있는 모든 가능한 기회를 이용하겠다고 스스로 약속하며 그러한 유혹에 강한 쐐기를 박을 필요가 있다(7장에서 보았듯이, 이 말이 너무 어렵게 들린다면 현재의 상대방과 헤어지고 문제가 없는 사람과 다시 관계를 시작하는 것이 좋을 것이다).

다섯째, 당신이 가해자의 행동에 책임을 느끼거나, 그와의 관계를 책임져야 한다고 생각하지 말자. 사실, 이러한 생각 자체가 상대방과의 관계에서 흔히 생기는 문제들 중 하나다. 상대방이나 당신이나 모두 당신에게 모든 책임이 있다고 여기는 경우가 많다. 예컨대 남편이 세 시간 늦었을 때, 당신은 거기에 대해 화를 낸 책임이 있다. 남편이 어떤 물건을 사기 위해 얼마나 돈을 썼는지 말을 하려고 하지 않았을 때는 그를 다그치고 의심한 책임이 있다. 그가 원하지 않은 특별한 선물 공세를 할 때는 마지못해서 선물을 받은 책임이 있다. 하지만 이러한 식으로 생각하지 말아야 한다.

오히려 그 반대로 행동하자. 두 사람 사이의 관계에서 당신이 감수해야 될 부분만 책임을 지고, 원하는 것을 얻지 못했다면 스스로 원하는 것이 무엇인지 생각하자. 남편이 늦는다면 그를 기다리지 말고 원하는 대로 행동하겠다고 생각하자. 남편이 금전적인 정보를 주지 않는다면 당신의 돈을 그의 돈과 분리해 다른 계좌에 넣는 것을 고려하자. 남편이 원하지 않는 선물을 주거든, 그에게 돌려보내거나 물건을 산 가게로 가서 환불하거나 교환하자. 그의 행동을 바꾸려 애쓰지도 말고 그의 행동을 수동적으로 받아들이지도 말자. 그리고 이렇게 해도 만족스럽지 못하다면, 그와의 관계가 당신에게 맞지 않는다는 것을 인정하고, 어느 쪽을 원하는지 결정하자.

마지막으로, 동정심을 가져라. 당신 자신과 상대방을 동정하는 태도를 가져라. 적어도 어느 순간에는 두 사람 모두 실수를 저지를 수 있고, 두 사람 모두 잘못된 행동을 할 수 있다. 한없이 형편없는 대우를 참아서는 안 되겠지만, 상대방이 계속 영향력을 행사한다면 그도 고통받고 있음을 깨달을 수 있을 것이다. 그는 확실히 다른 사람의 가스라이팅을 받으며 그 영향력을 거부할 수 없는 가정에서 성장했을 것이다. 그래서 그는 당신에게 아니라고 말할 수 있는 힘이 있다는 것을 이해하지 못한다. 또한 약하고 부족하고 결점을 가진 인간으로서 자기 자신도 동정해야 한다. 동정심이 그와 헤어지거나 관계를 유지하겠다는 기본적인 결정을 바꾸지는 않을 것이지만, 확실히 상대방과 자기 자신을 어떻게 여기는지에 대한 입장은 바꿀 수 있다.

가스라이팅을 제한하려고 하는 경우

때로는 상대방이 가스라이팅을 그만두지 않을 것이라는 것을 알면서도 그와의 관계를 유지해야 한다고 느낄 때가 있다. 직장 상사나 동료들, 친척들, 오래된 친구들 그리고 아마 이혼할 의지가 없을 때의 배우자 등이 이러한 부류에 속할 것이다. 어떠한 관계는 거리를 둠으로써 가스라이팅을 차단할 수 있지만, 가까울 때는 불가피하게 문제가 된다. 상대방과의 관계는 유지하면서 그의 가스라이팅을 제한하기를 원한다면, 여기에 방법들이 있다.

첫째, 분석하자. 그가 가스라이팅을 행사하는 모든 상황을 기록하자. 가족들의 저녁 식사, 그와 함께 보냈던 시간들을 기록하고 지난 1년간을 요약해도 좋다. 또한 문제의 계기가 되는 화제들이나 특정한 날, 주, 연도 등의 시기 같은 것들을 기록하자. 그와의 관계에서 가장 피해야 할 사항을 확인하자. 피할 수 없다면 스스로를 방어할 수 있는 방법을 찾아라.

둘째, 구체화하자. 그와의 관계에서 조심해야 할 사항과 바람직한 접촉 방법을 결정하는 데 분석한 자료들을 활용하자. 단순하게 상대방과 함께 보내는 시간을 줄이려 하는가? 친밀한 관계를 피하고 다만 피상적인 관계만 유지하려고 하는가? 예를 들면 상사가 개인적인 이야기를 끄집어내는 것을 피하고 싶거나 친구와 오래 끄는 대화를 피하고 싶거나 등 특정한 종류의 대화를 가급적 피하려고 하는가? 상대방을 많은 사람들이 모인 자리에서만 만나기를 원하는가 아니면 단둘이 만나기를 원하는가? 특정한 가족 구성원이 자리에 있을 때 문제가 시작되는 경우 상대방을 그러한 상황에서 만나는 것을 피하고 싶은가?

때로는 상대하기 어려운 사람을 대할 때 지원해주는 사람이 함께 있는 것이 도움이 된다. 그러한 사람이 곁에 있는 것이 도움이 되는가? 어떠한 상황이 자신에게 도움이 될 수 있는지 명확하게 생각해보자.

셋째, 창의성을 발휘하자. 상담을 받으러 온 사람들이 가스라이팅을 제한하는 문제에 대해 의논할 때, 그들은 매우 강하게 특정한 방법들이 효과가 없는 이유에 대해 설명하고는 한다. 내가 그들이 한 번도 생각해보지 못했던 대안을 제시하면, 그들은 마치 내가 마술을 부렸다는 듯이 놀라는 표정으로 바라본다. 우리의 사고가 얼마나 틀에 박혀 있는지 주목할 만하다. 어려움에 빠졌다고 느꼈을 때, 상황과 시각을 바꾸면 문제가 해결될 수도 있다.

친구는 항상 무거운 화제에 대해 대화하려 하고 당신은 가벼운 화제를 원한다면, '가벼운 화제의 대화를 하는 날'이라고 표시된 쿠폰을 몇 장 만들어 친구에게 주면서, 골치 아픈 대화보다는 즐거운 대화를 하고 싶은 날에 쓰는 것으로 재미있게 제안할 수도 있다. 어떠한 일을 할 수 없다고 결론을 내리기 전에, 문제에 정면으로 부딪히기보다는 창의적으로 해결할 방법이 있는지 알아보자.

넷째, 친절하고 단호한 태도를 보여라. 나는 이 두 가지 조건을 함께 묶어놓고 싶다. 가스라이팅에 제한을 두려는 사람들은 이 둘을 동전의 양면과 같은 것이라기보다는 서로 대립되는 것으로 생각하는 경향이 있기 때문이다. 피해자들은 제한을 두려는 것에 변명을 해야 하고, 죄의식을 느끼고 걱정을 하기 때문에 자신들의 사례를 과장하는 경향이 있다. 그리고 아마도 다른 사람들이 자신의 말에 귀를 기울이도록 상대방에 대해 가혹하게 말할 것이다. 만약 상대방과의 관계에 제한을 두는 것에 절대적으로 확신하고 있거나 마음에 여유가 있다면, 상대방에게 인정 있는 태도를 취하는 것이 좋다. 설사 확신하지 못하더라도 아직 실제 일이 결정되기 전까지는 겉으로 좋은 모습을 보일 필요가 있다. 당신은 원하는 한 그 관계에서 어떠한 제한도 설정할 수 있는 권리가 있다는 것을 명심하자. 그리고 양보하지 말고 그 한계선을 최대한 온화하고 인정 있는 태도로 유지하자.

다섯째, 먼저 행동하자. 자신이 변화를 원하는 사람이라는 것을 명심하자. 상대방은 적어도 처음에는 아마 현재의 상태를 유지하는 것을 선호할 것이다. 이는 원하는 것을 얻기 위해서는 상당한 반대를 무릅쓰고 많은 노력을 해야 한다는 것을 의미한다.

여섯째, 자신에게 엄격하자. 상대방이 변화를 거부하면 원래의 계획을 고수하기가 어려울 것이다. 변회에 대한 지속적이고 확고한 메시지를 전달하지 않으면 모든 것이 예전과 같은 상태로 되돌아올 것이 뻔하다. 관계를 유지하기 위해 한계를 설정했다면 원칙을 고수하는 것이 중요하다. 그러지 않으면, 그와의 관계가 더 악화돼 더 이상 유지할 수 없게 될 위험이 있다.

마지막으로, 동정심을 가져라. 두 사람 모두 이러한 어려운 상황을 원했던 것이 아니지만 현재 문제를 가지고 있다. 두 사람 모두 어려움에 처해 있고 두 사람 모두 잘못할 수 있다. 설사 어려운 결정을 하게 될지라도 동정심을 가지고 바라보자.

관계를 끝내려면

가스라이팅을 피하는 유일한 방법은 그와의 관계를 완전히 끝내는 것이라고 결정했을 수도 있다. 아니면 가스라이팅으로 인해 그에 대한 감정이 악화돼 더 이상 그와 관계를 유지하는 것에 관심이 없을 수도 있다. 그와의 관계를 끝내고 싶다면 다음과 같은 사항을 명심할 필요가 있다.

먼저, 현실감을 가져라. 불행한 관계라도 헤어지는 것은 상처가 된다. 헤어지는 아픔이 미래에 투영될 소지가 매우 크다. 불행은 매우 실제적이고 현실적이며 압도적이다. 상대방에게 많은 애정을 쏟았다면 그 상실감은 이루 말할 수 없을 것이다. 고통스러운 감정을 느낄 수는 있지만 그 고통을 미래에 투영해서는 안 된다. 당신이 불행한 것은 현재에서다. 미래는 항상 신비와 가능성으로 가득 차 있다. 현실에 머물러라. 그리고 미래가 나머지를 알아서 하도록 내버려둬라.

둘째, 기꺼이 도움을 받아라. 이 모든 일을 혼자 하려고 하지 말자. 친구, 사랑하는 사람들, 가족 등을 방문하자. 상담사를 찾아가라. 요가를 수강하자. 명상을 시작해보자. 안정과 평온함, 통찰, 유대감을 제공하는 것이라면 무엇이라도 해보자. 우리는 혼자 어려운 일을 이겨내는 것에 높은 가치를 두는 경향이 있다. 하지만 나는 그렇게 생각하지 않는다. 어려운 시기에 도움을 받고 연락을 취하는 것이 실제로 우리를 강하게 할 수 있다. 지금 상대방과 헤어지는 과정에 있다면, 당신은 매우 어려운 일을 수행하고 있는 것이다. 당신에게 경의를 표한다. 자신에 대해 경의를 표하고 도움을 청하자.

셋째, 인내심을 가져라. 당신은 지금 개인적 차원이나 직업의 차원에서 또는 가족 전체의 삶이라는 차원에서 거대한 변화를 시도하고 있다. 상황은 바로 개선되지 않는다. 만약 개선이 되더라도 다른 종류의 도전이 기다리고 있을 것이다. 그러니 숨을 고르고 인내심을 가져라.

마지막으로, 동정심을 가져라. 상대방과 스스로에게 동정심을 보이는 것은 상처를 치유하는 데 좋다. 자신에 대한 언짢은 말이나 잔인한 말, 용서 못할 말이나 경멸하는 말을 하지 말자.

당신은 최선을 다했고 동정받을 자격이 있다는 것을 인정하자.

나의 반응 기록하기

이제 당신은 가스라이팅 관계에 대응해 행동을 취했다. 어떻게 하면 똑같은 경험을 되풀이하지 않을까? 중요한 열쇠는 스스로의 가치를 다른 사람의 평가에 의존하지 말아야 한다는 것이다. 그렇지 않다면 가해자를 기다리는 피해자가 되고 만다. 그래서 분명하고 확실한 자기의식과 자기계발이 결정적으로 중요하다. 가스라이팅을 배제하는 삶을 살기 위해 장기적으로 다음과 같은 사항에 유의하자.

- 내면의 소리에 귀를 기울여라(공상, 산책, 명상을 할 시간을 가져라).
- 일기를 써라.
- 신뢰할 수 있는 친구들과 지속적으로 대화를 나누어라.
- 영향력을 받게 될 만한 관계에 빠질 것 같다면, 믿을 만한 조언자나 비슷한 상황에 있는 사람들이 어떻게 말할 것인가를 생각하자.
- 자신에게 물어보자. 이 사람이 내 딸이나 자매 또는 어머니에게 좋은 짝이 될 수 있을까?

- 자신을 긍정적으로 묘사하는 혼자만의 대화를 시도해보자. 있는 그 대로 자신의 어떤 점이 좋고 칭찬할 만한지 이야기하자.
- 영적인 교류를 통해 자신을 훈련하자. 자신의 영혼과 연결되도록 기도하고 명상하거나, 단순히 조용한 시간을 가져보자.
- 자신의 가치를 기억하자. 그리고 다른 사람을 대할 때 어떻게 해야 하는지 스스로 믿는 방식을 기억하자.
- 자신의 영적인 면을 알려줄 수 있는 사람과 시간을 보내라.
- "아니오"를 자주 사용해라.
- 신체를 단련하는 운동을 하자.
- 효과적인 의사소통 기술과 자기주장 능력 그리고 협상하는 기술을 향상시킬 수 있는 프로그램을 수강하자.
- 자신이 원하는 것만을 하자. 원치 않는 일에 대해서는 "아니오"라 고 말하자. 확신의 힘을 느낄 것이다.
- 마음과 감정, 정신을 강화하고 맑게 해주는 훈련을 하자. 특히 5장 끝부분 '누구를 당신의 세계에 들어오게 할 것인가'에 소개한, 당신 만이 대문을 열 수 있는 아름다운 집의 이미지가 도움이 될 거라 생각한다. 의지가 약해질 때마다 괜찮은 사람은 들어오게 하고 나 쁜 사람은 막는 것을 연습하자. 언제나 집에 들어오는 사람을 완전 히 통제할 수 있음을 명심하자. 그리고 나쁘다고 생각한 사람은 안 에 들여놓지 않겠다는 결심을 잊지 말자. 당신의 기분이 나쁘면 이 집에서는 말을 한마디도 안 할 수도 있다.

미래를 생각하기

가스라이팅에서 자유로운 미래를 원하고 있다면, 해야 할 또 하나의 과제가 있다. 가스라이팅 관계에서 사람들의 마음을 유혹하는 요소들을 세밀히 살펴보고 사람들이 왜 그것을 거부할 수 없는지 생각해보자.

나뿐만 아니라 내가 상담했던 사람들, 친구들, 동료들의 경험에 의하면, 가스라이팅 관계에는 우리가 이미 살펴본 것들 이상의 강한 유혹이 담겨 있다. 우리는 그러한 관계에 다른 관계보다 더 강하고 더 매력적이며 더 특별한 무엇이 있다는 것을 느낀다. 이러한 관계에서 가장 거부하기 힘든 것이 그 관계의 매력이다.

영화 〈가스등〉을 잠시 생각해보자. 폴라는 그레고리와 깊은 사랑에 빠졌다. 그녀는 굴곡이 심한 삶을 살아왔기 때문에, 그레고리가 오랫동안 꿈꾸어온 천국을 가져다줄 것이라고 믿었다. 어려서 고아가 돼 사랑하는 이모의 손에서 자란 폴라는, 자신이 아직 소녀일 때 살해된 이모의 죽음에 심한 충격을 받았다. 자신을 돌보아주었던 모든 사람을 잃은 폴라는 어린 시절 살던 집에서 떠나 멀리 떨어진 외국으로 유학을 가게 된다. 그녀는 자신을 돌보아주었던 사람들을 대신할 관계를 갖게 되기를 열망한다. 그리고 그녀는 그레고리에게 강한 집착을 보인다. 그레고리는 폴라를 사랑해주는 사람일 뿐 아니라 그녀를 구원하는 사람이었다.

많은 사람들이 과거를 치유하고자 하는 소망을 가지고 사랑, 우정, 직업, 가족 등의 관계를 가진다. 피해자들은 보살핌과 이해, 인정에 목말라한다. 그리고 가해자들은 어쨌든 그러한 것을 제공하기를 약속한다. 배고플 때 먹는 음식만큼 맛있는 것은 없다. 다른 사람과 관계를 맺기를 원하는 사람들의 갈망은 가해자들을 구세주로 여기게 만든다.

우리는 그들이 우리를 완전하게 만들어주고 우리의 외로움을 치유하고 우리를 정말 이해해준다고 확신하게 된다. 그들은 우리가 이 세상에서 필요하고 사랑받을 만한 성인이라는 것을 인정해줄 수 있는 사람일 것이다. 우리가 다른 사람에게 중요한 사람이고, 정말 좋은 사람이라는 것을 확인시켜줄 수 있는 사람일지도 모른다. 우리가 원하는 것이 무엇이든 우리는 그 사람이 어떻게든 우리를 충족시켜줄 것으로 여긴다. 따라서 세상 그 무엇보다 더 특별하고 행복한 시간을 가져다줄 것이다. 우리 역시 그에게 똑같은 것을 해줄 수 있다는 느낌에 행복할 수도 있다.

현재의 관계를 청산하고 가스라이팅을 배제하는 삶을 살아가는 것을 고려할 때 우리는 현재의 관계에서 얻게 되는 특별한 부분을 포기하는 것을 아쉬워하고 또다시 그것을 누릴 수 있을지 의심한다. 다음에 사랑하는 사람도 예전에 사랑했던 사람과 같이 성적으로 매력적일지 혹은 영적인 짝으로 느껴질지 의문이 든다. 우리는 또한 다음에 친해질 친구가 예전의 친구와 같이 인생에서 가장 좋은 친구가 될지 걱정한다. 우리는 또한 능력 있고 성공적이며 매혹적이라는 느낌이 들게 하는 직업을 다시 갖게 될지 확신이 서지 않는다. 비록 완전히 관계를 끊지는 않았더라도 가족 사이의 유대감을 포기한다면 항상 우리가 갈망하는, 또는 누리고 있다고 생각했던 안정감과 끝없는 사랑을 다른 사람에게서 찾을 수 있을지 의문을 품는다.

답은 확실히 아니라는 것이다. 우리가 더 이상 커다란 갈망 없이 인간관계를 추구한다면, 그 관계는 그다지 특별하지도 않고 만족스럽지도 않게 느껴질 것이다. 배고픔을 해소하기 위한 음식이 주는 감동은 단지 맛있는 음식을 먹는 즐거움보다 훨씬 크다. 생사가 교차하는 전장에서 살아남은 스릴은 평범한 날을 새로이 맞이하는 기쁨보다 확실히 깊이가 더하다. 모험을 하고 싶어 한다거나, 예측할 수 없는 사람과 관계를 가진다거나, 과거의 상처를 치유하는 기회로 보이는 관계에 비한다면 평범한 관계는 아무런 특별함도 가져다주지 못할 것이다. 따라서 원만한 사람과 함께 살고, 평범한 직업을 가지고 단순한 삶을 영위하는 것은 강렬하지도 않고 특별하지도 않고 굉장하지도 않다는 느낌을 줄 것이다.

그래서 여러분들이 밝은 미래를 지향하고 자신의 삶에서 가스라이팅을 배제하고자 한다면, 짜릿하지만 아슬아슬한 스릴이나 특별한 즐거움들을 정말 포기하고 싶은 것인지 심각하게 생각해보아야 한다. 지금은 상대방과 자신의 문제에 대해 잘 알고 있기 때문에 문제가 있는 관계에 대해 해결책을 찾아볼 수 있지만, 특별한 즐거움을 포기하지 않는다면 미래에 또 다른 문제 상황을 맞이할 것이다. 하지만 자신의 정신세계가 위험에 처했던 상황을 충분히 경험했다면, 미래의 관계가 즐거운 것만이 아님을 받아들여야 할 것이다. 새로운 관계는 예전의 관계보다는 즐거움이 덜하겠지만 정서적으로 훨씬 깊이 있고 만족스러울 것이다.

이 점은 지금 바로 결정해야 할 문제도 아니고, 또한 의식적으로 결정할 일도 아니다. 그러나 나는 이 문제가 가스라이팅이 배제된 삶을 유지하기 위해서 매우 중요한 부분이라고 믿는다. 그러니 새로운 대인 관계나 직업상의 목표를 선택하는 데 이 점을 유의해야 할 것이다.

삶의 모든 부분에서 항상 균형 유지하기

상대방과의 관계를 변화시켰거나 가스라이팅을 줄였거나 혹은 그 관계를 끝내고 관계를 맺게 되면 또 다른 종류의 불안을 느끼게 될 것이다. 새로운 관계에서 문제가 있다는 것을 어떻게 알고, 문제가 있음을 알려주는 신호를 어떻게 감지할 수 있을까 하는 것이다.

사실 모든 대인 관계에는 좋을 때와 나쁠 때가 있는 법이다. 우리의 말이 먹혀들지 않는다고 느낄 때나, 상대방이 우리를 생각하지 않고 평가절하하고 무시할 때 문제가 시작된다. 사랑과 이해가 완벽하게 조화되는 관계를 추구하는 것 자체가 처음부터 문제 있는 관계를 갖게 되는 이유 중 하나다.

평범한 결함과 치명적인 결점을 어떻게 구분할 수 있는가? 나는 이러한 의문을 느끼는 사람을 위해 두 가지를 제안한다. 첫째, 시간을 들여 자신의 대인 관계를 관찰하자. 모든 것을 고려할 때, 상대방이 자신의 말에 귀를 기울이고 진가를 인정해주며, 자신이 두 사람의 관계에서 필요한 사람이라고 느끼는가? 모든 점을 고려할 때, 원하는 것을 얻고 있다고 느끼는가? 문제가 하나 있다고 해서 꼭 전체적인 차원에서 중요한 것은 아니다. 하지만 반드시 이 점을 살펴라. 상대방이 당신을 평가절하하고 염두에 두지 않는 경향이 있는가, 아니면 당신의 말에 귀를 기울이고 존중해주는가?

둘째, 위험을 알려주는 신호에 주목하자. 상대방과의 관계를 생각할 때, 즐거움이나 기쁨 그리고 만족을 느끼는가? 아니면 불안이나 걱정, 불확실한 느낌을 받는가? 사랑에 빠진 황홀감과 학대를 받는 고통을 동시에 복합적으로 느끼는가? 혹은 배우자나 친구, 직장 상사가 마음에 들지 않고 그들이 당신을 대하는 방식도 마음에 들지 않음에도, 안정적인 관계에서 기쁨과 즐거움을 느끼는가?

특정한 사람과의 만남이 당신 자신과 당신에게 중요한 것들을 하찮게 만든다고 느낀다면, 그 느낌을 중요하게 여기고 그 관계를 끝내라고 말하고 싶다. 그 관계가 표면적으로는 좋더라도 스스로 불안해지고 비판적이 되며 까다로워진다면 그것이 문제가 된다. 많은 사람들이 걱정하는 것처럼 당신이 단지 신경과민에 불과할지라도, 그가 당신을 혼란스럽게 하고 즐거움을 주지 못한다면 가장 좋은 결정은 그와의 관계를 끝내는 것일 수 있다.

문제가 됐던 부분에 역점을 두고 개선해보자. 자신의 감정을 따르지 않는 것은 좋은 생각이 아니라는 사실을 스스로 되새기도록 하자. 문제가 당신에게 있다 하더라도, 자신의 감정이 아닌 것을 따르는 것보다는 그 문제를 해결하는 편이 더 나을 것이다.

가스라이팅을 배제하는 삶을 영위하는 비결 중 하나는 자신의 삶의 방식에 주의를 기울이는 것이다. 당신은 친구, 어머니, 직장 상사와 다툰 것을 계속 머릿속에서 지우지 못하고 있는가, 아니면 작은 것에 연연하지 않고 스스로 이끌어가는 완전하고 충족되고 즐거운 삶에 초점을 두는가? 가해자와의 관계는 지적으로나 정서적으로나 정신적으로 우리의 에너지를 극도로 소모시킨다. 그러한 에너지를 우리의 목적과 이상을 추구하는 데 전적으로 사용하는 것이 더 낫다.

새로운 가능성

마리아나는 친구와의 관계에 문제가 있었다. 그녀는 친구와의 관계에 적용할 규칙들을 열심히 새로 만들었다. 그들은 한 달 동안 거리를 둔 후에, 다른 새로운 방식으로 관계를 시작했다. 친구가 길고 고통스러운 대화를 재개하려 했을 때, 마리아나는 "너의 관심은 알겠는데, 나는 거기에 대해 더 이상 깊게 이야기할 필요가 없다고 느껴"라고 말하며 대화를 중단시켰다. 친구의 생각에 반대함으로써 오해를 불러일으킬 여지가 있다는 불안을 느꼈지만, 마리아나는 친구에게 해명하는 대신 자리를 떠나는 것으로 원칙대로 밀고 나갔다. 친구가 반대하는 일을 하게 될 때도 마리아나는 자신의 행동에 엄격해 보였고 자신이 생각한 대로 결정했으며 필요하면 사과했다. 마리아나는 친구가 자신에 대해서 판단하는 것을 허용하지 않았고, 자신의 잘못을 용서해주기를 기대하지도 않았다.

놀랍게도 두 여성의 우정은 더욱 깊어가기 시작했다. 가끔 두 사람은 모두 과거와 같은 방식으로 되돌아가고 싶은 유혹을 받았지만, 마리아나는 상대방에게 보조 맞추는 일을 피했고 대부분 성공했다. 그녀가 받은 보상은 오랫동안 금이 가지 않을 우정을 새로 쌓을 수 있었다는 것이다. 비록 예전처럼 강렬하거나 헌신적인 관계는 아니더라도 두 사람 모두에게 큰 의미가 있었다.

손드라 역시 남편과의 관계를 재정립하는 데 성공했다. 손드라와 남편은 의무감에 마지못해 시간을 내는 것이 아니라 실제로도 서로 즐거운 시간을 더 많이 보내게 됐다. 남편이 불편해하는 처가 식구들과 시간을 보내지 않아도 괜찮다고 동의해주고 나서, 손드라는 많은 스트레스가 해소되는 것을 발견했다. 그들이 손드라의 친정에 함께 가는 횟수를 줄이면서 남편은 가족과 함께 보내는 시간이 줄게 됐지만, 결과적으로 그는 행복한 기분과 평화로움을 느끼는 것 같았다. 손드라는 남편의 어머니가, 남편이 자신에게 했던 행동과 비슷한 영향력을 행사했다는 것을 깨달았다. 따라서 시집과의 유대를 줄이는 것이 그들 모두에게 좋다고 생각했다.

또한 손드라는 그녀 자신의 행동을 바꾸어야 한다는 것을 배웠다. 그녀는 아이들을 남편에게 맡기는 걸 불안하게 생각했던 자신의 태도를 바꿀 필요가 있었다. 그러한 불안은 남편이 좋은 아빠가 아니라는 의도하지 않은 메시지를 전달하기 때문이다. 그 외에 그녀는 자신만의 시간을 가질 필요가 있었다. 남편과 함께 혹은 혼자서 야외를 산책한다든지, 등록한 요가 강좌를 열심히 수강한다든지, 친구들과 함께 차를 마시며 시간을 보내는 등 때때로 가족을 떠나 기쁨과 즐거움을 찾을 필요가 있었다. 자신을 지원해줄 사람들에게서 광범위하게 도움을 받고 있었기 때문에 손드라는 남편의 가스라이팅을 쉽게 중단시킬 수 있었고, 남편 역시 그러한 행동을 쉽게 그만둘 수 있었다. 아직 할 일이 남아 있었지만, 손드라는 그녀의 결혼 생활을 아주 낙관했다. 그리고 그녀는 더 이상 마비된 느낌을 받지 않았다.

케이티는 그다지 운이 좋지 못했다. 그녀는 남자친구와의 관계를 유심히 살펴보면서, 서로 상대방에게 최악의 태도를 보여주었다는 사실을 알 수 있었다. 남자친구의 공격적이고 부정적인 태도는 케이티를 방어적이고, 불안하고 결핍되게 만들었다. 그러한 케이티의 반응은 다시 남자친구의 불안정과 좌절감을 유발시켰다. 케이티는 두 사람이 행복한 관계를 가지지 못할 거라고 확신하게 됐다. 그들은 항상 서로 문제를 일으키는 행동을 함으로써 영향력을 행사했고 또 거기에 보조를 맞추었다. 그녀는 남자친구와의 관계를 유지한다면 다시는 삶의 즐거움을 누리지 못할 거라고 생각했다. 반면에 그와 헤어진다면 적어도 삶의 즐거움을 발견할 가능성은 있었다.

남자친구와 헤어지고 나서 얼마 후 그녀는 다른 사람을 만났다. 케이티가 그를 만난 주된 이유는 이성과의 낭만적인 관계에 대한 자신의 태도가 바뀌었는지를 확인하고 싶었기 때문이었다. 그녀는 예전 남자친구와 유사한, 함께하기 까다로운 사람을 또다시 골랐다. 그는 케이티가 자신들의 관계를 이해하는 유일한 사람이라고 생각했다. 케이티는 그가 자신을 특별하게 대해주고 필요로 하는 것에 편안함을 느꼈다. 그러나 그녀는 그에게 느끼는 친밀함에 대해 지불해야 할 대가가 무엇인지 알게 됐다. 그는 그녀에 대해 강한 소유욕을 보였고 외롭거나 불안함을 느끼면 자주 화를 냈다. 케이티는 그에게 매우 중요한 사람이었지만, 대신에 그녀는 많은 압박을 받아야 했다.

케이티는 어느 날 그동안의 과정을 되돌아보며 이렇게 말했다. "제가 그와의 관계에 성공했더라면, 아마 환희를 느꼈을 거예요. 하지만 실패했을 때, 저는 최악이라고 느꼈어요. 왜 이 남자를 행복하게 해주지 못한 것일까? 그는 저에게 의존했고 저는 실패했어요. 제가 그렇게나 형편없는 사람인가요? 이 두 남자 모두 불행한 사람들이었기 때문에 저는 당연히 실패했던 거예요. 누구도 두 사람을 행복하게 해주지 못했어요. 다른 사람이 실패한 것을 저는 성공할 수 있다는 생각에 사로잡혀 있었던 것 같아요. 언제나 실패하는 저 자신이 싫어요."

결국 케이티는 새로운 남자를 만나게 됐다. 그녀는 처음에는 그가 강렬한 느낌도 없고 영적인 짝이라는 생각도 덜 드는 사람이라고 설명했지만, 나중에는 더 만족스러운 관계를 맺게 됐다.

"저는 그를 항상 생각하고 있을 필요가 없어요. 그러나 때로는 그런 감정이 그리워요. 저는 아직 항상 사랑하는 사람을 생각하고 다음에 무슨 일이 일어날까 기대하는 그런 사랑을 해야 할 것 같은 느낌이에요. 새 남자친구와의 관계에서는 그런 생각을 할 필요가 없어요. 그는 항상 변함이 없을 것이라는 것을 알아요. 때때로 저는 무엇인가를 잃어버렸다는 느낌이 들어요. 하지만 대부분의 시간 동안 저는 아주 행복해요."

리즈 역시 문제가 있는 직장을 떠나기로 결정했다. 리즈에게 그러한 변화는 매우 고통스러웠다. 그녀가 열심히 노력해서 얻은 정상의 자리에서 떠난다는 것은 그동안의 경력에 의문을 제기하는 것이었다. 리즈는 이성적으로는 자신에게 가스라이팅을 행사한 직장 상사가 단지 그 직장에서의 경쟁에서 승리한 것뿐이라고 이해했지만, 한편으로는 실패했다는 생각과 허무함이 자신을 압도하는 것을 느꼈다. 그녀는 나에게 되풀이해서 물었다.

"저는 무엇 때문에 그렇게 열심히 일했을까요? 그리고 제가 왜 그 문제를 해결하지 못했을까요?"

결국 수개월의 번뇌 끝에, 리즈는 광고 회사가 여러 가지로 자신에게 완벽하게 맞는 직장이 아니었다는 사실을 깨닫게 됐다. 직장 생활을 시작했던 초기에 리즈는 광고 일이 만족스럽지 못하다는 것을 깨닫고, 이 일에 열심히 매달려야 하는가에 의문을 가졌다. 그녀는 일이 불만족스럽다고 느낄 때마다 더 열심히 일했다. 그녀는 억지로 일에서 만족을 얻으려 했다. 최근에 상사에게 밀려난 것은 잇따른 불행처럼 여겨졌다. 그것은 오랫동안 계속돼온 좌절과 실망을 마무리 짓는 마지막 상처였다.

리즈는 아직 다음에 무엇을 할 것인가를 생각하고 있다. 그녀는 해결하기가 불가능한 문제를 푸는 고통에서 벗어난 후 정서적으로 여유가 생겼고, 이제 주변을 돌아보고 자신의 재능과 가치 그리고 적성에 맞는 일이 무엇일까를 알아보고 있다.

"다음에 무슨 일이 생길지 모르겠어요. 하지만 그것이 무엇이든 기대되는군요."

미첼의 경우에는 어머니와의 관계를 끊지 않고 접촉을 최대한 줄이기로 결정했다. 그리고 여자친구나 다른 친구를 동반했을 때만 어머니를 만나기로 했다. 어머니가 미첼에게 심한 이야기를 할 때 친구들은 정신적인 지원을 제공할 것이다. 적어도 한 달에 한 번은 부모님 댁을 방문하지만, 매주 저녁을 먹으러 가는 것은 중지했다. 그리고 그는 여전히 부모님과의 관계에서 느끼는 슬픔이나 분노와 씨름하고 있다.

미첼에게 긍정적인 점은, 어머니에 대해 그러한 결정을 함으로써 자신의 인생에서 가족을 제외한 부분은 잘 풀려나가게 됐다는 것이다. 미첼이 자기의 목소리를 내고 자신의 감정을 더 드러냄에 따라 여자친구와의 관계는 깊어져 갔다. 그리고 미첼은 처음으로 가족이 아닌 관계에서 안정감을 느끼게 됐다. 또한 전에 느끼지 못한 확신을 가지고 새로운 친구들을 사귀게 됐다.

그가 독립적으로 변모함에 따라 대학원에서의 상황도 잘 풀렸다. 교수들은 그를 전보다 더 존중해주었고, 지도교수는 미첼에게 생각하지도 못했던 교수직을 제의했다. 미첼은 어머니와의 관계가 아직 위험하고 불행했지만, 어머니의 가스라이팅을 차단함으로써 삶의 다른 부분들에서 만족감을 느낄 수 있었다.

이제 당신에게는 가스라이팅을 배제한 삶을 지속하고 새로운 미래를 열어갈 기회가 생겼다. 만족스럽지 못한 관계를 변화시키거나 청산하고, 스스로를 있는 그대로 느끼게 해주고 생명력과 즐거움을 가져다줄 새로운 관계를 선택할 수 있을 것이다. 또한 자신감을 가지고 더 확고하게 자신의 진로를 결정하고 자신의 가치에 입각해서 살아가는 사람이 될 수 있다. 더 중요한 것은 자신이 실제로 원하는 것을 직장에서, 가정에서, 대인 관계에서 그리고 스스로에게서 발견할 수 있게 됐다는 것이다. 당신은 가스라이팅에서 벗어나 더 나은 선택을 할 수 있다. 그리고 그 선택은 당신에게 올바른 것이다. 새로운 삶으로의 여행을 시작하면서, 당신에게 강인한 정신력과 행운이 함께하기를 바란다.

자신의 감정 이해하기

'감정 용어집' 만들기

가스라이팅은 흔히 피해자가 자신의 감정을 억누르게 만들거나 완전히 멀어지게 만든다. 자신의 감정에 대해 모르고 있다면, 스스로를 변호하고 어떤 대우를 받고 싶은지 자신과 상대방에게 명확하게 알릴 수 있는 중요한 힘의 원천에 접근하지 못하게 되는 것이다. 스스로의 감정에 대해 알고 있다는 것은 상대방과의 관계 개선과 정리에 필요한 추진력을 불러일으키는 데 도움이 될 수 있다.

자신이 무엇을 느끼는지 알기 위한 첫 단계는 그것을 표현할 수 있는 어휘를 아는 것이다. 감정 용어집은 자신의 감정에 접근하는 데 도움이 된다. 그러면 자신이 어떠한 기분이고 무엇을 원하는지 상대방에게 말하고자 할 때, 이미 사용할 단어를 준비하고 있는 셈이 된다. 다음 표에 제시된 단어들을 살펴보자. 그중 자신에게 적용되는 것이 있는가? 자신이 느끼는 감정을 설명하는 단어를 더 추가할 수 있는가?

버림받다	단호하다	기진맥진하다
인식하다	열중하다	외롭다
독창적이다	해방되다	위협당하다
적절하다	실망하다	무섭다
부당하다	열등하다	사랑스럽다
호기심을 끌다	만족하다	방해하다
다정하다	불만스럽다	필사적이다
싫증나다	불안정하다	비참하다
좌절하다	충격적이다	감동하다
상반되다	황홀하다	실망하다
편안하다	겁먹다	오해하다
낙담하다	수줍어하다	곤란하다
불안하다	당황하다	기쁘다
확신하다	고립되다	갈급하다
의존적이다	어리석다	불확실하다
우울하다	원기 왕성하다	좋다
무능하다	질투하다	초조하다
몰두하다	나태하다	거북하다
절망적이다	흥분하다	고맙다
독립적이다	비판적이다	낙관적이다
거절당하다	충격적이다	긴장하다

부록 1_자신의 감정 이해하기

죄책감을 느끼다	압도되다	굉장하다
격분하다	상처 입기 쉽다	부적절하다
폭력적이다	적대적이다	유쾌하다
행복하다	집요하다	걱정스럽다

자신의 목소리 되찾기

스스로 어떠한 기분을 느끼는지 말할 수 없다면, 자신의 기분을 파악하는 것도 힘들다. 자신의 감정을 접하고 그것을 표현하는 데 도움이 되는 연습을 아래에 소개했다. 일단 자신의 목소리를 발견하게 되면 문제가 있는 관계를 변화시킬, 또는 아예 끝낼 새로운 힘과 분명한 내용을 가지고 상대방에게 말할 수 있을 것이다. 다음에 나오는 문장들을 살펴보자. 이들 중 자신의 기분과 같은 문장이 있는가?

어떤 기분인지 모르겠다.

감각이 마비된 것 같다.

무엇을 원하는지 모르겠다.

무엇이 도움을 줄지 모르겠다.

이상한 느낌이 든다.

맥이 풀린 느낌이다.

매우 우울하다. 내가 왜 그런지 모르겠다.

더 이상 섹스를 하지 않는다.

내가 결혼한 상태라는 게 더 이상 실감나지 않는다.

직장생활이 만족스럽지 못하다.

내가 제외돼 있다는 느낌이 든다.

언제나 화가 난다.

모든 것들이 내 신경을 건드린다.

더 이상 행복을 느낄 수 없다.

나는 우울하다.

위에서 당신의 기분과 일치하는 문장을 선택한 후 종이에 그 문장을 적어라. 그런 다음 아래의 표현 중 하나를 골라라.

나는 이런 식으로 느낀다. 왜냐하면 ＿＿＿＿＿＿ 때문이다.

이 기분은 ＿＿＿＿＿＿ 때 시작된다.

이 기분은 지속된다. 왜냐하면 ＿＿＿＿＿＿ 때문이다.

내가 이런 식으로 느끼지 않았다면, 나는 ＿＿＿＿ 했을 것이다.

이 기분을 바꾸거나 없어지게 하는 것은 ＿＿＿＿＿ 이다.

지금 내가 가장 원하는 것은 ＿＿＿＿＿ 이다.

1단계에서 선정한 문장 밑에 2단계에서 선택한 구절을 적어

라. 시계를 15분에 맞추어놓고, 멈추지 말고 15분을 다 이용해 빈 공간에 원하는 말들을 써보자. 완전한 문장을 만들어도 좋고 어떤 식으로 쓰더라도 괜찮다. 다만 멈추지 말아야 한다. 무슨 말을 해야 할지 모른다면, 그냥 2단계에서 선택한 구절이나 다른 아무 구절이나 되풀이하여 적어보자. 조만간 무언가 새로운 생각이 떠오를 것이다.

만약 같은 문장을 계속 되풀이해서 쓰게 된다면, 뭔가 새로운 쓸 거리를 발견할 때까지 이 연습을 매일 다시 시도하자. 연습을 하면서 매번 다른 말이나 구절을 골라도 좋다. 자신의 기분을 알고 명확하게 표현하는 것은 건강하고 긍정적인 행동을 취하는 데 도움이 될 것이다.

기분을 그림으로 표현하기

자신의 기분을 말할 수 있다는 것은 그 느낌에 접근하는 데 도움이 된다. 말하는 것보다 그림을 그리는 것이 편하다면, 그림 그리기가 당신의 기분을 명확하게 하는 데 도움이 될 것이다.

빈 종이에 '나의 관점'이라는 제목을 붙여라. 그 제목 밑에 현 상황에 대한 스스로의 느낌이나 상대방과 계속돼온 특정한 문제를 표현하는 그림이나 도안을 그려라. 두 번째 빈 종이에 '그의 관점'이라는 제목을 붙이고, 그의 관점에서 보는 상황을 나타내주는 유사한 그림을 그려라.

때로는 시간을 갖고 앉아서 현재 느끼는 기분을 생각하고 그것이 어떻게 자신에게 영향을 미치는지 알아보는 것이 중요하다. 앞서 그린 두 장의 종이를 치우고 하루 정도 생각할 여유를 갖도록 하자. 그런 다음 앞서 작업한 것들을 다시 바라보며, 떠오르는 모든 생각과 느낌을 또 다른 종이에 적어라. 아마 스스로의 기분을 묘사하는 이 새로운 시도는 이전까지는 생각하지도 못했던 결단을 내리는 데, 즉 자신의 행동을 변호해줄 결심을 하는 데 도움이 될 것이다.

상황을 머릿속에 그려보기

이 관계가 어떻게 변화할 것인가

이 연습을 통해 상대방과의 관계를 더 잘 이해하고, 현재 상황에서 어떤 결정을 내리기를 원하는지 깨달을 수 있다. 상대방과의 관계에서 어떤 일이 일어나고 있는지 정확하게 시각화할 수 있다면, 현 상황을 유지해야 할지 헤어져야 할지, 가스라이팅을 막기 위한 행동을 시작해야 할지 결정할 수 있다. 그러나 그러한 결정을 하기 위해서는, 현재의 관계가 당신에게 어떤 기분을 갖게 만드는가를 알아야 한다. 현재의 상황을 시각화하는 것이 그것을 아는 데 도움이 될 것이다.

상대방과의 관계에 문제가 있다면, 그와의 과거 관계를 시각화함으로써 문제의 심각성을 명확하게 밝힐 수 있다. 상대방과의 관계가 한때는 좋았는데 그 이후 변화했다면, 좋은 점은 다시 취하고 나쁜 점은 변화시키는 것이 현실성 있는 일인지 판단할 수 있다. 상대방과의 관계가 항상 당신을 화나게 했거나 실망시켰거나 외로움을 느끼게 했다면, 그와의 관계가 나아지기를 기대하는 것이 현실적인 생각인지 스스로에게 물어봐야 할 것이다.

앞으로 상대방과의 관계가 어떻게 변화할 것인지 시각화하는 것은, 그 관계가 가지고 있는 가능성에 대하여 자신이 정말 어떻게 느끼고 생각하는지를 파악하는 데 도움이 될 것이다. 상대방과의 관계가 좋아질 기회는 정말 있는가, 아니면 상대방과의 관계에서 행복이란 상상조차 할 수 없는 것인가? 이러한 질문들을 던져봄으로써, 당신은 상대방과의 관계를 제외시킨 자신의 미래를 시각화하며 상대방과의 관계를 지속할 것인지, 아니면 헤어질 것인지를 결정하는 데 한 걸음 다가설 것이다. 상대방과의 관계를 제외시킨 미래를 다른 대안보다 선호한다면, 아마도 헤어져야 할 시기일 수 있다.

관계를 시각화하기

눈을 감고 상대방과의 현재 관계를 생각해보도록 하자. 어떤 이미지가 마음속에 떠오르는가? 어떤 기분에 휩싸이는가? 자신이 어떻게 보이는가? 당신은 그를 어떻게 보는가? 마음속에 떠오르는 이미지나 생각, 감정들을 억압하거나 판단하지 말자. 다만 마음이 가는 대로 내버려 두어라. 그리고 그것이 당신을 어디로 데려갔는지 주목하자.

끝났으면 눈을 뜨고 다음 각 문장을 완성해보자. 많이 써도 좋고 적게 써도 좋다. 원한다면, 당신의 반응을 표현하는 그림을 그리거나 이미지를 만들 수도 있다.

[상대방]에 대해서 내가 가장 좋아하는 것은 _____ .

[상대방]에 대해서 내가 가장 싫어하는 것은 _____ .

[상대방]의 자질 중 내가 가치를 두는 것은 _____ .

[상대방]과 함께일 때 내 자질 중 내가 가치를 두는 것은 _____ .

[상대방]에게 실망했을 때, 내가 고치고 싶은 것은 _____ .

우리가 함께 있는 모습에서, 나는 _____ 에 가장 열중한다.

위험을 알려주는 신호들은 _____ 을 말하고 있다.

이 질문에 답하면서, 나는 _____ 기분이다.

지금, 내 몸은 _____ 을 느낀다.

이제 눈을 감고 상대방과의 과거 관계를 생각해보도록 하자. 어떠한 이미지가 마음속에 떠오르는가? 어떠한 기분에 휩싸이는가? 자신이 어떻게 보이는가? 그는 어떻게 보이는가? 마음속에 떠오르는 이미지나 생각이나 감정들을 억압하거나 판단하지 말자. 다만 당신의 마음이 가는 대로 놔두어라. 그리고 그것이 당신을 어디로 데려갔는지 주목하자.

끝났으면 눈을 뜨고 다음 각 문장을 완성해본다.

과거의 관계에서 가장 좋았던 것은 ＿＿＿＿＿＿＿ .

과거의 관계에서 가장 싫었던 것은 ＿＿＿＿＿＿＿ .

그 시절에서 다시 되찾고 싶은 것은 ＿＿＿＿＿＿＿ .

다시 되풀이하고 싶지 않은 것은 ＿＿＿＿＿＿＿ .

그때의 [상대방]을 되돌아볼 때, 나는 ＿＿＿＿＿＿＿ 사람을 본다.

그때의 나 자신을 되돌아볼 때, 나는 ＿＿＿＿＿＿＿ 사람을 본다.

우리가 함께 있는 모습에서, 나는 ＿＿＿＿＿＿＿ 커플(친구들, 동료

들, 모녀)을 본다.

위험을 알려주는 신호들은 나에게 ＿＿＿＿＿＿＿ 을 말하고 있다.

이 질문에 답하면서, 나는 ＿＿＿＿＿＿＿ 기분이다.

지금, 내 몸은 ＿＿＿＿＿＿＿ 을 느낀다.

다시 한 번, 눈을 감고 마음을 열어라. 가능한 한 먼 미래의 관계를 생각해보자. 다음 달에, 내년에, 5년 후에 두 사람이 함께 있는 것을 시각화해보자. 어떠한 이미지가 나타나는가? 어떠한 기분이 드는가? 현재 관계를 맺고 있는 사람이 연인이나 친구, 동료나 가족구성원으로 미래에도 함께 있고 싶은 사람인가?

가장 중요한 것은, 현재의 당신이 원래 가장 원하던 모습인가? 인생에서 최대한의 잠재력을 발휘하고 꿈을 실현하며 즐거움을 맛보는 중인가? 당신은 가능성과 흥분으로 충만한 미래를 상상하고 있는가? 아니면 두려움과 불안, 후회에 사로잡힌 자신

을 발견하였는가? 다시, 마음속에 떠오르는 어떠한 것도 억압하거나 판단하지 말자. 단지 미래를 시각화하고 어떠한 것이 나타날지 계속 질문을 던져보자. 끝났으면 눈을 뜨고 다음 각 문장을 완성해보자.

> 미래에 대해 가장 상상하고 싶은 것은 _____ .
>
> 미래를 상상할 때 가장 걱정스러운 것은 _____ .
>
> 내가 되고 싶어 하는 바람직한 인간형은 _____ .
>
> 미래에 그와의 관계는 내가 원하는 바람직한 사람이 되는 것을
> _____ 도와줄 것이다.
>
> 미래에 그와의 관계는 내가 원하는 바람직한 사람이 되는 것을
> _____ 방해할 것이다.
>
> 위험을 알려주는 신호들은 나에게 _____을 말하고 있다.
>
> 이 질문에 답하면서, 나는 _____ 기분이다.
>
> 지금, 내 몸은 _____을 느낀다.

마지막으로 눈을 감고 상대방이 없는 미래의 관계에 대하여 생각해 보자. 현재의 관계를 끊거나 아주 제한된 관계일 경우, 지금 시점으로부터 다음 달, 내년, 5년 후 당신의 모습을 시각화해보자. 어떠한 이미지가 나타나는가? 어떠한 기분이 드는가? 당신의 삶에서 누가 중요한 사람인가? 어떠한 활동들이 주로 생

각나는가? 당신은 무엇을 하고 있는가? 당신이 원하는 바람직한 사람이 돼 있는가? 생각을 억압하거나 판단하지 말고, 상대방과의 관계가 없을 때 가능한 미래를 상상해보자.

끝났으면 눈을 뜨고 다음 각 문장을 완성해보자.

> 미래에 대해 가장 상상하고 싶은 것은 _____.
> 미래를 상상할 때 가장 걱정되는 것은 _____.
> 내가 되고자 하는 바람직한 인간형은 _____.
> 지금의 관계를 끝내는 것은(제한하는 것은), 내가 원하는 바람직한
> 사람이 되는 것을 _____ 도와줄 것이다.
> 지금의 관계를 끝내는 것은 내가 원하는 바람직한 사람이 되는 것을
> _____ 방해할 것이다.
> 위험을 알려주는 신호들은 나에게 _____을 말하고 있다.
> 이 질문에 답하면서, 나는 _____ 기분이다.
> 지금, 내 몸은 _____을 느낀다.

지금까지 상대방과의 과거, 현재, 미래에 대해서 생각해보았다. 상대방과의 관계가 현재 어떻게 진행되고 있고 미래에 어떻게 진행될 것인지 생각한 내용에 대해 평가해보자. 다음의 문장들을 완성해보자. 많이 써도 좋고, 적게 써도 좋다.

지금 내가 처한 상황을 상담전문가에게 말한다고 상상하면,

내가 _____에 대하여 말하는 것을 들을 수 있을 것이다.

지금 내가 처한 상황을 상담전문가가 보고 있다고 상상하면,

그들은 _____에 대하여 말할 것이다.

한 어린이가 내가 처한 상황에서 성장한다고 가정할 때,

나는 _____을 느낀다.

상대방과의 관계가 계속되면서,

내가 더욱 _____ 되는 것을 느낀다.

상대방과의 관계가 계속되면서,

내가 덜 _____ 되는 것을 느낀다.

이 관계가 나에게 어떤 영향을 미치고 있는가를 생각할 때,

나는 _____을 느낀다.

이제 다음의 표를 채워보자. 각각 왼쪽과 오른쪽에 해당하는 이유들을 하나씩 적어보자. 원한다면, 며칠에 걸쳐 양쪽 칸에 들어갈 이유를 생각하며 이 연습을 계속해도 좋다.

관계가 지속되길 원하는 이유	관계에서 벗어나고 싶은 이유

마지막으로, 아래의 내용을 작성하자. 단어나 그림, 문장, 혹은 상징 등 당신이 원하는 대로 종이의 빈 공간을 채워라. 혹은 빈 공간을 그대로 놔두고 계속 바라보고만 있어도 좋다.

나는 이 관계가 유지되기를 원하는가 아니면 헤어지기를 원하는가

부록 2_상황을 머릿속에 그려보기

 교육대학원에서 상담심리 전공 주임교수를 맡고 있다 보니 주변 사람들과 대화를 할 때에도 자녀 문제, 배우자와의 문제, 학생들을 대하는 문제나 친구들과의 문제에 관한 이야기에 조금 더 관심을 갖고 듣게 된다.

 내가 아는 사람 중에 성격이 매우 직설적이고 화를 잘 내는 사람이 있다. 그는 자신의 주장이 강하기 때문에 주변의 동료들을 어렵게 한다. 주변의 사람들은 가정에서 그의 배우자가 매우 힘들어 할 거라고 생각해 왔다. 하지만 알고 보니 사실은 정반대였다. 오히려 그는 집에서 배우자에게 주눅이 들어 있었다. 평소 주변 사람들에게 큰소리치고 영향력을 행사하여 다른 사람들을 주눅 들게 한 행동이 집에서는 전혀 나타나지 않았다. 오히려 배우자의 눈치를 보고 가스라이팅을 받고 있다는 것을 알게 됐다.

 한편 어떤 자녀와는 의사소통도 잘 되고 문제가 전혀 없는데, 다른 자녀와는 말이 잘 안 통한다는 부모들을 여럿 알고 있다. 이런 경우 의사소통이 잘되는 자녀에게는 매우 합리적이고 성숙한 태도를 보이는 사람이 그렇지 않은 자녀에게는 감정적이고 미성숙한 태도를 보인다는 것을 알게 됐다. 직장에서는 아주 유능하고 주관이 뚜렷한 사람이 집에 와서는 배우자로부터 무능하다는 대우를 받고 자신의 의견을 전혀 표현하지 않는 경우도 보았다.

동일한 사람이 상황에 따라 다른 모습을 보이는 것을 처음에는 그들의 위선적인 면이라고 생각했지만, 그것이 그들의 의지로 통제하기 어려운 부분이라는 것을 깨닫게 됐다. 한 동료 교수는 사람과 사람 사이의 조화를 기氣로 설명하곤 했다. 그의 말에 의하면 상대적으로 기가 센 사람이 약한 사람을 제압하는 것이라고 한다. 또 어떤 동료 교수는 혈액형으로 그러한 현상을 이야기한다. 혈액형 간에 우열관계가 있다는 것이다. 이러한 현상을 별자리로 설명하는 사람도 있다.

이러한 현상을 과학적으로 어떻게 정리하고 설명할 수 있을까라는 생각을 가지고 있던 차에 이 책을 번역해보라는 제의를 받았다. 책을 읽으면서 평소에 가졌던 의문들이 사례와 더불어 자세하게 설명돼 있는 것을 발견하였다.

이 책은 가스라이팅으로 인하여 자아정체감에 혼란을 겪는 여러 사례들을 증상별로 다루고 있고 그 해결책을 제시하고 있다. 루스 스트랭Ruth Strang에 의하면 자아정체감을 가져오는 자아개념으로 자신의 능력, 신분, 역할에 대한 전반적인 인식인 전체적 자아개념, 순간적인 기분에 의해 영향을 받는 일시적 자아개념, 다른 사람이 자신을 어떻게 보느냐에 따라 자신을 평가하는 사회적 자아개념, 그리고 자신이 그렇게 됐으면 하고 바라는 이상적 자아개념이 있다. 많은 사람들이 이러한 자아개념들 사이에서 혼란스러워하고 있다. 특히 이상적 자아개념과 사회적 자아개념에 커다란 차이가 있는 경우 그 차이를 메우기 위하여 자신의 삶을 있는 그대로 살아가지 못하는 경우가 허다하다.

평소 주변에서 가스라이팅으로 인하여 자신의 삶을 있는 그대로 살아가지 못하고 있는 사람을 볼 때마다 안타까운 마음이 들곤 했다. 이 책을 통하여 많은 사람들이 '나는 누구인가' 하는 의문을 가져보고, 진정한 자아정체감을 찾아 문제를 해결했으면 한다.

신준영